Gele Tulpen

En toen werd ik aange

Gele Tulpen

En toen werd ik aangerand...

Josephina Doest

Uitgeverij Aspekt

Gele Tulpen
© Josephina Doest
© 2024 Uitgeverij Aspekt | Amersfoortsestraat 27, 3769 AD Soesterberg
info@uitgeverijaspekt.nl | www.uitgeverijaspekt.nl

Omslagontwerp: Maureen Vermeulen
Binnenwerk: BeCo DTP-Productions, Epe

Alle rechten voorbehouden. Niets van deze uitgave mag worden verveelvoudigd, opgeslagen in een geautomatiseerd gegevensbestand of openbaar gemaakt, in enige vorm of op enige wijze, hetzij elektronisch, mechanisch, door fotokopieën, opnamen of enig andere manier, zonder voorafgaande toestemming van de uitgever.

Voorzover het maken van kopieën uit deze uitgave is toegestaan op grond van artikel 16B Auteurswet 1912 j° het Besluit van 20 juni 1974, St.b. 351, zoals gewijzigd bij het Besluit van 23 augustus 1985, St.b. 471 en artikel 17 Auteurswet 1912, dient men de daarvoor wettelijk verschuldigde vergoedingen te voldoen aan de Stichting Reprorecht (postbus 882, 1180 AW, Amstelveen). Voor het overnemen van gedeelte(n) van deze uitgave in bloemlezingen, readers, en andere compilatiewerken (artikel 16 Auteurswet 1912), dient men zich tot de uitgever te wenden.

Het was volgens mij geen toeval toen ik eens op een middag gezeten op een bankje in de grote hal van het station in Utrecht om even te wachten op mijn trein naar Harderwijk, een oud vriendelijk mannetje met een wandelstok naar mij toe zag komen lopen en bij mij stopte voor een praatje.

Hij vroeg me of ik gelovig was en ik antwoordde hem dat ik katholiek gedoopt ben.

Hij knikte tevreden. Ik moest dan op de hoogte zijn van de Bijbel met de mooie verhalen over Jezus erin. Hierna keek hij mij even ernstig aan. Hij wilde dat ik nu goed naar hem luisterde. De komende tijd zal een zeer ingrijpende tijd voor je worden. Lees geregeld uit de Bijbel, bid en schroom niet om de hulp van Jezus aan te roepen. Zorg er ook voor dat je iets leuks om handen hebt zodat je niet ten onder gaat in de zware tijd die op jou te wachten staat.

Ik wist even niet hoe ik het had. Hij stond daar enigszins voorovergebogen en leunend over zijn stok mij onbevangen aan te kijken. Terwijl hij tot mij sprak stonden er ook andere mensen om ons heen, waarvan sommigen meeluisterden.

Hij hield ervan om zo op een drukke plek met de gewone man een praatje te maken. Dat vond hij interessant. Niet goed wetend welk gevaar er op mij te wachten stond, bedankte ik hem voor zijn praatje en goede raad. Hij knikte en vervolgde zijn weg. Ondertussen was het voor mij ook tijd geworden om naar mijn trein te gaan. En ineens wist ik het zeker. Ik had een Boodschapper ontmoet die me waarschuwde dat ik binnenkort een zware tijd tegemoet zou gaan waaraan ik ten onder zou kunnen gaan. Ik moest hulp aan Jezus vragen. Ik moest dus niet schromen om hulp te vragen.

En tegelijkertijd moest ik ervoor zorgen dat ik iets leuks om handen had om de zware tijd aan te kunnen.

Onbewust had ik dat niet zo lang geleden al gedaan. Voor het nieuwe schooljaar had ik mij opgegeven als overblijfjuf tijdens de lunchpauze op een basisschool vlak bij mij thuis.

Of ik wilde of niet, ik was toch onder de indruk van de ontmoeting met deze oude man.

Na enige tijd kreeg ik inderdaad te maken met de gevolgen van een nare gebeurtenis uit het recente verleden waar ik zonder hulp aan ten onder zou zijn gegaan.

Inleiding

Dat klinkt toch onschuldig!
Hier kun je toch niets op tegen hebben...

Bij het openen van de deur keek ik op enige afstand van mij vandaan in een gezicht van een man met ogen die glinsterden van opwinding, onderstreept door een grijns vol van voldoening met in elke hand een bos gele tulpen en met een houding van hier sta ik en ik ga niet weg.

De echte reden liet niet lang op zich wachten toen ik me vooroverboog om hem te bedanken met een zoen op de wang.

Zonder enige aarzeling, doelgericht en razend snel had hij mijn nek muurvast in een greep waarbij zijn vingers stevig in elkaar verstrengeld waren.

Die glinstering en die zelf voldane grijns namen toe in zijn gezicht dat nu steeds dichter op het mijne afkwam onderwijl genietend van mijn heftige strubbelingen om mijn hoofd los te rukken.
 Ik was volkomen overgeleverd aan zijn macht welke hij op dat moment over mij had.

En toen ineens verslapte zijn greep.
 Het "Duivels Hoogtepunt" waar hij zo vurig naar verlangd had, kwam maar niet.
 In volle onschuld, hetgeen hij onderstreepte door zijn handen met uitgestrekte vingers omhoog te houden, liep hij terwijl hij mij aankeek, achteruit weg van de plek des onheils terug naar zijn vrouw en liet mij met de brokstukken achter.

De dag van mijn verjaardag voor altijd besmeurd.

Het was de dag waarop ik 65 jaar werd en waarbij mijn twee zonen, jonge mannen op nog geen meter afstand van mij vandaan stonden op het moment dat dit hun moeder overkwam.

Ruim twee jaar na dit voor mij zeer pijnlijk voorval lukte het me maar niet om het van me af te zetten. Het kon niet anders dan dat we elkaar soms tegen het lijf aanliepen.

Mijn buurman en mijn buurvrouw leken in het begin heel aardige mensen.

Hij had de pensioen gerechtigde leeftijd bereikt en het werd dus tijd om kleiner te gaan wonen. Een hele stap vooral als je een groot huis met een tuin dan achterliet en je intrek nam in een wat ruimte gezien veel kleiner appartement zonder tuin maar wel gelegen in een mooi park.

Bovendien heerste er onder de bewoners een goede sfeer, iets wat ook zeker gold voor onze trapbewoners. Bij moeilijkheden kon je altijd bij iemand terecht ook al was het maar om even je hart te luchten.

Het af en toe bij elkaar koffie drinken verliep altijd heel gezellig. De eigen gebakken koekjes van mijn buurman smaakten altijd lekker. Ze lieten dan ook vaak een paar koekjes voor mij achter.

Op onze verdieping woonde ook een oudere dame maar op een gegeven moment ging ze verhuizen. Toen kwam daar voor onbepaalde tijd John wonen.

John nam gezelligheid met zich mee en helemaal als zijn kinderen bij hem waren.

Mijn buurvrouw hield zich dan soms bezig met zijn kinderen terwijl mijn buurman een potje schaak met John speelde. Een spel waar mijn buurman erg bedreven in is. Een spel waarbij het om winnen gaat en alles geoorloofd is om dat te bereiken, althans dat begreep ik van hem. Hun deur stond dan vaak open zodat de kinderen in en uit konden lopen.

Na een jaar besloot de oudere dame weer terug te komen. Er zat niets anders op voor John dan naar een ander onderkomen te gaan. Met zijn vertrek kwam er ook een einde aan de gezellige drukte op onze verdieping. Het werd stil op onze gang.

Juist in die tijd was ik vanwege mijn werk in de Palliatieve Zorg soms een paar dagen van huis.

Mijn jongste zoon was dan alleen thuis maar verveelde zich niet vanwege zijn studie.

Op een gegeven moment kwam ik buiten op het terrein mijn buurman tegen nadat ik weer een paar dagen was weggeweest. Na elkaar te hebben gegroet zei hij onverwachts dat het goed zou zijn als ik hun precies liet weten wanneer en waar ik werkte want mocht er iets gebeuren dan konden ze me ten allen tijde meteen bereiken.

Heb ik het wel goed verstaan, vroeg ik mezelf verbaasd af. Hij weet toch dat mijn jongste zoon gewoon thuis is en die weet altijd precies waar ik ben.

Ik keek hem alleen maar aan en gaf geen antwoord. Vreemd, heel vreemd dat hij mij dit vroeg. Ik ben een volwassen vrouw en leid mijn eigen leven waar ik hun niet bij nodig heb. Ik had niets meer te zeggen, groette en vervolgde mijn weg. Iets klopte niet. Voorlopig daar maar niet meer op de koffie gaan. Maar als we elkaar in ons gezamenlijk halletje, op de gang of daarbuiten tegenkwamen dan groetten we elkaar gewoon wel.

Ik begreep best wel dat ze de open sfeer misten. John en de kinderen vulden ongemerkt een lege plek in hun bestaan op die waarschijnlijk tot dan toe nog niet echt merkbaar was geweest. Nu hij er niet meer was werd de lege plek zichtbaar en moesten we maar weer terug naar het vaker koffie drinken met elkaar. Maar daar voelde ik niets voor. In het begin deed ik het geregeld. Het gaf ons de tijd om elkaar te leren kennen en daarnaast waren ze beiden ook ziek geweest en wilde ik samen met de andere buren er ook voor ze zijn.

Maar nu moesten ze toch meer hun eigen leven gaan leiden. Mijn werkschema was nu ook duidelijk anders.

Als ik een aantal dagen was weggeweest wilde ik gewoon thuis zijn en mijn eigen ding doen.

Zelfs mijn zoon liet me dan met rust.

Maar mijn buren dachten daar blijkbaar toch anders over. Elke keer als ik thuis kwam en mijn schoenen al zittend op mijn bankje in ons gezamenlijk halletje uitdeed, kwam mijn buurvrouw door hun iets openstaande voordeur moeilijk aanlopen om een praatje met mij aan te knopen door me gelijk te zeggen dat ik er wel wat moe uitzag.

Ze keek me dan afwachtend aan in de hoop dat ik hierop zou reageren. Bijpraten zogezegd onder het genot van een kopje koffie bij hun binnen. Maar ze gaf me juist het gevoel alsof ik verslag moest komen uitbrengen. Wat kleur geven aan hun eentonig bestaan.

Eerst liet ik het maar over me heen komen maar na een aantal keren nam ik mijn bankje mee naar binnen om aan dit intussen wel vervelend ritueel te ontkomen.

Natuurlijk zal ik soms wel even moe zijn geweest, zeker als er tijdens mijn dienst ook iemand was overleden. Maar ik deed dit werk heel graag en had voldoening als alles goed of meer dan goed was verlopen. Zeur me niet aan mijn hoofd en wacht me niet steeds op als ik thuis kom!

Later heb ik me wel eens afgevraagd of hij haar niet elke keer het halletje in stuurde om steeds weer te proberen mij bij hun binnen te krijgen voor dat bekende kopje koffie.

Dat kwam toen ik eens op een middag voorovergebogen mijn fietsslot probeerde open te maken en beiden mij na een korte groet voorbij liepen om naar binnen te gaan. Ineens keerde zij alleen terug en stond mijn buurvrouw plots dreigend voor mijn neus. Ze stak haar rechter arm gestrekt naar mij uit en drukte hierbij haar wijsvinger tegen de onderkant van mijn linker oog terwijl ze me vroeg wanneer ik weer bij hun koffie kwam drinken. Al die tijd bleef ze me strak aankijken. Gekker moest je het niet krijgen! Ik werd gewoon gedwongen om bij hun langs te gaan voor koffie.

Overdonderd door wat me nu weer overkwam stond ik haar maar aan te kijken in de hoop dat ze weg zou gaan. Ik had geen zin in een opstootje hier beneden. Maar dat was ze juist niet van plan zonder een positief antwoord van mij. Om aan dit vertoon een einde te maken mompelde ik dat ik wel zie wanneer dat zou zijn. Toen pas trok ze haar wijsvinger terug, draaide zich om en liep het gebouw weer naar binnen. Een eng gevoel ging er door me heen. Wat was dit toch allemaal? Wat speelde zich toch allemaal daar achter hun voordeur af?

Het viel me op dat deze deur geregeld op een kier stond. Zo kon mijn buurman op elk moment van de dag geruisloos en onbespied zich in ons gezamenlijk halletje ophouden. Ik trof hem daar een paar keer al om acht uur 's morgens aan met een stofdoek in zijn hand om zogezegd het mooie keramiek af te stoffen dat aan hun kant op een plankenrek stond. Vreemd dacht ik dan bij mezelf, wat doe je hier zo vroeg in de ochtend terwijl ik niet lang daarvoor in de badkamer was geweest. Afijn Efiena, sta hier niet verder bij stil. Gooi jouw vuilniszak weg en ga je boodschappen doen. Het is straks weer tijd om te gaan werken. Zo sprak ik mezelf dan toe.

Maar het gevoel dat hij op de een of andere manier zich in gedachten soms toch met mij bezig hield schoot weer door me heen toen ik op een ochtend rond acht uur 's morgens hem weer in ons halletje aantrof. Zoals gewoonlijk ging ik naar buiten om mijn vuilniszak weg te brengen.

Tijdens de Kerst was ik met mijn zoon op vakantie geweest en ze hadden weer eens ongevraagd een kerststuk op de plank aan mijn kant van ons halletje neergezet. Het was al bijna midden januari en het stond er nog steeds.

Ik knikte toen ik hem zag staan maar zei verder niets. Wel vervelend dat ze het nog steeds niet hadden weggehaald. Ik wachtte af wanneer dat zou gebeuren.

Omdat ik niets zei begreep hij dat ik een beetje geïrriteerd was en hij begreep donders goed waarom. Hij knikte met zijn hoofd naar het kerststuk en ik knikte zonder een woord te zeggen terug.

Onmiddellijk haalde hij het weg. Ondertussen kwam mijn buurvrouw ook naar het halletje toelopen en zag dat hij het kerststuk had weggehaald. Ze draaide zich gelijk met haar gezicht naar mij toe om en schreeuwde tegelijkertijd dat hij het terug moest zetten terwijl ze driftig met haar rechterarm boven haar hoofd uit naar de plank gebaarde. En dat om acht uur in de ochtend. Hij deed wat ze hem had toegeschreeuwd en zette het kerststuk keurig terug. Waarop zij weer naar binnen liep.

Al die tijd had ik geen woord gezegd. Ik vroeg me alleen af wat voor gekkenhuis dit hier was.

Toen richtte ik mij tot hem en zei dat we nooit duidelijk hebben afgesproken dat de ene helft van het halletje zogezegd van jullie is en de andere helft dat voor mijn voordeur is zogezegd aan mij toebehoort.

Normaal gesproken is dit iets wat voor zichzelf spreekt. Maar soms leek het wel alsof zij zich dit halletje hadden toegeëigend. Hierna tilde hij het kerststuk weer op en nam het met zich mee naar binnen. Ik vervolgde mijn weg naar de lift om beneden naar de afvalcontainer te gaan.

Nooit ben ik te weten gekomen waarom mijn buurvrouw met haar gezicht naar mij toegekeerd zo te keer ging. Was het omdat hij ineens tegen mij zei dat daar zijn lieve vrouw kwam aanlopen op het moment dat ze naar het halletje toeliep. De toon waarop hij dat zei stond me niet echt aan.

Speelt hij mij soms tegen haar uit vroeg ik mezelf even af. Als dat zo is dan is dat zijn spel waar ik beslist geen deelgenoot van wil zijn. Een spel wat zich dan afspeelde in zijn hoofd en zeker niet in het mijne! Of zou hij achteraf gezien toen al vanaf een afstand mijn mankepoot hebben geroken...Iets waar ikzelf geen weet meer van had.

Op de een of andere manier liep mijn relatie tot mijn buren behoorlijk uit de hand zonder dat ik daar enige zeggenschap over had. Ik liet ze met rust maar het leek erop alsof ze mij steeds weer opzochten zonder dat ik daarop stond te wachten. Ze kruisten te pas en te onpas mijn vaarwater, ze deden het gewoon. Net alsof ik hun nodig had. Op den duur was dat erg frustrerend.

De Buurtcommissie

Ja, daar ging de bel!
Precies om half acht 's avonds stapten twee vrouwen, bemiddelaars van de Buurtcommissie welke valt onder de organisatie van Zorgdat in Harderwijk mijn voordeur binnen. Ze namen de frisse lucht van buiten met zich mee. Het gaf mij het gevoel dat ik aan een schone lei zou beginnen.
Heerlijk, dat voelde goed aan!
Na de kennismaking wilde ik gelijk de keuken inlopen om koffie te zetten toen een van de dames me toeriep dat de zaak voor hun nog onbekend terrein was. Ze wisten dus helemaal van niets.
Mijn hemel dacht ik bij mezelf, dat was ik helemaal vergeten terwijl de coördinator mij dat wel had gezegd.
Maar waar moest ik met mijn verhaal beginnen. Ik had een half uur de tijd om alles uit te leggen want daarna zouden ze bij mijn buurman en zijn vrouw aanbellen om aan te geven dat ik graag in gesprek zou willen gaan over een gebeurtenis tussen hun en mij of liever gezegd tussen de heer des huizes en mij.
Gelijk liep ik terug naar de voorkamer en liet de koffie voor wat het was.
Van de schrik bekomen ging ik zitten en stak gelijk van wal.
En tot mijn eigen verbazing sprak ik niet gelijk over de gebeurtenis zelf maar begon ik over Kees te vertellen.

Het was vrijdag de dag voor mijn vijf en zestigste verjaardag.
De volgende dag zou ik een nieuwe fase van mijn leven ingaan en ik had daar heel veel zin in.
Ik vond namelijk dat ik de afgelopen jaren wel aardig mijn best had gedaan om na mijn echtscheiding weer op te krabbelen en ik was eigenlijk wel tevreden over het resultaat.
Natuurlijk waren er zaken anders verlopen dan ik had gewild, maar dat was dan maar zo.

Het gaat nu eenmaal zo in het leven en dat moest ik accepteren.
Met frisse moed verder gaan luidde voor nu het advies aan mezelf.

Diezelfde vrijdagavond zou ik Kees bellen om door te geven hoe wij als trapbewoners dachten over een eventuele terugkeer van zijn moeder naar haar appartement op de bovenste verdieping.

Natuurlijk was ze vrij om dat te doen. Maar Anna, zijn moeder kon het indertijd moeilijk verkroppen dat ze ineens voor een deel afhankelijk van anderen was geworden door enkele lichamelijke problemen.

Ze bleef zich maar blind staren op de dingen die ze niet meer kon in plaats van te kijken naar wat ze nog wel kon doen.

Uiteindelijk moest ze worden opgenomen. Gelukkig knapte ze daarna langzaam weer op. Maar ze was toch niet helemaal meer de Anna zoals we haar kenden, de sociale vrouw die altijd voor een ander klaar stond en die heerlijke appeltaarten bakte.

Ik had haar opgezocht en toevallig was Kees er toen ook.

Het werd een gezellig bezoekuurtje met een kopje koffie en een koekje erbij.

Toen Anna even naar het toilet ging zei hij me dat hij liever zag dat zijn moeder na haar ontslag niet meer naar haar appartement terug zou keren maar naar een seniorenflat met voorzieningen voor ouderen zou verhuizen. De bezorgdheid klonk door zijn stem heen.

Anna kwam terug. We konden niet verder praten maar ik knikte bevestigend naar hem. Ik was het helemaal met hem eens.

Zo ook al onze trapbewoners.

Ik had Kees, ook een gescheiden man al eerder ontmoet. Dat was bij zijn moeder, mijn bovenbuurvrouw en we waren ook al eens samen op dansles geweest.

Juist omdat de eventuele terugkeer van Anna toch een netelig onderwerp was om over te praten, had ik aangeboden om dit op me te nemen. Kees kende mij en wist dat ik hier oprecht over zou zijn en er respectvol mee om zou gaan.

Dat hield ook in dat ik bij mijn naaste buren zou aanbellen, iets wat ik al een hele tijd niet meer had gedaan.

Maar het ging nu om een belangrijk onderwerp wat ons allen ter harte ging en wat mijn relatie tot mijn naaste buren voor dat moment ondergeschikt maakte. Zo redeneerde ik toen.

Dus belde ik bij hun aan en mijn buurman deed open. Ik legde in het kort uit waarvoor ik had aangebeld en hij vroeg of ik niet binnen wilde komen om hierover verder te praten.

Dat vond ik goed. Het was niet echt een onderwerp om aan de deur te bepraten ook al zou er op dat moment hoogstwaarschijnlijk niemand zijn langs gekomen.

Dus ik stapte achter hem aan naar binnen. Ineens draaide hij zich naar mij om en pakte mijn rechter onderarm met beide handen vast terwijl hij ondertussen tegen me zei dat het fijn was dat ik weer koffie kwam drinken. Hè, wat krijgen we nou schoot het gelijk door me heen, ik kom hier alleen om over Anna te praten en verder niet.

Enerzijds te overrompeld om gelijk hierop te reageren en anderzijds omdat we bij de voorkamer waren aangekomen waar zijn vrouw zich bevond, zei ik niets terug.

Maar op zijn vraag of ik koffie wilde of anders een wijntje antwoordde ik ontkennend. Ook maakte hij van de gelegenheid gebruik om mij voor mijn zoon Evan een cd welke hijzelf speciaal voor hem had opgenomen, mee te geven maar ik weigerde deze aan te nemen. Ik wilde geen contact, ook niet via Evan. Ik was hier enkel en alleen maar om te horen hoe ze tegenover een terugkeer van Anna stonden om dit later aan Kees door te geven. Het gesprek verliep goed. Ze maakten zich ook zorgen om haar terugkeer.

Over mijn verjaardag dat de volgende dag zou zijn sprak ik niet omdat we al een tijdje niet meer bij elkaar over de vloer kwamen, ook niet meer voor een verjaardag en dat wilde ik zo houden.

Hierna wilde mijn buurvrouw ook meelopen om mij uitgeleide te doen maar ik zei haar dat dat niet hoefde omdat ik wist dat ze soms moeilijk uit haar stoel kon opstaan. Bovendien was ik zo weer thuis. Mijn buurman liep met me mee. Maar toen we hun korte hal inliepen gebeurde er ineens iets vreemds. Ik liep voor mijn buurman uit. Voordat ik bij hun voordeur was draaide ik me naar hem toe om hem te bedanken voor het gesprek en te groeten. Nog voordat ik iets had gezegd was het net alsof ik ineens razendsnel aan beide kanten van mijn gezicht iets langs me heen voelde gaan. Niet begrijpend of er net juist wel of net juist niet iets was gebeurd, bleef ik even stil staan en keek hem aan. Wat is dit nou... hij verwacht toch niet dat ik als afscheid hem ga zoenen...

Terwijl ik mijn hoofd even zachtjes heen en weer schudde, draaide ik me snel om en liep hun voordeur uit zonder nog iets te zeggen. Ik graaide mijn huissleutel uit mijn zak en wist niet hoe snel ik mijn voordeur binnen moest komen. Ondertussen leek er wel een alarm in mijn hoofd af te gaan dat steeds maar herhaalde dat ik daar nooit maar dan ook nooit meer naar binnen moest gaan. Daar is iets niet goed! Pas op! Pas op! Pas op!

Ik moest even op adem komen, even bijkomen alhoewel ik nauwelijks vier stappen had gedaan. Wat was ik dankbaar dat ik weer veilig in mijn eigen huis was.

Dit voorval kreeg ik maar niet uit mijn hoofd. Op den duur was ik er bijna zeker van dat hij toen zijn kunstje onverwacht op mij uitprobeerde. Zijn snelheid om dit ten uitvoer te brengen was hij nog niet verloren. Het deed me denken aan iemand die met één beweging razendsnel het tafelkleed onder een gedekte tafel wegtrekt zonder dat het servies op de grond terecht komt.

Geen van ons drieën lette nog op de tijd. Ik was nog lang niet uitgesproken.

De volgende dag was ik jarig en zou ik samen met mijn twee zonen naar de bioscoop gaan. Ik keek ernaar uit om de film van Shaun het schaap te zien. Als ik alleen al aan Shaun dacht moest ik lachen. De film paste goed bij mijn stemming. En dan nog tijdens de film mijn kopje koffie bestellen met een lekkere koek erbij. Heerlijk, maar ook spannend want je moest zo zachtjes mogelijk doen om de andere kijkers niet te storen en er ook nog voor zorgen om geen koffie te morsen.

Mijn familie en mijn buurtjes waarmee ik optrok wisten dat ik weg zou gaan. Hun kaartjes en telefoontjes had ik al gehad en daarom was ik verbaasd toen rond kwart over twee 's middags de deurbel ging.

Wie kan dat nou toch zijn? Iedereen weet dat ik deze dag alleen met mijn zonen door wil brengen en dat we naar de film zullen gaan en ik ben niet van plan om dat af te zeggen!

Met al één schoen aan en een beetje geïrriteerd deed ik de voordeur open om tot mijn afgrijzen te zien dat het mijn buurman was.

Ik kon eigenlijk mijn ogen niet geloven. Dat hij de moed had om aan te bellen. Dit wilde ik helemaal niet! Wat een onbetamelijk gedrag! We vierden allang geen verjaardagen meer met elkaar.
Dus waarom belt hij nu aan?
Zeker omdat ik gisteren bij hun binnen was geweest om over Anna te praten had hem hiertoe overgehaald. Maar normaal bel je dan tegen drie uur aan tenzij je anders hebt afgesproken. Het moest hem ter ore zijn gekomen dat we om drie uur niet thuis zouden zijn maar in de bioscoop. Een gegeven wat hem helemaal goed uitkwam omdat ik dan zeker ook geen tijd zou hebben om stennis te maken nadat hij datgene had gedaan waarvoor hij juist eigenlijk aanbelde.

Maar goed ik had zo'n zin in mijn verjaardag.
Ik liep de hele ochtend al vrolijk rond. Ik ging echt weer een leuke tijd te gemoed met onverwacht de belofte van leuke uitjes in het verschiet dus wilde ik mijn feeststemming niet te niet doen.
Bovendien waren mijn jongens vlakbij mij in de buurt en had ik geen enkele zin in geruzie.
Mijn buurman stond daar maar met zijn bloemen, leunend tegen de muur mij in opgewonden staat afwachtend aan te kijken. Hij had ook gekozen voor gele tulpen welke ik die avond ervoor juist ook van Kees gekregen had. Ik had hem nog net iets ineengedoken naar het deel van de muur van ons gezamenlijk halletje, dat zich recht tegenover mijn deur bevindt, toe zien lopen nadat hij had aangebeld. Er was dus enige afstand tussen ons welke hij achteraf gezien dus nodig had om zijn kunstje uit te voeren. Maar daar had ik op dat moment dus geen enkele weet van. Toen ik hem zei dat we juist bezig waren om naar de film te gaan verscheen er enkel een lichte grijns op zijn nog opgewonden gezicht. Hij zei geen woord. Achteraf denk ik dat hij dat ook niet kon vanwege de verhitte staat waarin hij zich bevond en daarnaast wilde hij zeker op dat moment de aandacht van zijn vrouw er niet bij hebben.
Maar eigenlijk hoefde hij ook niet te zeggen waarvoor hij aanbelde. Dat deden de gele tulpen die hij bij zich had. In elke hand hield hij

een bosje vast waarbij wel de bloemen naar de grond gericht waren. Dat viel me gelijk op want normaal houd je ze juist andersom vast als je op het punt staat om iemand bloemen te geven. Zoals hij daar stond met zijn rug iets van de muur af en zijn hoofd lichtelijk voorover gebogen, leek het net alsof hij op het punt stond om tot de aanval over te gaan.

Iets wat bij nader inzien dus ook het geval bleek te zijn.

Maar ik stond er niet lang bij stil en stuurde hem niet weg.

Dat was dus een fatale beslissing!

Hij was zich er heel goed van bewust dat deze dag, mijn verjaardag hem nog de enige gelegenheid zou bieden om mij van heel dichtbij te benaderen. Een kans die hij met beide handen aangreep. Hij ging ervan uit dat ik hem zeker met een zoen op de wang voor de gele tulpen zou bedanken en daar was het hem om te doen.

Mijn alarmbel die gisteren zo voluit pas op naar mij had uitgeroepen, hoorde ik nu niet meer!

Onder het dekmantel van een felicitatie, gezien de gele tulpen in zijn handen greep hij mij razend snel vast op het moment dat ik me iets naar hem toe vooroverboog om hem met een zoen op de wang te bedanken. Het ging zo snel dat ik het eigenlijk niet eens heb zien gebeuren. Ik had er helemaal geen erg in! Nog voordat ik de zoen echt op zijn wang had doen belanden kon ik met mijn hoofd geen kant meer op.

Voor een moment was ik verbijsterd. Ik raakte in paniek en angst bekroop me. Ik schreeuwde naar mijn jongens om mij, hun moeder onmiddellijk te komen bevrijden van de band welke muurvast om mijn nek lag en waarvan ik helemaal geen enkel idee had hoe dat nou toch was gebeurd. Maar ze kwamen niet! Toe nou jongens, help me dan toch maar ze hoorden mijn noodkreet niet omdat er geen geluid over mijn lippen kwam. Voor een moment was ik verstijfd van angst maar dat realiseerde ik me toen niet. Ik had geen idee wat er aan de hand was.

Zoals een slang langzaam maar zeker zijn prooi benaderd, zag ik dat zijn verhitte gezicht langzaam maar zeker naar het mijne toekwam. Zijn ogen strak op mij gericht. Toen zijn hunkerende mond de mijne naderde begon ik in paniek wanhopig voor zover me dat lukte heel hard mijn hoofd naar achteren te rukken.

Tongzoenen! Oh mijn god, dat nooit!

Als een razende vocht ik voor mijn eer. En dat op een dag waarop ik weer zo gelukkig was!

Het kon niet lang duren want ik stond net voor de deuropening en mijn zonen bevonden zich op nog geen meter afstand van mij vandaan en ze konden elk moment naar me toe komen om me eraan te herinneren dat we zo weg moesten gaan.

Ineens trok hij zijn vingers langzaam uit elkaar. Vol ongeloof hield ik één tel mijn hoofd stil. Ik kon het daarna wel uitschreeuwen van blijdschap omdat ik mijn hoofd weer kon bewegen!

Ik wilde hem bedanken voor zijn bloemen in mijn hand met nog een zoen op zijn andere wang. Ik begreep mezelf niet. Ik begreep mijn eigen reactie niet. Het leek zo onwerkelijk. Had ik echt net wel in doodsangst gezeten. Was deze vreselijke gebeurtenis wel echt gebeurd. Had mijn buurman mij dit allemaal aangedaan. Dit ging allemaal razend snel door me heen terwijl hij met zijn handen omhoog in alle onschuld achteruit liep. In plaats van het uit te schreeuwen, zei ik niets, helemaal niets. Net alsof ik me even in het luchtledige bevond. Net alsof ik even niet bestond. Ik keek hem alleen maar aan en zei niets. Ook niet na zijn onhandige poging om mij aan het praten te krijgen. Uit het niets zei hij ineens dat ik er erg goed aan had gedaan om gisteren over Anna haar situatie te praten. Hij maakte mij een compliment. Belachelijk!

Dit sloeg als een tang op een varken! Waarschijnlijk dacht hij een van zijn leerlingen voor zich te hebben die hij weer aan het praten moest krijgen. Maar ik zei niets, helemaal niets. Dat had hem van zijn stuk gebracht. Hij kon niet anders dan snel met lege handen teruggaan naar zijn zo geliefde vrouw. Ik denk dat ik toen ontdooide.

Onbewust wilde ik alsnog mijn feestdag redden. En daar hoorde een scheldpartij zeker niet bij. Om mezelf en mijn jongens te laten zien dat er toch niks aan de hand was, zette ik zijn bloemen gauw in een vaas met water, deed mijn andere schoen aan, pakte mijn tas, deed mijn jas aan in de lift en liep naar de garage om mijn fiets op te halen.

Al gauw hadden de jongens mij ingehaald. De film was leuk. Ik stopte hetgeen wat me net overkomen was ver weg. De rest van de zaterdag verliep goed en zo ook de zondag.

Maar toen ik maandag overdag alleen was kwam alles naar boven en moest ik aan mezelf wel toegeven dat er iets ergs met me was gebeurd, iets wat het daglicht niet kon velen en ook nog op een laffe manier door bloemen, notabene gele tulpen aan me te geven die eigenlijk als een dekmantel moesten dienen voor zijn gedrag wat hij eigenlijk voor ogen had.

Na de lunch belde ik na een korte aarzeling bij ze aan. Ik had een cd die hij voor mijn zoon enige weken daarvoor gemaakt had in mijn hand. Ik zag het bij de voordeur liggen toen ik een keer thuis kwam. Ik raakte gelijk geïrriteerd maar nam het toch mee naar binnen. Verdorie, ze weten dat ik geen contact meer wil en proberen dit toch via Evan te spelen. Mijn zoon wist dat mijn verhouding tot hun niet meer goed was en wilde niets met die cd te maken hebben. Hij had ook nooit aangebeld om te bedanken. Dus weg ermee! Wat denkt hij wel, zogezegd de nette meneer uithangen terwijl hij zo respectloos met mij, zijn moeder omgaat... Ik begon een opkomende woede in me te voelen die me strijdlustig voor hun deur liet staan.

Hij deed open en zag me staan. Hij voelde onraad en bleef half verscholen achter hun voordeur staan en bleef deze met één hand vasthouden.

Ik ging gelijk tot de aanval over. Hier, neem aan en ik stak mijn hand met die bewuste cd erin naar hem uit. Nee, die is voor Evan antwoordde hij alsof hij niet begreep waarom ik het terug gaf. Hier, neem aan herhaalde ik alleen maar op luidere toon en dacht er in stilte vervolgens achteraan en als je het niet aanpakt dan smijt ik die hele cd in jullie gang. Hij nam hem nu wel aan.

Daarop zei ik zonder verdere uitleg en als je dat weer doet dan ga ik naar de politie.

BENG!

Gelijk smeet hij de deur in mijn gezicht dicht. Hij wist dus donders goed waar ik het over had. Ik bleef nog heel even stilstaan. Om op deze manier keihard de waarheid bevestigd te krijgen, schrok me even af. Je kwam dus alleen maar om mij aan te randen en niet om mij te feliciteren... Had ik maar vrijdag niet aangebeld en was ik maar niet naar binnen gegaan. Dat had hem tot zijn daad aangezet. Dus al die tijd was hij op een smerige manier met me bezig geweest. Genoot hij bij de gedachte hoe hij mij de volgende dag te grazen zou nemen. Die glinstering in zijn ogen en zijn opgewonden gezicht waren echt. Ik voelde me vies, ik voelde me besmeurd, ik voelde me een slet, een goedkope hoer. Ik voelde me héél, héél erg diep vernederd. En dat deed héél, héél veel pijn. Een deel van mijn ziel werd ineens ijskoud. Net alsof er wezenlijk in mij iets veranderd was.

Teveel om ineens te dragen. Ik moest iemand zien. Iemand moest een lief gebaar naar mij maken.

Er moest ergens iemand thuis zijn. Ik belde gewoon aan. Eigenlijk wist ik niet eens precies wat ik moest zeggen. Maar maak alsjeblieft even jouw deur open. Ik kan het even niet meer aan.

Ik moest even bijkomen en liep naar de keuken om koffie voor ons te zetten. Dit deed me denken aan mijn beneden buur die mij toen op die bewuste maandag een kopje thee had aangeboden.

Een bakkie troost waar ik toen zo heel erg aan toe was.

Er viel even niets te zeggen maar dat was ook niet nodig.

In gedachten verzonken dronken we ons eerste kopje koffie op.

De dagen daarna, vervolgde ik mijn verhaal, voelden onwezenlijk aan. Ik was er maar ik was er ook niet. Omdat we zo dicht op elkaar wonen kon het niet anders dan dat we elkaar op een gegeven moment zouden tegen komen. Verwacht hij dan dat ik hem groet alsof er niets aan de hand is, alsof er niets is gebeurd? Verdomme, ik kreeg de neiging om hem juist van de trap af te smijten en dan beneden zijn gezicht tot moes te stampen zodat hij dit kunstje van hem nooit, maar dan ook nooit meer zou kunnen uithalen. Verdomme, verdomme, verdomme. Met een van woede vertrokken gezicht schoot mijn vuist denkbeeldig naar hem uit en nog een keer en nog een keer en nog een keer. Een woede die nauwelijks te stoppen was. Een woede die me dreigde te verstikken. Ik voelde mijn bloed koken! God allemachtig, wat overkomt me toch! Deze man kan ik nooit meer groeten want dan verloochen ik mezelf. Hoe kom ik hier uit...Wie gaat mij ooit geloven...

Ik schrok zo heftig van mijn eigen reactie dat ik ineens de tranen over mijn wangen voelde rollen.

Normaal gesproken ben ik een vredelievend mens.

Het was zo vreemd om mijn andere trapgenoten tegen het lijf te lopen en ze zoals altijd ongedwongen te groeten en ze daarna hun voordeur in zag gaan zonder dat ze er enig idee van hadden welk drama zich voor mijn voordeur onlangs had afgespeeld.

Ik schaamde me zo om hierover te praten. De wanhoop stond me nabij.

Tot overmaat van ramp kwam ik erachter dat mijn buurvrouw het begrijpelijk voor haar man, mijn buurman op nam. Het feit dat ik toen hardop kenbaar had gemaakt om bij een eventueel volgende keer naar de politie te stappen, maakte hun wel duidelijk dat ik vroeg of laat misschien hier over zou gaan praten. Daar had hij niet op gerekend. Dat was een flinke tegenvaller voor hem.

Zich verschuilen achter moeders rokken, zijn Bescherm Vrouwe, zijn veilige haven met de vertrouwde geur van haar erin verborgen welke hem de tijd gaven om zich nog even te wentelen in het genot wat hij kort daarvoor nog had ervaren, was zoals het zich er nu liet aanzien niet meer bij.

Verdorie, dat hier nu een einde aan komt!

Helemaal ontkennen konden ze niet maar de waarheid een beetje verdraaien dat kon natuurlijk wel!

Ah, ze had een akkefietje met Klaas, mijn man. Kennelijk kan ze er niet tegen als een man haar even aanraakt. Ophef om niets. Zo werd de zaak van de hand gedaan of wel gebagatelliseerd en ik, een gescheiden vrouw in het verdomhoek neergezet. Zie hier dan maar weer uit te komen. Het was twee tegen één! Ze voelden zich sterk staan. De parkbewoners zouden dat wel begrijpen. En dit is wat ik mijn buurvrouw nu juist zo hoogst kwalijk neem. Zich proberen in te dekken ten kostte van mij in plaats van de problemen in haar huwelijk zelf aan te pakken en op te lossen. Dat heb ik ook ooit eens moeten doen hoe moeilijk dat toen ook was.

Het tot dan voor mij aangename woonklimaat werd onaangenaam maar hier weggaan was voor mij geen optie. Toen ik jaren geleden hier met de bus voorbij reed wist ik dat ik hier oud wilde worden. Er moet heel veel gebeuren voordat ik mijn plek opgeef!
   Gelukkig kwam ik op een middag nadat ik boodschappen had gedaan mijn goede buurtje tegen waar ik vaker mee sprak en ineens was het eruit. Oh, jeetje dacht ik heel even, wat heb ik gedaan? Ik was even vergeten dat zij en haar man het appartement juist aan mijn buurman en zijn vrouw hadden verkocht. Ze hadden net als ik geen idee wat voor vlees ze in de kuip hadden binnen gehaald. Ik wist niet of ze daar aandacht. Ze sprak er niet over. Ze zei juist gelijk heel begripvol dat het een nare ervaring voor mij moest zijn geweest. In haar familie had ze dit ook van heel dichtbij meegemaakt. Iets wat ik later vaker hoorde als ik erover sprak. Ik voelde me getroost!

De tijd was duidelijk niet stil blijven staan. De twee bemiddelaars moesten weer gaan.
   De avond was dus heel anders verlopen maar het praten had me goed gedaan.
   Dat is fijn om te horen. Maar hoe kunnen we u nog meer helpen?
   Wilt u toch nog een gesprek met uw buren aangaan en wat zijn uw verwachtingen hiervan?
   Ik heb zeker een aantal vragen die ik beantwoord zou willen zien.
   Toen we vroeger bij elkaar over de vloer kwamen was altijd zijn vrouw erbij. Waar was ze nu?
   Gezien zijn daad wilde hij natuurlijk alleen zijn maar dat wil ik in jullie bijzijn uit zijn mond horen.
   Iets wat hij waarschijnlijk niet gaat doen. Hij zal erom heen praten.
   Maar misschien laat hij jullie niet eens binnen als hij weet waar jullie voor komen en hij als antwoord ook de deur in jullie gezicht dichtsmijt. Ik moet daar niet aan denken ook al zal hij dan in ieder

geval wel begrijpen dat ik de zaak naar buiten heb gebracht en er niet meer alleen voor sta.

Weet u wat, we nemen uitgebreid contact op met onze coördinator en zoeken naar een andere manier om deze zaak voor u zo goed mogelijk op te lossen.

Afgesproken! Zo gingen we uit elkaar. Het was ongewild een lange avond geworden.

En toen werd ik zesenzestig jaar

En toen werd ik zesenzestig jaar. Een dag waar ik beslist niet naar uitkeek. Ik had ook aan een ieder gezegd dat ik die dag niet thuis zou zijn. De nare bijsmaak van mijn vijf en zestigste verjaardag was ik nog niet kwijtgeraakt. Ik kreeg lieve kaartjes en dat deed me goed. Maar ik had mijn evenwicht nog niet teruggevonden. Hun tegenkomen in ons gezamenlijk halletje of in de gang maar ook tijdens het in of uitstappen van de lift werd een onaangenaam moment. Hij riep dan goedemorgen of goedemiddag terwijl hij wist dat ik niet terug zou groeten. Ik hield me groot maar er werd zo steeds weer in een open wond geroerd, die nog heel veel pijn en woede bevatte.

Mag je zeggen dat iemand eigenlijk lucht voor je wordt, eigenlijk niet maar dat werd het wel. Ik groette dus nooit terug. Wat hem niet beviel want dan werd hij met zijn neus weer op de feiten gedrukt, zeker als er ook andere buren bij stonden. Dat was niet alleen onaangenaam voor hem maar ook voor zijn vrouw die zich dan neerzette als de zielenpiet die hier toch niets aan kon doen. Een houding die me irriteerde. Wees volwassen en treed op, doe iets maar doe niet alsof je blind bent.

Wat mij ook tegen de borst stuitte was het feit dat ik nooit het spijt me te horen kreeg. Natuurlijk niet want dan bekende hij schuld en was hij wellicht bang dat ik naar de politie zou stappen.

Nee, gewoon doen alsof er niets was gebeurd, er helemaal niets aan de hand was terwijl ik met een enorme woede rondliep die mijn zonen soms angst aanjaagde. Mam, ga naar de dokter en vraag een gesprek aan voor psychische ondersteuning. We zijn bang dat jij een keer jouw zelfbeheersing verliest, hem aanvalt en in de gevangenis terecht komt.

Natuurlijk hadden ze gelijk en ook mijn huisarts die te kennen gaf dat de mogelijkheid tot gesprek aanwezig was. Maar nee, bedankt, ik red me wel. Maar dat lukte me toch mooi niet.

Maar Efiena, je vergist je. Hij probeerde wel om het recht te breien alleen kwam het averechts bij jou over. Weet je nog die keer toen ons vernieuwd treinstation geopend werd en de mensen die er vlak omheen woonden aan de vooravond een verkorte openingsavond werd aangeboden met een kopje koffie en een wijntje erbij voor al het doorstane ongemak tijdens de bouw.

Hoe kon ik dat vergeten...

Een gezellige bijeenkomst waarop ik in het openbaar te schande werd gezet, althans zo was mijn gevoel vlak na mijn reactie op zijn handelen. Wat was er aan de hand?

Zijn kunstje wat hij mij geflikt had bood genoeg stof tot roddelen. En zeker als je met anderen op een park woont. Niemand had het zien gebeuren, daar had hij wel voor gezorgd. Maar dat opende wel een deur tot veel speculaties wat op den duur toch niet echt prettig was.

Hij zou daar een einde aan maken door openlijk een ieder te laten zien dat hij en ik gewoon goede vrienden waren.

Trots liep ik die avond naar ons station. Het was een mooie zomeravond. Onderweg kwam ik natuurlijk ook bekenden tegen. Ik had het gevoel alsof ik naar een feestje ging.

Ik ben afhankelijk van openbaar vervoer waardoor het station deel uitmaakt van mijn leven.

Tijdens de bouw had ik samen met vele anderen de vorderingen van heel dichtbij gevolgd en eerlijk gezegd het resultaat mocht er wezen.

We werden officieel ontvangen en de koffie met wat lekkers erbij stond al klaar.

Toen ik in de pauze na een uitleg buiten over het station het gebouw weer in liep zag ik mijn buurman ineens zitten in de zaal. Hij was met iemand in gesprek.

Ik had hem in het eerste gedeelte niet gezien en ik kreeg sterk het gevoel dat hij daar eigenlijk voor mij was maar had geen idee waarvoor. Daarom besloot ik om achterom te lopen om mijn wijntje te gaan halen in de hoop dat hij mij niet had gezien.

Maar ik had net een paar passen gedaan of ik zag hem opstaan en in mijn richting lopen. Ik draaide me gelijk om en besloot nu om naar voren te lopen om mijn wijntje te gaan halen. Hij draaide zich ook om en liep weer mijn richting op. Hè, dacht ik nog, verdorie ik wil geen enkele confrontatie met deze man. En zeker niet hier.

Ik deed alsof mijn neus bloedde, negeerde hem en net toen ik mijn glas zoete witte wijn bestelde, hoorde ik naast mij roepen op een toon alsof wij dikke vrienden waren van hé, Efiena en tegelijk voelde ik zijn vingertop mijn schouder aanraken.

Het was net alsof er een bom, waar ik zelf geen enkele controle over had in mij afging.

Gelijk draaide ik mij naar hem toe om en schreeuwde heel luid en duidelijk:

Raak mij niet aan! Blijf van mij af!

Het vloog eruit voordat ik er erg in had. Gelijk stoof hij weg, dwars door de zaal heen rechtstreeks naar de uitgang. Het was voor een ieder wel duidelijk dat deze man mij ooit eens iets had aangedaan wat het daglicht niet kon verdragen. Vuile vieze smeerlap had ik hem nog na willen roepen maar dat hield ik nog net in. Waarschijnlijk was ik toen weer bij mijn positieven gekomen. Dat ik dát allemaal er uit had gegooid. Ik stond paf over mezelf. Was ik dat! Iedereen in de zaal stopte even met praten en staarde ons aan. Hoe haalde hij het in zijn hoofd om mij hier in het openbaar te schande te zetten. Wat bezielde deze man toch. Verdorie, laat me met rust! Hij had waarschijnlijk gedacht dat ik als een bang vogeltje in het openbaar lief naar hem terug zou knikken, bang om ophef te maken en hij zo aan een ieder die hier aanwezig was openlijk kon laten zien dat het tussen hem en mij wel koek en ei was. Wat een schoft van een vent. Ik hoefde me niet te schamen voor zijn idiote gedrag maar hijzelf.

Verontwaardigd en ook om mezelf weer een houding te geven ging ik achter mijn wijntje aan. Gelukkig had de jonge kelner nog mijn glas in zijn hand en volgde mij met zijn ogen. Wat een vertoning moest hij wel bij zichzelf hebben gedacht maar hij liet niets merken.

Ik knikte naar hem, ik was zeker echt toe aan een slok. Beleefd reikte hij mij mijn glas aan.

Wat een gentleman! Dank je wel!

Na nog een wijntje en na nog naar wat muziek te hebben geluisterd was de pret er voor mij toch echt wel af. Eigenlijk nog steeds verwonderd over hetgeen er gebeurd was en nog verbaasd over mijn eigen optreden liep ik in mijn eentje terug naar huis. Hij had het weer voor elkaar. Mijn feestje had hij weer verpest. Hij deed gewoon maar.

Kort hierna kwam ik mijn beneden buur die me toen, nadat mijn buurman hun voordeur in mijn gezicht had dichtgesmeten, een kopje thee had gegeven om weer even tot mezelf te komen, beneden tegen.
Ik vertelde hem wat er op die avond was gebeurd. Oh, heeft hij het dan toch gedaan reageerde hij met een enigszins bezorgd gezicht. Laatst was hij bij me en zei dat hij het weer goed met jou wilde maken. Hij dacht erover na om het te doen op de manier zoals jij net vertelde maar ik raadde hem dat toen af en adviseerde hem om dat op een andere manier te doen.
Maar dat heeft hij dus niet gedaan. Zonder verder nog iets te zeggen gingen we uit elkaar.

Dit gekke gedrag bezorgt me een eng gevoel, temeer daar hij zo dicht naast me woont en mijn wandelgangen hem niet vreemd zijn. Onze trap kent weinig bewoners en als je je daar op toelegt heb je wel gauw in de gaten wanneer er iemand wel of niet thuis is. Prima, zolang je daar geen rare bedoelingen mee hebt. Bij mijn vorige buren is deze gedachte nooit bij mij opgekomen. Ik heb me altijd veilig gevoeld maar dat is nu wel anders. Ik ben blij dat Evan nog bij mij woont maar hoe moet het als hij straks weg is? Mijn buurman zou zeker nog wel eens van zich laten horen! Ik wil dat dit stopt. Maar hoe bereik ik dit, hoe pak ik dit aan... Naar de politie gaan is een optie, maar ja die zien me al aankomen. Daar had ik veel eerder mee op de proppen moeten komen. Ze hebben geen poot om op te staan. Terug gaan naar mijn huisarts en vragen om hulp, maar hulp waarvoor. Omdat ik een beetje bang ben. Kom op, laat gewoon zien dat je niet bang bent, per slot van rekening ben je geen klein kind meer. Je hebt voor hetere vuren gestaan. Stel je niet aan! En praten met andere buren? Ja, maar die kunnen er ook eigenlijk niets mee. Mijn buurman en mijn buurvrouw zijn ook hun buren en daar willen ze eigenlijk ook geen onenigheid mee hebben. Tenslotte is het niet hun probleem.

Omdat ik een tijdje hierna niet meer met hem geconfronteerd werd, liet ik het er ook maar bij zitten. Ik was toe aan een beetje rust. Het was eigenlijk een soort van schijnrust. Dat wist ik ook eigenlijk wel maar wat kon ik anders...

En toen werd ik zevenenzestig jaar

En toen werd ik zevenenzestig jaar.
Dit keer had ik zin om met mijn jongens weer iets leuks te gaan doen. De nare bijsmaak die ik had overgehouden naar aanleiding van de gebeurtenis op mijn vijf en zestigste verjaardag veroorzaakt door mijn buurman werd minder en daar waren zij ook blij om.
Waren we toen naar de bioscoop gegaan om naar de film Shaun, het schaap te gaan kijken, nu werd het de grote Rex in het museum Naturalis in Leiden.
Indrukwekkend om zo'n grote dinosaurus te zien. Wat zijn wij dan klein.
Met de zon erbij werd het een gezellig dagje uit. Ik voelde me gewoon weer een beetje jarig!

Maar thuis had de rust of liever gezegd de schijnrust lang genoeg geduurd en mijn buurman liet weer van zich horen met een goedemorgen of een goedemiddag terwijl hij wist dat ik dat niet wilde. Ik groette niet terug.
Anna had inmiddels haar appartement verkocht. De nieuwe bewoners, heel aardige mensen waren ondertussen klaar met de verbouwing en het werd tijd voor de open dag.
Trots leidden ze ons rond en het zag er allemaal mooi uit. Anna was er ook. Het was goed om haar weer te zien.
Maar de gedachte om samen met haar aan één tafel te zitten met mijn buurman en zijn vrouw erbij kon ik niet verdragen.
Mijn buurman en mijn buurvrouw gingen nog steeds bij haar op bezoek. Dat hij zich aan mij had vergrepen en nadien op die bewuste maandagmiddag de deur in mijn gezicht had dichtgesmeten mocht Anna niet ter ore komen.
Ook haar dochter mocht dit niet horen. Ze zag mijn buurman en zijn vrouw als nette mensen, die als aardige buren haar moeder

kwamen opzoeken. En dat waardeerde zij zeer. Ze geloofde oprecht in hun eerlijkheid.

Een akelig verhaal over hem zou als een bom hebben ingeslagen.

Efiena moest dus niet de kans krijgen om juist deze waarheid te vertellen.

Anna moest dus zo gauw mogelijk na die bewuste maandagmiddag toen ik het woord politie had laten vallen worden ingelicht. Efiena de mond snoeren dat zou hun niet lukken maar de waarheid een beetje verdraaien en het accent bij haar neerleggen dat moest wel mogelijk zijn...

Zo konden ze Anna blijven bezoeken als de oprechte buren die zo begaan waren met haar lot. Waarom hun bezoek steeds aan haar voor hun zo belangrijk is, was mij nog steeds een raadsel. Toen ze nog goed was hield Anna mijn buurvrouw soms juist op een afstand omdat mijn buurvrouw op een gegeven moment vaker voor een kopje koffie langs kwam en Anna daar niet altijd voor open stond. Maar nu ze niet meer de oude Anna was kon ze niet zo goed meer voor zichzelf opkomen en hun bezoek weren vooral ook omdat haar dochter zo onder de indruk van mijn buurman en zijn vrouw was.

Toen ze dan ook een keer haar dochter vroeg om haar niet alleen met hun te laten keek ze haar moeder niet begrijpend aan. Ze wist duidelijk niet dat haar moeder hun bezoekjes niet altijd meer op prijs stelde.

Maar haar schoonzoon vertrouwde de zaak niet helemaal. Tijdens het leeghalen van het appartement van zijn schoonmoeder kwam ik hem hier beneden wel eens tegen. We hadden dan altijd een kort babbeltje maar als ik dan daarna niets meer te zeggen had bleef hij me aankijken in afwachting naar meer.

Maar ik besloot om mijn verhaal rondom mijn buurman niet te vertellen. Ik was blij dat Anna kopers had gevonden en ze haar leven hier kon afsluiten en zich nu kon richten op een nieuwe fase in haar leven.

We hadden leuke buren gekregen. Het zou jammer zijn als ze door mijn verhaal geen interesse meer zouden hebben gehad. Pas later vertelde ik ook aan hun wat er hier was voorgevallen.

Mijn buurman en mijn buurvrouw hadden iets nieuws bedacht om in mijn vaarwater te komen.

Na lange tijd had ik met mijn beneden buurtje afgesproken om op de koffie te komen. Ze had pas een nieuw koffieapparaat gekocht en die moest zijn kunnen bewijzen. De koffie smaakte inderdaad naar meer. Na enige tijd gezellig gebabbeld te hebben ging de bel en mijn buurtje deed open.

Stond tot mijn verbazing mijn buurvrouw voor haar deur.

Mijn buurtje kon niet anders doen dan haar naar binnen te vragen wat mijn buurvrouw natuurlijk maar al te graag ook deed. Om niet onbeleefd te zijn zou ik nog een half bakkie meedrinken.

Maar het plezier was er echter voor mij al wel af.

Helemaal toen in het voorbijgaan mijn buurvrouw onverwacht met haar vingers langs mijn wang streek en me hierbij brutaal en uitdagend aankeek. Verdomme, wat is dit nou weer! De woede voelde ik weer opkomen. Gewoon mijn burenleven verzieken en natuurlijk dit doen als de ander niet kijkt.

Mijn buurman droeg zijn steentje hieraan bij toen ik door de zoon van de oudere dame op onze verdieping naar binnen werd uitgenodigd nadat ik had aangebeld om iets te vragen.

Mijn buurman en mijn buurvrouw hadden haar huissleutel om naar ik aannam in een noodgeval bij haar binnen te kunnen komen. Maar ik had het mis.

Ik zat nog geen drie minuten bij hun aan tafel of mijn buurman liep zonder aan te bellen naar binnen en ging pal achter mijn stoel staan waarin ik zat. Zijn arm kon de mijne bijna raken. Verbaasd dat hij zomaar naar binnen liep keek ik de oudere dame aan.

Ze maakte me duidelijk dat ze hier niets van kon zeggen want in goed overleg was haar huissleutel bij hun en konden ze naar eigen inzicht binnen komen. Klonk mij een beetje vreemd in de oren maar waarschijnlijk had ik het verkeerd begrepen. Ik was heel erg blij dat haar zoon op dat moment aanwezig was.

Mijn buurman verklaarde zijn komst door iets door te geven wat betrekking had op een vliegenvanger. Iets wat in mijn ogen rustig had kunnen wachten.

Zijn vrouw was ziek en dat verklaarde zijn aanwezigheid op dat moment. Ik wist wel beter. Hij moest hebben gehoord dat ik stond te praten met haar zoon en daarnaast stonden mijn fietstassen nog bij de lift. Het kon niet anders of ik was bij de oudere dame in huis. Een mooie gelegenheid om me achterna te gaan, te provoceren of zou je misschien zelfs kunnen praten van stalken...

Voor mij was het echt wel duidelijk dat ik niet meer binnen bij een buurtje hier op onze trap wilde zijn als zij ook kwamen. Dan maar geen koffie drinken, ik maak wel een praatje als ik ze ergens tegen kom op de gang.

Leuk is anders maar goed het zij zo.

Mijn buurman maar ook mijn buurvrouw lieten me nog steeds niet met rust.

Ik kon er maar niet over uit dat hij zomaar ineens haar huis binnen was gelopen ook al had hij de sleutel.

Griezelig zo iemand om je heen. Ik moet er niet aan denken dat hij bij mij ineens binnen kan komen. Nee, dat kan toch niet of toch wel. Heb ik wel onze huissleutel terug gekregen toen onze eerste buren jaren geleden verhuisden. Ik kon het ineens niet meer met zekerheid zeggen en de paniek sloeg toe. Natuurlijk wel. Maak jezelf nou niet gek. Maar de twijfel bleef toeslaan en wilde me niet meer verlaten. Had ik een tijdje geleden niet ontdekt dat mijn vogeltje van aardewerk ineens iets anders stond. Zou hij binnen zijn geweest en liet hij mij dat op deze manier weten. Met mijn zoon wilde ik het er niet over hebben. Ik wilde hem niet onnodig ongerust maken.

Dit voorval kreeg ik niet meer uit mijn hoofd. Het werd nog erger.

Op een zaterdagmiddag wilde ik na de lunch nog gauw op de fiets wat boodschappen doen. Een studiegenoot van Evan zou bij hem langskomen en ook blijven eten. Voor vier uur wilde ik alles klaar hebben. Snel schoot ik in mijn jas en wilde mijn fietssleutel pakken maar die lag niet op het kastje in de gang. Dan heb ik mijn fiets zeker niet op slot gedaan. Dat was me ooit al een keer eerder overkomen. Maar in de garage stond mijn fiets op slot. Verdorie, wat vervelend, juist nu ik op wil schieten. Gauw ging ik terug naar boven om de reserve sleutel op te halen en fietste snel weg. Toen ik terug kwam deed ik mijn fiets op slot en nam mijn boodschappen mee naar boven.

    Straks zou ik hem wel naar de garage brengen. Maar toen ik dat later wilde doen, kreeg ik mijn slot niet open. Het sleutelgat was wijder gemaakt. Dus in die tussen tijd had iemand in mijn slot lopen rotzooien. Dat kon niet anders. Dit was met opzet gedaan. Ik kwam nooit aan iemand zijn vervoermiddel laat staan dat ik het onklaar zou maken. Ik woon al jaren hier en dit is me nog nooit overkomen.

    Voor mij kon er maar één persoon de schuldige zijn en dat was natuurlijk mijn buurman. Ik verdacht hem er ook al van dat hij soms lucht uit mijn fietsband liet lopen. De lafaard.

    Ik was er helemaal van overtuigd dat hij het was toen ik een tijdje later de originele fietssleutel in het binnenzakje van mijn kleine rode tas in huis terug vond. Ik kon me niet herinneren dat ik de fietssleutel daarin had gestopt. Het rode tasje nam ik alleen maar met me mee als ik ging wandelen.

    En toen kreeg ik het even benauwd. Hij zit dus ook aan mijn spullen.

    Het kon niet anders dan dat mijn buurman hier binnen kwam als mijn zoon en ik weg waren.

    Hij wilde me laten zien dat hij de baas is. En zolang ik weiger om hem en zijn vrouw te groeten, blijft hij me achtervolgen.

    Ik wilde me niet laten bang maken en drukte mijn opkomende angst weer weg.

    Maar toen ik korte tijd later na dit voorval 's avonds thuiskwam en twee paar schoenen op een andere plek aantrof waar nooit schoenen staan, was voor mij de maat vol en draaide ik helemaal door.

    Ik voelde zijn ogen als ik onder de douche stond en ik voelde zijn ogen als ik in bed lag.

    Ik zag hem al dwalen door ons huis, lade's openen opzoek naar mijn geheimen, ontdekken wat voor maandverband ik droeg. Geen geheim bleef er voor mij meer over. Ik loste helemaal op in het niets.

Nu of nooit!

    Voor schaamte was er geen plaats meer.

    En als men mij voor gek wilde verklaren dan was dat maar zo.

Ik pakte de telefoon en belde naar mijn huisarts om een afspraak voor psychische hulp te maken.

Daarna pakte ik mijn tas en mijn jas en liep gelijk door naar de politie.

Ik was gelijk aan de beurt.

Wat aarzelend begon ik te vertellen wat er ruim twee en een half jaar geleden was gebeurd en over de woede die daaruit voortvloeide. Ik wil nu aangifte doen omdat hij steeds maar in mijn vaarwater blijft lopen en zo mijn open wond niet kan helen.

Ah, zou ze me wel geloven. De moed zakte me ineens in mijn schoenen. Alsof ze mijn gedachten had geraden gaf ze te kennen dat ze me geloofde maar dat ze nu op dit moment niet veel kon doen. Ze zou het doorgeven aan de daarvoor bestemde afdeling en ik kon dus binnenkort een telefoontje verwachten.

Daarnaast raad ik u ook aan om contact op te nemen met uw wijkagent.

Houd u er rekening mee dat uw buurman zijn gedrag niet zal veranderen maar het beste is om hem te blijven negeren. Met dit advies ging ik weer weg. Eenmaal buiten drong het pas goed tot me door dat ze me niet voor gek had verklaard. Nee, ze had me juist geloofd! Ik kon wel juichen daar midden op straat. Mijn eerste stap had ik gezet en wat voelde dat goed aan.

Gelukkig hoefde ik niet lang te wachten om op gesprek te komen bij de psychiatrische verpleegkundige.

Na de kennismaking vertelde ik haar wat er ruim twee en een half jaar geleden gebeurd was en de woede die daardoor was ontstaan.

Ik loop nog rond met een wond die eigenlijk nooit geheeld is en die steeds weer open gemaakt wordt door de veroorzaker zelf. Hij laat me niet met rust. Hij doorkruist steeds mijn vaarwater met zijn goedemorgen of goedemiddag. Hij wil dat ik hem en zijn vrouw groet. Maar dat doe ik nooit meer. Ik ben klaar met deze mensen. Mijn stem begon steeds luider te klinken. Hoe heeft hij dit, mij aanranden, in zijn hoofd kunnen halen temeer daar we zo dicht naast elkaar wonen. Het is soms onvermijdelijk dat je elkaar tegenkomt maar ik ben er ook zeker van dat hij het er soms ook om doet.

Ik zuchtte diep en vroeg me af of zij hier wel een oplossing voor zou kunnen vinden. Terloops voegde ik er aan toe dat ik ook binnenkort bij de wijkagent langs ga. Ze zei gelijk dat dat een goed plan is. Komt u dan terug als dat gesprek is geweest. En zo gingen we uit elkaar.

De wijkagent bleek een vriendelijke nog jonge man die me gelijk op mijn gemak stelde.

Even daarvoor dacht ik nog wat moet ik hier doen. Zadel ik hem op met een oud verhaal waar hij waarschijnlijk ook niet veel mee kan. Ik verdoe zijn tijd. Er zijn vast belangrijkere zaken die op hem staan te wachten.

Maar ik had mijn voet al over de drempel gezet en een kop koffie stond ook al voor me klaar dus stak ik maar gelijk van wal met mijn verhaal.

Met belangstelling luisterde hij ernaar en dat gaf mij ook moed om hem te vertellen dat ik mijn buurman ervan verdenk binnen te komen en mij via camera's die hij wel geplaatst moest hebben, bespiedt.

Terwijl ik dit zei bekroop de angst me weer. Angst die ik maar niet meer van me af leek te kunnen zetten. Ik had de schoenen en mijn rode tasje bij me in een plastic zak. Wie weet staan zijn vingerafdrukken er wel op.

Hoe bizar mijn verhaal ook klonk, hij liet niets merken. Ik zei dat ik ook bij de psychiatrische verpleegkundige ben geweest en dat ze ervan op de hoogte is dat ik met u in gesprek zal gaan.

Dat is heel goed. Hij knikte tevreden. Noteerde haar naam en zei dat hij gauw contact met haar op zal nemen. Als u de volgende keer langs komt dan vertel ik u het resultaat.

Toen ging onverwacht de telefoon en bleek het de zedenpolitie te zijn. Ons gesprek was nauwelijks begonnen of de telefoon viel uit. Voor mij was het gelijk duidelijk dat mijn buurman hierachter zat. Wat vervelend nou! Wat een rare indruk zal hij nu wel niet van mij krijgen. En ik kan niet terug bellen omdat ik zijn nummer niet meer weet. Voordat ik het voor mij zo heel belangrijke gesprek helemaal in rook zag opgaan, ging weer de telefoon en was het de zedenpolitie. Hij pakte gelijk de draad van ons gesprek weer op nadat hij wel zei dat het zeer vreemd was dat ineens ons gesprek onderbroken werd. Dat vond ik ook en knikte heel heftig van ja met mijn hoofd. Net alsof hij mij kon zien. Na nog wat gegevens te hebben gevraagd vroeg hij of ik die middag nog langs kon komen. En natuurlijk kon ik dat.

Ik was wel wat zenuwachtig maar hij zei gelijk dat ik open en eerlijk mijn verhaal kon doen.
 Ik hoefde mij nergens voor te schamen. Ze waren wel wat gewend.
 Zijn vrouwelijke collega maakte aantekeningen. Hij wees mij er ook op dat het hele gesprek werd opgenomen en daarna zou er over het geheel een verslag worden gemaakt. Met een kopje koffie naast me begon ik te vertellen. De emoties kwamen weer naar boven.
 De woede moeilijk te onderdrukken. Deze man heeft mij zoveel pijn gedaan en ik heb hem niet eens een haar uit zijn baard getrokken, niet eens geknepen. Ik wil hem van de trap afgooien en zijn gezicht tot moes trappen, ik wil hem pijn doen. Maar tegelijkertijd ben ik ook bang omdat ik niet doe wat hij wil. Hij heeft laten zien dat hij een duistere kant heeft en hij van daaruit handelt wanneer het hem goed uitkomt. Het zal mij niet verwonderen als hij stiekem porno sites bezoekt. Zijn handelen toen was zo snel en raak dat het voor mij duidelijk werd dat deze man dit al vaker moet hebben gedaan. Ik ben er ook zeker van dat hij door ons huis dwaalt en mij bespiedt. Ik ben blij dat mijn zoon nog bij mij woont. Maar hoe moet het straks als ik alleen ben en zo'n engerd vlak naast mij woont. Loop ik een keer argeloos naar buiten en staat hij mij op te wachten in zijn blootje met alleen zijn jas aan of nog erger steekt hij mij een mes door mijn lijf. Er ging even een rilling door me heen. Dit alles wilde ik zeggen, maar heb ik dat wel gedaan... De angst sloeg me naar de keel en ik kon even niets meer zeggen. Oh, mijn god, waar ben ik toch in beland.
 Toen zei hij tegen mij dat voor dit moment ze niets kunnen doen maar als hij in de toekomst mij ook maar iets mocht aandoen dan weten we hem gelijk te vinden. We hebben hem in beeld.
 Hij sprak in volle overtuiging en ik kon niets anders doen dan hem geloven. Ze vonden mij dus niet gek...
 Langzaam drong het tot me door dat ik er echt niet meer alleen voor stond. Ze zouden me helpen.

Ik had hier zo op gehoopt en nu leek het werkelijkheid te worden.

Bij het weggaan zei hij nogmaals dat voor nu ze niets konden doen maar dat ik dit gesprek moest zien als een steun in de rug. En dat deed ik ook. Ik voelde me gehoord door de zedenpolitie.

Ze namen mij serieus en ze namen mijn verhaal serieus. Hij gaf mij nog een dringend advies om een afspraak te maken voor psychische begeleiding. Die man zit in uw hoofd en die moet er zo snel mogelijk weer uit. Ik knikte. Gelukkig was ik ook daarmee al aan de slag gegaan.

Hierna ging ik gelijk terug naar mijn huis, mijn trots, mijn paleisje zoals ik het soms ook wel liefkozend noem.

Een plek waar ik mij altijd veilig heb gevoeld en gek genoeg ondanks alle gebeurtenissen me nog steeds veilig in voel en ook veilig in wil voelen.

Waarom val je mij toch steeds lastig terwijl ik jou nooit een strobreed in de weg leg?

Wat een spanning bracht dit toch allemaal met zich mee. Zou dit ooit met mij nog goed komen... Moe maar voldaan viel ik op de bank in slaap.

Ik ging terug naar de psychiatrische verpleegkundige en ze vertelde me dat ze gebeld was door de wijkagent. Blij keek ik haar aan. Hij wilde me dus echt ook helpen. Hij beschouwde het niet als een onzinnig verhaal. De steun in mijn rug werd steeds sterker. Zou hij op den duur zo sterk zijn dat hij mij zou helpen met het overwinnen van mijn angst? De hoop in mij begon te groeien. Ik keek zo uit naar dit resultaat.

Tijdens mijn gesprek kwam steeds naar voren dat mijn buurman steeds in mijn vaarwater kwam en dat dit moest stoppen. Enkel negeren werkte niet. Misschien was een verhelderend gesprek wel de oplossing tussen mij en mijn buurman met eventueel zijn vrouw erbij.

Ik schrok wel even. Het idee dat ik dan met hem aan één tafel zou zitten trok mij niet aan. Ik kreeg nu al de neiging om op te staan en over de tafel heen hem een flinke vuistslag in zijn gezicht te geven. Ik vertrouwde mezelf niet. Maar daar hoefde ik niet bang voor te zijn omdat er twee onafhankelijke begeleiders bij het gesprek aanwezig zouden zijn en ze mij wel tot de orde zouden roepen. Maar misschien waren er toch nog andere mogelijkheden.

Door de wijkagent was ik in contact gekomen met Zorgdat.
De coördinator belde mij op. Ze zei wie ze was en dat ze graag wilde meehelpen naar het zoeken van een goede oplossing voor mijn probleem. De wijkagent had haar ingelicht. Haar stem klonk vriendelijk en ze leek ook oprecht belangstelling te hebben voor mijn verhaal. Dat gaf me een goed gevoel.
Daardoor voelde ik me ook niet geremd om met haar te praten.
Heel in het begin, toen ik het mijn goede buurtje had verteld, wilde ik ook naar de politie stappen maar ik twijfelde en ik denk dat ik me ook schaamde. En nou ja, hier wonen toch alleen maar nette mensen!
Maar ik vond wel dat het Bestuur van het Park hiervan op de hoogte moest worden gebracht en ik begon een brief te schrijven aan de voorzitter. Deze brief wilde ik ook aan mijn trapbewoners doorgeven. Onder hen bevonden zich ook enkele alleenstaande vrouwen en ik wilde hun zeker op deze manier waarschuwen. Eén van mijn trapbewoners is ook bestuurslid. Samen met de echtgenoot van mijn goede buurtje, die toen ook bestuurslid was namen ze de zaak van mij over. De brief waar ik dus al aan begonnen was werd herschreven en per post naar mijn buurman en mijn buurvrouw opgestuurd. Die brief heb ik nooit gelezen maar ik had er alle vertrouwen in dat ze de zaak correct voor mij hadden afgehandeld en dat dus het hele Bestuur hiervan nu op de hoogte was met uitzondering van de toenmalige voorzitter, die op dat moment ernstig ziek was.
Vanaf toen was de voordeur van mijn buurman en mijn buurvrouw altijd dicht en was het houten rek met het uitgestalde keramiek ineens ook niet meer in het halletje. Er was dus geen reden meer voor mijn buurman om lang in het halletje te vertoeven omdat er geen keramiek meer was om zogenaamd af te stoffen.
Met dit resultaat was ik al heel erg blij maar zoals u ziet heeft de zaak nog geen goed einde.
Dat heb ik begrepen antwoordde ze rustig.

Maar heeft u ook enig idee hoe zijn vrouw hierin staat?

Op die zaterdag toen het gebeurde had ik haar helemaal niet gezien. Ik zag haar pas na het weekend op die maandag toen hij de deur in mijn gezicht had dichtgesmeten nadat ik het woord politie hardop had laten vallen.

Terwijl ik hierna een kopje thee dronk bij mijn beneden buur zagen we haar plotseling alleen met haar rollator voorbij lopen. Nood breekt wetten dacht ik nog bij mezelf. Zo, je kan dus wel alleen met jouw rollator lopen. Ze keek aandachtig naar de ramen of ze iemand kon zien.

Gelijk poolshoogte nemen om te kijken wie van onze appartement bewoners die knal van hun deur hadden gehoord. Ze liet er geen gras over groeien. Ik denk dat ze geluk hadden. Volgens mij waren er op dat moment niet veel mensen thuis. Dat gaf hun de kans om de knal te verbloemen.

Of anders had een windvlaag het wel gedaan. Ze maakte mij door haar gedrag in ieder geval duidelijk dat iets haar wel ter ore was gekomen en dat beiden zich probeerden in te dekken.

Zijn vrouw, zijn Bescherm Vrouwe, zou hem zeker nu niet laten vallen.

Ze had hem veel te hard nodig. Bovendien was zij voor vervoer ook van hem afhankelijk.

Natuurlijk kan ik er met mijn conclusie helemaal naast zitten, maar dat denk ik niet.

En uw familie en vrienden vervolgde ze met neutrale stem, heeft u daarmee kunnen praten?

U wilt het niet geloven maar ik heb het uit schaamte nog steeds niet aan een heel goede kennis van mij verteld. Ik kan haar gewoon niet onder ogen komen. Gek hè, dat ik tot op heden dat niet kan terwijl ze een heel fijn iemand is. Maar het idee dat ze misschien aan me zou gaan twijfelen en zou denken dat ik misschien hiertoe toch wel zelf aanleiding zou hebben gegeven, kan ik niet verdragen.

Maar eigenlijk weet ik in mijn hart dat ze achter me zou staan en me juist zou willen helpen.

Verdomme, wat doet dit toch met een mens. Deze smerigheid laat goede mensen om mij heen van me verwijderen. Machteloosheid, pijn en woede voelde ik ineens weer bij mij opkomen.

Verdomme, wat wil ik deze man toch pijn doen, vertrappen, kapot maken zoals hij het mij ook heeft gedaan.

Ik kon even niets meer zeggen. Aan de andere kant van de telefoon wachtte ze rustig af totdat ik weer verder kon gaan.

Goed, op den duur begon ik er wel meer over te praten en ik merkte wel dat mijn familie en vrienden achter me gingen staan ook al konden ze me hier niet uit helpen. Zo ook mijn twee zonen.

En oh ja, mijn oudere neef uit Curaçao was rond de Kerst overgekomen en verbleef hier bij zijn zoon. Zijn schoondochter had een familiedag georganiseerd en zijn jongere broer met zijn vrouw waren er ook.

Het was een gezellig weerzien.

Vlak voor het avondeten kwam mijn oudere neef naast me zitten en ineens vertelde ik hem wat er met mij was gebeurd. Ik voegde er ook aan toe dat ik een gesprek had gehad met de zedenpolitie. We hebben hier dus te maken met een aanranding reageerde hij gelijk hierop. Dat is het juiste woord hiervoor en hij herhaalde met klem het woord aanranding. Hij draaide zich helemaal naar mij om en keek me recht in de ogen aan. Daar zag en voelde hij de diepe pijn die nog in mij zat en gelijk greep hij naar zijn gitaar en duidde zijn jongere broer aan om dit ook te doen. Zijn gezang begeleid door hun muziek voelde aan als een warme deken die helemaal over me heen ging en die tegelijkertijd doordrong tot diep in mijn open wond om aldaar de erge pijn te verzachten. Ik was ineens het kleine nichtje dat door haar grote neven werd getroost. Ik liet me opnemen in hun passie. Met vochtige ogen zong ik mee met de tekst voor zover ik me dat nog kon herinneren.

En toen klonk ineens Spokedans, een lied dat me gelijk mee terug nam naar mijn kindertijd in Suriname.

Iedereen kende dit lied en iedereen rende weg als Spokedans in de buurt was.

Rennen Efiena, rennen, ren snel weg van dit Spook dat daar in jouw buurt om je heen danst.

Ik had niets meer te zeggen. Dat voelde mijn coördinator ook aan. Ze bedankte me voor mijn openheid. Ik zou zeker nog van haar horen.

Terug bij de psychiatrische verpleegkundige was er goed nieuws. De coördinator van Zorgdat had telefonisch contact gehad met haar en ze hadden zich bezig gehouden met de vraag hoe ze mij het beste konden helpen.

De coördinator had hierbij ook het verslag wat de twee bemiddelaars toen over me hadden gemaakt erbij betrokken.

Ik wilde heel graag dat hij stopte met steeds weer in mijn vaarwater te komen. Ik had niks meer met deze man en ook niet met zijn vrouw. We konden niet eens meer als buren functioneren.

Mijn woede moest ik onder controle krijgen want dat die nog niet weg was bleek pas nog bij de bloeddruk controle. Ik wilde rustig blijven zodat mijn bloeddruk kon worden gemeten. Maar ineens lukte dat gewoon niet meer. Ik werd razend en als mijn buurman voor me had gestaan had ik hem aangevlogen desnoods met het risico dat ik in de gevangenis kwam hetgeen juist iedereen wil voorkomen.

Een gesprek ter opheldering van allerlei zaken zou een optie kunnen zijn. Maar gezien de aard van het onderwerp zou hij de zaak hoogstwaarschijnlijk bagatelliseren en dat zou ik zeker niet kunnen aanhoren. Dat zou ik niet verdragen. Dus dat viel gelijk af.

Misschien is dan het schrijven van een brief of een kaart een mogelijkheid om in duidelijke bewoordingen aan te geven dat ik geen enkel contact meer wil, opperde ze dan. En dat geldt dan ook voor mijn buurvrouw, zijn vrouw voegde ik er gelijk aan toe.

Ik koos voor een kaart met twee maskers erop. Een man zoals hij had maskers nodig om zijn ware aard aan de buitenwereld te onttrekken.

De psychiatrische verpleegkundige stond achter mijn keuze. Zodra ik deze kaart in hun brievenbus had gedaan zou ik de coördinator opbellen om hier zelf verslag aan haar over uit te brengen. Dat voelde helemaal goed aan. Hier kon ik mij in vinden. Op deze manier gaf ik in fatsoenlijke woorden duidelijk aan dat ik helemaal geen contact met hun meer wilde hebben vanwege hetgeen er toen op mijn vijf en zestigste verjaardag was voorgevallen. Einde verhaal!

Voordat we uit elkaar gaan wilde ik u toch nog vragen waarom uw woede zo groot is.

Er moet volgens mij toch iets meer achter zitten.

Klopt zei ik gelijk tegen haar. Dat is zo. Hij raakte mijn persoonlijkheid aan, hoe ik als mens in het leven sta en ontnam mij daardoor nog mooie jaren samen met Kees.

Die vrijdagavond vlak voor mijn vijf en zestigste verjaardag zou ik Kees opbellen om onze bezorgdheid over een eventuele terugkeer van zijn moeder naar haar appartement door te geven.

Maar hij stond onverwacht voor mijn deur met twee bosjes gele tulpen.

Ik was verrast en blij om hem te zien. Efiena, ik weet dat je morgen jarig bent en ik wilde langskomen om je te feliciteren in plaats van jouw telefoontje af te wachten.

Wat leuk, kom binnen. Je drinkt toch een kop koffie mee?

Het werd een gezellig uurtje. Evan kwam er ook bij zitten. Het kon niet anders dan dat er ook leuke herinneringen werden opgehaald aan onze week naar Lego Land in Denemarken samen met zijn twee zonen en natuurlijk ook met Evan erbij. We hadden het echt naar onze zin gehad.

Het was voor herhaling vatbaar!

Maar Anna, zijn moeder en toen ook nog mijn boven buurtje had al een lieve vrouw voor Kees op het oog en dat liet ze me ook weten. Het was zeker niet mijn bedoeling om tussen Kees en zijn moeder in te staan dus trok ik mij terug. Bovendien waren Anna en ik goede buren van elkaar en dat wilde ik ook zo houden.

En nu was Kees er weer en het was gewoon weer als toen...

We zouden samen er weer op uittrekken, wandelingen maken en misschien wel naar Suriname gaan. Kees wilde dat land altijd ooit nog eens zien.

Leuk, want dan kon ik ook met hem langs Jacobusrust gaan, de wijk waar ik als kind in Paramaribo ben opgegroeid.

Bij het afscheid nemen hier aan mijn voordeur in het halletje zeiden we nogmaals enthousiast en niet al te zacht tegen elkaar hoe gezellig het koffie uurtje was verlopen en hoe fijn het was om elkaar weer te zien. Met de bekende zoenen en een spoedig tot weerziens namen we afscheid van elkaar.

Ik zie hem nog even lachend naar mij zwaaien voordat hij het halletje verliet en ik zwaaide lachend terug. Geweldig! Wat een prachtig cadeau! Mijn vijf en zestigste verjaardag kon niet meer stuk.

Laat het maar gauw morgen zijn. Laat die dag maar komen.

Het kon niet anders dan dat mijn buurman dit alles had gehoord en veel ervan had verstaan. Als muzikant beschikte hij nog over een scherp gehoor en had de stem van mijn bezoeker zeker herkend. Hij wist dat het Kees was die bij mij had aangebeld en die nu weer wegging.

De volgende dag, de dag van mijn vijf en zestigste verjaardag sloeg mijn buurman meedogenloos toe. Behalve vies en besmeurd, voelde ik me ook een slet, een goedkope hoer.

Onwaardig om met Kees op te trekken, onwaardig om met wie dan ook een relatie aan te gaan.

De dinsdag na het bewuste weekend kwam ik toevallig Kees in de supermarkt tegen.

Hij moest me straks buiten wat zeggen. Vreemd, hij zag er zo gebroken uit.

Had ik hem wel goed verstaan, had ik hem wel goed begrepen, we konden niet verder met elkaar gaan... Ik begreep het niet helemaal maar ik had ook niet de moed om er verder op in te gaan.

Ik was zelf ook zo kapot. Schaamde me dood om hem datgene te zeggen wat me overkomen was na nog geen dag waarop we met elkaar hadden afgesproken om weer samen leuke dingen te gaan doen.

Mijn buurman en mijn buurvrouw dronken koffie met zijn moeder en tijdens zo'n bezoekje hadden ze ook kennis gemaakt met Kees. Eens had mijn buurvrouw gezegd dat ze hem een lieve jongen vond. Ik had het toen aangehoord maar was er verder niet op ingegaan. Mijn buurman zat er toen ook bij.

Met steeds een onschuldige vraag aan Anna kon mijn buurman weten of ik nog contact had met hem. Het kon niet anders dan dat zij al van mijn buurman en mijn buurvrouw had vernomen dat ik zoals mijn buurvrouw deze gebeurtenis omschreef een akkefietje met haar man heb gehad voordat Anna van mij een ander verhaal over haar man, mijn buurman zou horen.

En natuurlijk was dat Kees ook zeker al ter ore gekomen. Ik kreeg niet eens de kans om me te verdedigen. Het was beter om maar niet meer met mij in zee te gaan.

Mijn psychiatrische verpleegkundige en ik stonden op. Voor even was zij niet mijn begeleider en ik niet haar cliënt. Als twee vrouwen die elkaar begrijpen stonden we tegenover elkaar. Er viel niets meer te zeggen. Ik besefte toen nog niet dat de oorsprong van deze woede nog verder te herleiden was en wel naar mijn jeugd. Ik bedankte haar voor haar goede steun en liep hierna naar de deur. Ik voelde me zo dankbaar dat ik via mijn huisarts deze stap naar haar toe had genomen. Ze had me geholpen om door te zetten en om samen met de hulp van de zedenpolitie, de wijkagent, de coördinator van Zorgdat en haar bemiddelaars weer rechtop te gaan staan.

Ik ging ook langs bij mijn wijkagent om ook hem te bedanken voor zijn inbreng.

Gelukkig was hij er samen met twee andere collega's. Hij zat in een stoel met zijn pet in zijn hand.

Hij zou waarschijnlijk weer gauw weggaan. Op korte afstand bleef ik voor hem staan en bedankte hem ook voor zijn steun. Ik was weer goed opgeknapt.

Rustig keek hij me aan en zei dat hij daar heel erg blij mee is. U bent een lieve vrouw en het is fijn om uw glimlach weer op uw gezicht te zien. U bent iemand die er mag zijn.

Zijn woorden klonken zo oprecht. Hij was echt met mij begaan. Ik wist niet wat ik moest zeggen en keek hem alleen maar aan. Ineens stond hij op, liep naar me toe, sloeg een arm om mij heen en met een korte afstand tussen ons in bleef hij me open en eerlijk aankijken.

Net alsof hij wilde onderstrepen hetgeen hij net had gezegd. Hij meende het helemaal.

Het was zo'n spontaan en lief gebaar dat ik er een brok in mijn keel van kreeg.

Hij wilde me echt laten weten dat ik een lief mens ben en dat ik er mag zijn.

Onwillekeurig had hij de juiste snaar bij mij geraakt. Van binnen ontdooide er iets in mij.

Hij liep terug naar zijn stoel, ik groette iedereen en liep naar buiten waar ik ineens een huilbui kreeg. Het was gelukkig donker buiten want het huilen kon ik niet stoppen. Hierna voelde ik me opgelucht en verfrist. Van binnen was ik schoongewassen. Ik kon de wereld weer aan.

Ik had het getroffen met onze wijkagent. Een nog jongeman met gevoel en heel veel mensenkennis.

De coördinator belde ik ook op om ook haar te bedanken. Ze was echt erg blij voor mij dat ik weer goed op mijn beide benen stond. Mijn knikkende knieën waren verleden tijd.

Ze wilde me graag ontmoeten en dat was wederzijds. Door onze telefoongesprekken hadden we elkaar al enigszins leren kennen en een persoonlijke kennismaking was gewoon een logisch gevolg hiervan.

Met het bekende kopje koffie tussen ons in begon ik te praten.

Ik heb wel eens in de plaatselijke krant het woord Zorgdat voor bij zien komen en iets over Buurtcommissie gelezen maar nooit gedacht dat ik er zelf mee te maken zou krijgen.

Geen moment heb ik hier spijt van gehad. Dat neemt niet weg dat ik eerst een afwachtende houding aannam. Per slot van rekening gaat het niet om bijvoorbeeld luidruchtig gedrag waarom ik met mijn buren op de vuist wil gaan maar om mijn buurman te laten inzien dat hij moet stoppen met steeds weer mijn vaarwater te doorkruisen met zijn goedemorgen of goedemiddag gedrag. Mijn open wond waar hij de veroorzaker van is krijgt daardoor de kans niet om maar enigszins te helen.

Maar de tijd die ze nam om naar mij te luisteren en het gegeven dat ze in gesprek ging met mijn psychiatrische verpleegkundige trokken mij over de streep. Ze liet me zien dat ze mij serieus nam en er tijd in wilde stoppen om tot een oplossing te komen. Hetgeen ze ook deed.

Ze vroeg zich af of ik me weer veilig voelde in mijn eigen huis. Het was haar ter ore gekomen dat ik hem ervan verdacht hier bij ons binnen rond te lopen. Alleen de gedachte hieraan liet de rillingen weer over mijn rug lopen. Niet te geloven dat ik zo ver was afgedwaald. Er moest een nieuw slot in de deur komen en Evan ging er gelukkig niet tegen in. Hij merkte mijn onrust op en hij wilde niets liever dan dat dit overging. Hij stond achter zijn moeder.

Bang dat mijn buurman mij zou horen dat ik een afspraak maakte met de slotenmaker belde ik deze buiten op. Nog diezelfde dag kon hij komen en daar was ik erg blij om. Rond vijf uur in de middag was hij er en het slot was gauw verwisseld. Gelijk hierna wilde ik mijn vuilniszak naar beneden brengen. Precies op het moment dat ik mijn deur uitliep met mijn nieuwe sleutel in de hand stond mijn buurman ineens weer in zijn deuropening. Even stond ik stil. Hoe kan dat nou vroeg ik mezelf af. Hij kon onmogelijk weten dat ik een afspraak had gemaakt met de slotenmaker. En het slot was snel verwisseld. Daar kwam nauwelijks geluid bij aan te pas. Ah ja, hij had ons natuurlijk horen praten! Ik liep ons halletje door en opende de deur naar onze grote hal om bij de lift te komen. Ik vond het geen prettig idee dat hij zich achter me bevond. Voordat ik bij de lift was stond hij er ineens al en hield de lift open door met zijn rug voor een van de open geschoven deuren te gaan staan met zijn gezicht naar mij toegekeerd. Ik had niet eens in de gaten dat hij mij zo snel was gepasseerd.

Uit het niets zei hij ineens dat het van hem niet meer zo hoeft door te gaan.

Wat zegt hij nou? Net alsof ik een of andere relatie met hem heb. Waar slaat dit op. Ik heb geen enkele verplichting met deze man. Donder op! Nadat hij dat gezegd had deed hij opzichtig zijn handen in zijn zakken van zijn rode jas. Hij maakte me dus duidelijk dat hij me niet meer zou aanraken. Waar verdomme haalt hij het recht vandaan om zich dit te permitteren. Hij moet met zijn poten van me afblijven! Voor geen goud ga ik met deze man ooit weer in de lift. Ik draaide me gelijk om. En terwijl ik dat deed hoorde ik de wijkagent ineens weer zeggen dat deze man wel eens verliefd op u zou kunnen zijn. Ik had hem toen alleen maar aangekeken en was vervolgens verder gegaan met mijn verhaal en we waren hier niet meer op terug gekomen. Misschien zit er wel een teken van waarheid in. Maar wat moet ik met zo'n man die in een huwelijk zit met zijn vrouw en er nooit alleen op uit kan gaan. En trouwens zo'n relatie is helemaal niet mijn ding. Zo zit ik niet in elkaar. Bovendien houdt dat in dat ik nergens naar toe kan gaan omdat meneer zelf dat ook niet kan. Lazer toch op! Platonische liefde zal hij dat noemen. Ondertussen zijn geile kant aan me laten zien.

Hij kon niet anders dan met de lift naar beneden gaan. Toen de lift weer terug was stapte ik in en ging ook naar beneden. Terwijl ik mijn vuilniszak in de bak deed keek ik even voor me uit en zag hem nog steeds met zijn handen in zijn zakken gestopt iets voorovergebogen over de nieuwe brug die gelijk naar het station ging, lopen. Vol minachting keek ik tegen zijn rug aan. Daar liep een man geheel zonder eigenwaarde, vergezeld door zijn duister. Je zou er bijna nog medelijden mee krijgen als je niet beter wist.

Plof, de zak was in de container gevallen. Ik draaide mij om en ging weer naar boven. Voor mijn buurman was het feest nu voorbij. Hij kon niet meer bij ons binnen komen. Ik hoefde mijzelf niet meer met deze gedachte te kwellen. Langzaam begon deze zekerheid tot mij door te dringen.

Geen schijnrust meer maar rust, ik keek hier zo naar uit!

Ik vertelde haar verder dat, als ik straks bij haar wegging, ik een uurtje functioneerde als overblijfjuf. Wat leuk reageerde ze gelijk en voegde er vervolgens spontaan aan toe dat ze haar twee kinderen gelijk ook aan me zou toevertrouwen als ze op die school hadden gezeten.

Ik keek haar lachend aan. Wat een compliment. En wat deed dat me goed om aan te horen.

Efiena, je bent een goed mens! Laat dat maar weer eens goed tot je doordringen.

Voor ik weer opstapte gaf ze me een goed advies. Hoe je het went of keert jullie zijn buren die vlak op elkaar wonen en het dus een keer kan voorkomen dat je elkaar zonder erbij na te denken terug groet. Ga dan jezelf niets verwijten, laat het direct weer van je afglijden en zit er vooral niet over in.

Ik had er toen geen idee van dat er vrij snel een moment zou komen waarop ik aan haar woorden terug zou denken.

Bij het afscheid wensten we elkaar Prettige Kerstdagen en voor straks in 2018 ook alvast een Gelukkig Nieuwjaar toe!

Nadat ik van school net weer thuis was belde mijn vriendin uit Amersfoort, die ik ook al vanaf de middelbare school ken en waarmee ik vaak diep zinnige gesprekken mee voer, me op om te vragen hoe het met me ging. Daar hoefde ik niet lang meer over na te denken. Lachend antwoordde ik haar dat ik mijn eigen ik weer had teruggevonden. Mijn DNA was weer hersteld, ook al zou de wetenschap bij deze uitspraak de wenkbrauwen flink omhoog fronzen. Ik voelde me geen slet meer. Ik voelde me weer een waardig persoon. Ik had mijn eigen persoonlijkheid weer terug. Waarop zei me enthousiast feliciteerde. Geweldig Efiena, dat is een feestje waard met heel veel champagne. In gedachten vlogen de doppen me al om de oren en genoot ik met open mond volop van dit bruisende vocht.

Met het goede gevoel nog steeds in mij aanwezig over het feit dat ik mijn buren inmiddels na twee en een half jaar eindelijk goed duidelijk had gemaakt geen contact meer te willen hebben en me nu verheugen kon op een rustig nieuw jaar maakte ik me klaar om weer naar school te gaan.

Vrijdag, dus tosti dag. Het rook altijd zo verleidelijk als de kaas op de broodjes van de kinderen door de hitte begon te smelten dat ik er zelf ook trek van kreeg.

Opgewekt begaf ik me op weg. Het was nog geen vijf minuten lopen.

Plotseling reed een auto mij al toeterend op straat voorbij.

Denkende dat het een buurtje was die mij wilde groeten stak ik mijn hand al in de lucht om vrolijk terug te groeten. Toen ik daarna goed keek om te zien wie het eigenlijk was, zag ik een opgestoken hand die mij vanuit een rijdende auto terug groette.

Vol ongeloof bleef ik ineens stilstaan en kon en wilde mijn ogen eerst niet geloven.

Ik keek naar het achterhoofd van een man al rijdende in een zwarte auto.

Het bleek mijn buurman te zijn die ik nog geen 48 uur geleden schriftelijk had laten weten dat ik nooit meer enig contact wil vanwege hetgeen zich ruim twee jaar geleden had afgespeeld op mijn vijf en zestigste verjaardag.

Zo onverwachts voor mij maar zo voorop gezet van hem doorkruiste hij weer mijn vaarwater. Hij wist dat ik deze tijd altijd via dezelfde weg naar de school liep.

Zijn antwoord op mijn kaart welke ik in het bijzijn van mijn zoon die de kaart ook gelezen en ondertekend had in zijn brievenbus had gedaan met de geschreven kant naar boven, geïllustreerd door een tekening van één masker dat huilt en één masker dat lacht. Hij liet me zien dat ik niet van hem af was. Ik kon dat wel willen maar hij was niet van plan om zich daar bij neer te leggen. Ik verpestte zijn leven en hij dus die van mij. Ik moest hem groeten ook als ik dat niet wilde. Hij bepaalde en niet ik alsof ik onderdeel ben van zijn leven en helemaal voorbijgaand aan het feit dat hijzelf hiervan de veroorzaker is!

Zo schoot hij mijn hoofd toch weer binnen op een moment waarvan ik dacht dat ik deze periode in mijn leven afgesloten had. Ik voelde toch even weer de onrust in mijn lijf terugkomen.

Toegegeven hij had weer raak gepland, op het juiste moment weer raak gericht en daarop weer raak geschoten. Onzichtbaar en niet voelbaar voor een ander, alleen zichtbaar en voelbaar voor mij.

Wat een klootzak! Ik voelde me zwaar belazerd dat ik er zo weer ingestonken was.

Iemand die zoiets doet heeft echt totaal geen eigen waarde. Geen gevoel wat je een ander aandoet! In zijn achteruitkijkspiegel genoot hij vast van mijn verwarring en frustratie toen ik in de gaten kreeg dat hij het was. Zijn grijns van voldoening op zijn gezicht zal hierbij zeker niet hebben ontbroken. Het is doodeng als iemand op deze manier met je omgaat. Je weet niet waar je aan toe bent, je voelt je ondermijnd en dat maakt je angstig en onzeker.

Ja, maar dit wil ik dus niet meer! Ja, maar dat wil hij dus juist wel!

Daar kickt hij op! Dan voelt hij zich machtig! Zijn ego is gevoed en zo kan hij weer verder gaan!

Houd er rekening mee dat hij dit nog eens zal proberen en als het je onderuit haalt vraag dan weer een gesprek aan. Zo sprak ik mezelf op straat streng toe. De gedachte aan deze steun gaf me rust.

Laat zijn gedrag jou niet meer beïnvloeden. Laat zijn gedrag bij hem! Denk hierbij ook aan het advies van de coördinator dat jij jezelf niets moet verwijten als je hem zonder dat te willen hebt gegroet. Laat het gelijk weer van je afglijden!

Met toch nog even een onbehaaglijk gevoel over datgene wat zich net had afgespeeld, stapte ik de school binnen en ging gauw met de tosti's aan de slag.

De heerlijke geur die hierbij vrijkwam bracht me vanzelf weer in prettige sferen.

Tevreden keek ik toe hoe alle broodjes werden opgegeten. Volgende week vrijdag weer...

Binnen een week kwam ik er achter hoe groot de impact van deze laatste gebeurtenis op mij was toen ik met mijn goede vriendin aan de telefoon sprak en ze me vroeg hoe het met me ging.

Ze verwachtte dat ik eigenlijk geen last meer had van deze man en was verbaasd toen ik haar antwoordde dat dat toch nog wel het geval was.

Terwijl ik haar vertelde hoe verdomme ik er weer was ingelopen begon ik over mijn hele lichaam te trillen en kon ik mijn tranen amber de baas.

Hoe kan dit toch weer gebeuren. Ik heb hier juist hulp voor gehad. Waarom ben ik ineens weer zo van de kaart vroeg ik mezelf af.

Ik kreeg de neiging om het gesprek af te breken maar mijn goede vriendin bleef rustig wachtten totdat ik weer verder kon gaan met praten.

Het was de eerste keer dat ik er met iemand over sprak. Ik schaamde me om te vertellen hoe ik er op een misselijk makende manier weer ingestonken was.

Ik voelde even de pijn van de diepe vernedering en mijn machteloosheid weer.

Dit was me overkomen. Voor mij een afgrijselijk verhaal dat nog geen einde kende.

Geef nooit een bloem als je iets kwaads in de zin hebt.

Geef nooit een bloem als er geen vreugde of troost uitkomt.

Geef alleen Gele Tulpen als deze met iedereen het zonlicht kunnen delen.

Geef alleen Gele Tulpen als je het oprecht met iemand meent.

Het begon met deze brief die ik op dinsdag 10 april 2018 had geschreven voor al mijn trapbewoners, dus ook voor mijn buurman en buurvrouw en het Bestuur.

Ik woon hier al vanaf het begin en er is nooit sprake geweest van een geur op de gezamenlijke ruimtes op elke verdieping.

Toen mijn huidige buren ter bezichtiging kwamen kijken had de toenmalige eigenaar een geur voor korte tijd neergezet. Ik had daar geen bezwaar tegen.

Toen mijn huidige buren hier daadwerkelijk kwamen wonen werden er zonder overleg op een gegeven moment geuren op de gezamenlijke ruimtes neergezet.

Eens stonden er wel 3 geuren tegelijk op het uiterste randje van de trap.

1 Geur per trede. Dat was dan om een eventuele rooklucht te vervangen.

Met mijn buurman die ik toen beneden bij de lift tegenkwam afgesproken in het bijzijn van Anna, die hier nu niet meer woont, dat hij die geuren gelijk verwijderde als ik dan ook de plastic tas bij mijn voordeur weg deed. Hun huisdier zou plastic eten...

Zo dacht ik kwam er een einde aan het geuren probleem. Een probleem wat voor hun komst nooit had bestaan.

Maar toen gebeurde het volgende.

Drie jaar geleden randde deze buurman mij voor mijn voordeur aan.

Hij kwam mij toen zogenaamd feliciteren maar was duidelijk iets anders van plan.

Ik heb op een gegeven moment dus duidelijk schriftelijk aangegeven dat ik helemaal geen contact meer met hun wil hebben. Ik groet ook niet als ik hun tegen kom.

Dat bevalt hem niet en dat laat hij me dan ook weten.

Het geuren probleem is weer in volle hevigheid terug.

Haal ik het weg dan wordt er gelijk weer een andere geur neergezet. Het houdt niet op.

Ik kom net van mijn huisarts vandaan omdat ik last krijg van benauwdheid.

Mijn longen zijn schoon. Er moet een andere oorzaak zijn waardoor dit komt.

Hij is op de hoogte van de aanranding. Ik vertelde hem ook over het geuren probleem.

De laatste tijd voel ik me steeds benauwd worden zodra ik die geuren ruimte betreed.

Hij weet dat ik dit schriftelijk aan de desbetreffende personen duidelijk zal maken.

Zo kan ik mijn huisarts op den duur laten weten hoe of het met mijn benauwdheid gaat.

Omdat dit voor mij heel erg van belang is, breng ik ons Bestuur ook hiervan op de hoogte.

Het kan niet zo zijn dat in de gezamenlijke ruimtes 1 eigenaar gewoon beslist wat er in die ruimtes komt, wetende dat niet een ieder het daarmee eens is. Dit moet stoppen.

Tevens wil ik gelijk van de gelegenheid gebruik maken om nog eens onder de aandacht van mijn buren te brengen dat ten allen tijde alle deuren van de gezamenlijke ruimtes dicht moeten zijn.

Dit in opdracht van de Brandweer.

Dit is ook nooit een probleem geweest maar sinds mijn huidige buren hier zijn komen wonen werd dit niet meer nageleefd.

En dan net als met de geuren gaat het even goed en dan gaat het weer mis.

Ik hoop voor een oplossing. Hiervoor alvast mijn hartelijke dank.

Ik beëindig mijn brief met het schrijven van mijn naam.

Ik was me van geen kwaad bewust dat ik in mijn brief een woord had neergezet wat voor een enorme onrust onder al mijn trapbewoners zorgde.

Op zaterdagmorgen van diezelfde week belde rond koffietijd een van mijn twee bovenbuurtjes aan.

Ze had een Brief in haar hand welke zij met mij wilde doornemen.

Nieuwsgierig geworden naar de inhoud van haar Brief wilde ik haar graag ontvangen, alleen zoals gewoonlijk moest ik me nog aankleden. Evan en ik slapen altijd uit.

Wil je dan straks naar mij toekomen vroeg ze me gelijk want ik moet deze Brief met je doornemen.

Geen probleem antwoordde ik haar. Ik ga me gelijk aankleden.

Even later belde ik bij haar aan en deed ze de deur open. Terwijl ze thee ging zetten, bewonderde ik weer het uitzicht van hun mooie kamer en ook de schilderijen die aan de muur hingen. Wat mooi en wat staan ze hier goed. Zij kwam er ook even bij staan en vertelde me hoe de koop was verlopen. Ze genieten er ook elke dag van.

Hierna volgde ik haar naar de eettafel waar de thee met daarnaast een verleidelijk plak cake al klaar stonden.

Gezellig! Ik had zin in ons samen zijn. Het was alweer een tijdje geleden dat ik langs was geweest.

Kijk, zei ze het gaat om deze brief.

Begin van de week heb je bij ons allemaal jouw geuren brief in de brievenbus gedaan en er staat een woord in waar wij niet van gediend zijn en waar wij met z'n allen ook niets mee te maken willen hebben.

Niet begrijpend keek ik haar aan. Ik kon me niet herinneren dat ik iets wat niet waar was erin had vermeld en voor zover ik bij mezelf kon nagaan had ik de brief netjes opgesteld.

Laster! Je kunt aangeklaagd worden voor laster. We willen je erop wijzen waar je de fout in bent gegaan en we willen je hiervoor waarschuwen.

Je praat over aanranding maar waar zijn jouw bewijzen. Die willen wij met z'n allen zien. Kun je dat niet aantonen dan spreek je over laster en dat nemen wij niet.

Neem even de tijd om deze Brief door te lezen die ik namens de groep heb opgesteld en die zoals je ziet door een ieder, ook jouw buurman en buurvrouw is gezien en ondertekend.

Dit had ik niet verwacht! Dit had ik helemaal niet verwacht!

Terwijl ik me een beeld vormde van wat er zich eerder deze week hier aan dezelfde tafel had afgespeeld trok ik de Brief langzaam naar me toe.

Dat kon toch niet waar zijn...

Dus allemaal, ook mijn buurman en zijn vrouw hadden hier rondom deze eettafel gezeten en hun beklag over mij gedaan.

Onwillekeurig dacht ik aan het Bijbelse verhaal over het Laatste Avondmaal van Jesus.

Ik had de vuile was buiten gehangen. Mijn buurman van aanranding beschuldigd terwijl ik geen enkel bewijs kon overleggen maar hij wel ondertussen in de computer van de zedenpolitie staat.

Hij had zich zonder blikken of blozen onder hen gevoegd en hun ervan overtuigd dat er niets buitensporig was voorgevallen. Toen niet en nu ook niet.

Terwijl ik de Brief die ze de vorige dag op vrijdag 13 april had geschreven begon te lezen voelde ik haar blik op mij gericht. Ze peilde mijn reactie om volgens mij te zien of ik in mijn schulp zou kruipen, wat ik na het lezen van die Brief heel goed kon begrijpen. Als nieuw-

komer had ze mij met haar Brief het vuur aan de schenen gelegd.
De hele inhoud van hun Brief drong niet gelijk helemaal tot me door.

Vreemd, in die Brief gaan ze ervan uit dat de huisarts, ze geven niet aan mijn huisarts, alle mogelijke oorzaken heeft onderzocht en uitgevraagd over benauwdheid. Ze geven niet aan mijn benauwdheid.

Gelukkig is mijn huisarts zo verstandig geweest om dit niet te doen. De eerste stap in mijn geval is juist eerst kijken wat er gebeurt als de geuren er niet zijn. Voor mij spelen de geuren een grote rol.

Maar de Brief geeft echter juist aan dat klachten over de geuren ze niet als relevant kunnen beschouwen.

Maar vreemd genoeg wordt er in de Brief ook geen woord gerept over het feit dat hij niet in z'n eentje beslissingen kan nemen voor de algemene ruimtes van de eerste verdieping en dat dus het plaatsen van geuren zonder overleg en zonder goedkeuring van een ieder die op die verdieping woont niet kan.

En tot mijn verbazing lees ik dan dat een trapbewoner al gedurende enkele weken op onze verdieping geen geuren heeft vastgesteld. Logisch, mijn buurman is ook niet van gisteren...

Maar daarnaast had het woord laster hun erg bezig gehouden. Zijzelf, zo vertelde ze mij had zich in dit onderwerp verdiept en mijn geval had daar veel van weg. Ik kon geen bewijzen op tafel leggen. Er was geen enkele vorm van een aanklacht mijnerzijds dus mocht ik niet op papier mijn buurman beschuldigen van aanranding. Door dit toch ongevraagd in een brief te doen is het nu een openbare aanklacht in zijn richting en een belasting voor alle buren. Voor een ieder voelt dit dus nu aan als een opzettelijke beschadiging aldus de Brief. En dit kunnen hun als gemeenschappelijke buren niet accepteren. Zo te lezen heb ik met mijn brief de knuppel in het hoenderhok gegooid!

Maar waarom was ze niet naar mij toegekomen? Dan had ik haar over mijn gang naar de zedenpolitie verteld. Ik begreep niet dat ze dit niet had gedaan. En blijkbaar hadden ze hem ook niet naar de reden gevraagd waarom ik op die informatieavond over ons vernieuwd treinstation zo op hem had gereageerd waarop hij niets anders kon doen dan zich zo snel mogelijk uit de voeten te maken. Maar goed, ik gaf gelijk aan dat ik het op prijs stelde dat zij het op zich had genomen om via deze Brief de gevoelens van een ieder op deze manier aan mij over te brengen. Ik had geen idee dat dit allemaal speelde omdat ik in de loop der tijd het wel eens aan een medebewoner had verteld. Vooral toen ik er achter kwam dat mijn buurvrouw de zaak afdeed als een akkefietje.

Efiena, het lijkt wel alsof je in een complot bent beland was eens de spontane reactie van mijn vriendin uit Amersfoort nadat ik haar de inhoud van de Brief had voorgelezen.

Zo voelde dat voor mij ook aan.

Uit haarzelf had de briefschrijfster me verteld dat mijn buurman met zijn vrouw op een aangename manier bij het gesprek aanwezig waren geweest. Hij was geen enkele keer naar mij uitgevallen. Integendeel probeerde hij samen met zijn vrouw juist mij te laten zien dat ze me de ruimte wilden geven om me weer onder de bewoners te begeven door niet aanwezig te zijn bij een gezellig samen zijn van de groep. We willen zo laten zien dat ze niets van ons hoeft te vrezen omdat ze denkt dat we haar iets hebben aangedaan. Hetgeen ze beweert heeft nooit plaats gehad en toch weigert ze om ons te groeten. We willen juist op een goede manier met haar verder gaan.

Hij vertelde dit alles op een innemende toon. Zijn toeschietelijke houding naar mij toe overtuigde mijn briefschrijfster ervan dat ik de zaak wel zwaar overdreven had. Het moet van zijn kant een omhelzing zijn geweest, waar ik een aanranding van heb gemaakt.

Bovendien is er nu ongewild ook openlijk een smet gekomen over de plek die ons allen zo dierbaar is. Onze goede sfeer wordt er door verpest en dit moet nu gewoon stoppen.

Efiena moet goed aangepakt worden! Ze moet er goed van doordrongen worden dat dit niet kan.

Het kostte haar dan ook geen enkele moeite, ondanks dat ik haar mettertijd ook verteld had wat mijn buurman mij had aangedaan om neer te schrijven dat het voor mij goed zou zijn om te stoppen met de aanhoudende beschuldigingen richting mijn buren.

Op een volwassen manier moet ik mijn best doen om het contact met hun te herstellen. Normaal groeten in een ontmoeting kan de eerste stap zijn zoals die Brief dit ook aangeeft.

Hij had zijn spel meesterlijk gespeeld.

Op een weldoordachte manier had hij zijn eigen hachje gered. Het enige wat voor hem telde.

Hij werd opgehemeld en beschermd door de hele groep en ik, het slachtoffer werd in het bijzijn van hem en ook door hem opnieuw diep vernederd en vergruisd onder de ogen en met volle medewerking van de hele groep. Dit kwam keihard bij mij binnen en juist op een moment waarop ik had aangegeven dat ik mij niet goed voelde en kort daarna te horen kreeg dat ik een ernstige ziekte had.

Het is beslist niet mijn bedoeling om de sfeer hier te verpesten. Ik woon hier met mijn zoon al 17 jaar. Ik stel het op prijs dat een ieder graag ziet dat ik me bij de groep blijf aansluiten maar hetgeen wat mij is overkomen kan ik niet negeren. Hij heeft aan mij zijn duistere kant laten zien en daar kan ik niet omheen! In betere tijden nodigden we elkaar op een van te voren afgesproken tijd uit om een verjaardag met koffie en gebak bij elkaar te komen vieren. Zijn vrouw was er ook altijd bij. Waarom belde hij nu dan ineens alleen aan op een niet van te voren afgesproken tijd om mij te komen feliciteren. Hebben jullie hem daar al naar gevraagd.

Oh ja, ik vergeet het, daar hebben jullie helemaal geen boodschap aan!

Ik voelde me totaal in de steek gelaten door mijn medebewoners, in het bijzonder juist ook door de vrouwen onder hen. Vrouwen van mijn leeftijd. Niet alleen als medebewoonster maar ook als vrouw lieten ze me vallen. En dat in een tijd waarin juist Me/Too haar intrede had gedaan!

Dit kon ik maar moeilijk bevatten.

Het was zo opvallend dat mijn buurman toen onverwachts ook aanbelde met twee bosjes gele tulpen waarvoor hij speciaal nog bij de supermarkt moest zijn langs geweest. Hij had dit volledig gekopieerd van Kees die juist die avond er voor ook met twee bosjes gele tulpen onverwachts bij mij had aangebeld om mij te feliciteren.

Van Kees was het een hartelijke spontane actie geweest met de intentie om onze vriendschap weer nieuw leven in te blazen terwijl dit van mijn buurman een van te voren wel doordacht overseks belust smerig plan was met de intentie om mij kapot te maken en daarmee ook mijn opnieuw verkregen vriendschap met Kees, die hij kende, gelijk in de kiem te smoren of liever gezegd te verpletteren.

Maar goed, ik ben geen lafaard. Geef me vandaag alsnog gerust gelijk aan bij de politie vanwege laster. De politie heeft mijn adres. Ik ga een aanklacht en eventuele vervolging niet uit de weg. Als blijkt dat ik fout zit dan zal ik in de gevangenis mijn straf uitzitten. Verwacht van mij geen spijtbetuiging en verwacht ook niet van mij dat ik een knieval naar de dader doe. Dat is de omgekeerde wereld.

Wat ik wel doe is morgen bij alle trapbewoners, op mijn buren na een kaartje in de bus doen waarop ik aangeef dat ik het op prijs stel dat jij het op je hebt genomen om via deze Brief jullie gevoelens aan mij kenbaar te maken. Ik had er geen idee van dat mijn brief zoveel had losgemaakt.

En ik sluit ook af met de hartelijke groeten naar een ieder toe net zoals in de gezamenlijke Brief die ik van jullie pas heb ontvangen.

De koffietijd was al lang voorbij toen ik in goede harmonie haar bedankte en mijn spullen bij elkaar pakte om terug te gaan naar mijn eigen appartement.

Ondertussen vertelde ik haar nog dat gisteren, vrijdag haar buurtje bij mij had aangebeld.

Ze stond daar boos en hevig verontwaardigd met mijn brief in haar hand bij mijn deur.

Voordat ik iets kon zeggen viel ze gelijk naar me uit dat ze nooit en te nimmer een brief van deze strekking in haar brievenbus meer wil ontvangen.

Ze verwacht dat ik vandaag nog aan haar een brief terug schrijf waarin ik de woorden over de beschuldiging omtrent aanranding terugneem! Een spijtbetuiging dus!

Zonder bewijs kan ik dit niet op papier vastleggen. Iemand valselijk beschuldigen dat kan beslist niet. Door dit te doen verpest ik de goede sfeer hier en moet ik verhuizen.

Zo, dat werd me maar eens gezegd. We stonden beiden te trillen op onze benen. We woonden vanaf het begin hier en we waren geen vreemden voor elkaar.

Gelijk antwoordde ik haar dat ik geen woord terugneem en dus ook geen brief schrijf en dat ik ook niet verhuis!

Van beide kanten liepen de emoties hoog op. We waren aan elkaar gewaagd.

Ze zag dat ik dit meende en deed een stap terug terwijl ze zei dat deze hele zaak al lang genoeg had geduurd.

Waarop ik haar antwoordde dat sommige zaken nou eenmaal lang duren.

Hijzelf houdt deze situatie in stand door niet te bekennen in de hoop dat ik het uiteindelijk opgeef.

Per slot van rekening zijn er geen getuigen. Daar heeft hij toen wel voor gezorgd.

Maar ook al valt het niet mee, opgeven zal ik nooit doen.

Ben je dan bij de politie geweest? Ja, ik heb een uitgebreid gesprek gehad met de zedenpolitie een tijdje terug maar ik kan je dat dus niet laten zien. Waarop ze gelijk reageerde met mij sterkte te wensen met het helingsproces.

Ik bedankte haar en zij liep terug naar de lift. Ik deed de deur dicht en schudde mijn hoofd.

Ik nam toen aan dat het alleen een eenzijdige reactie van haar kant was op mijn brief. Al die tijd zat Evan op het toilet en had alles aangehoord. Toen hij eruit kwam keek hij me aan maar onthield zich verder van enig commentaar.

Ik vertelde mijn briefschrijfster ook nog over de brief die ik afgelopen woensdag van mijn buurman had ontvangen als zijn antwoord op mijn brief en liet deze na enige aarzeling ook aan haar zien.

Per slot van rekening had ze toch ook zonder meer zijn kant van het verhaal aangenomen en zich bereid verklaard om alles op papier te zetten voor de groep terwijl ze eigenlijk hier nog niet zo lang woonde. Maar misschien was het daarnaast juist ook goed als ze wat meer te weten kwam van wat er zich hier veel eerder had afgespeeld, dus liet ik haar naast zijn brief ook alles lezen wat ik tot dan toe opgeschreven had met betrekking tot de aanranding.

Terwijl zij zijn brief las, schudde ze enkel en alleen maar haar hoofd. Toen ze klaar was met lezen schoof ze de brief zonder een woord erover te zeggen weer naar mij toe. Ik stopte de brief gelijk weer tussen mijn andere brieven zonder er hier verder met haar ook op in te gaan en stapte toen echt op.

Het lezen van zijn brief riep bij mij juist steeds meer vragen op.

Hij heeft volkomen gelijk dat die aanranding in mijn hoofd zit maar tegelijkertijd vraag ik me dan wel af waardoor dit in mijn hoofd is gekomen. Natuurlijk, omdat hij mij heeft aangerand.
  Het is dan ook voor mij niet te bevatten dat hij mij schrijft dat hij nooit, nooit, nooit de intentie heeft gehad om mij aan te randen. Zelfs de gedachte hieraan is niet bij hem opgekomen, terwijl het om een bewust geplande aanranding gaat. En dan zijn vraag aan mij of ik hem daarvoor aanzie. Waar haalt hij toch het lef vandaan om mij dat te vragen. Ik, zijn bewust gekozen slachtoffer, een gescheiden fatsoenlijke vrouw van 65 jaar en moeder van twee volwassen zonen. Wordt het jou soms te heet onder jouw voeten omdat mijn brief met beschuldigingen naar jou toe, die ik naar een ieder en naar het Bestuur gestuurd heb onwenselijk is omdat het daarmee een openbare aanklacht is geworden zoals ik in de samenvatting lees. Een openbare aanklacht waar niemand op zit te wachten. Zit jij nu soms op hete kolen en moet het vuur nu met man en macht worden geblust...

Ik liet Evan zijn brief ook lezen. Hoe kan hij nou opschrijven dat de deur de eerste vijftien jaar altijd heeft opengestaan riep hij verbaasd uit. Hij heeft de eerste jaren hier nooit gewoond en de deur is altijd dicht geweest. Dat klopt antwoordde ik hem gelijk terug. Alleen mensen die geen enkel probleem hebben met het vertellen van onwaarheden kunnen dit omdat ze zich daarmee staande moeten houden. Voor Evan was dit heel raar maar voor mij niet.

En wat de etensluchten betreft daar heeft elke huishouding een goed werkende afzuigkap voor althans daar mag je toch van uitgaan. Maar los daarvan geeft hijzelf dus toe dat hij de deur soms open laat staan. Vreemd genoeg staat dat dus niet vermeld in die Brief.

En dan durft hij zijn brief ook nog eens te beëindigen met de zin dat het beter is om een goede buur dan een verre vriend te hebben. Op zich is dat wel waar maar niet als je buurman je aanrander is.

Maar wat mij helemaal bevreemd is het feit dat hij schrijft dat ik de voorkeur geef aan het schrijven van een brief en niet van een praatje aan de deur als er eventueel over een probleem gesproken moet worden. Hij vergeet echter te vermelden dat ik toen heb aangebeld om over een eventuele terugkeer van Anna te praten en die maandag daarop ook heb aangebeld om de cd van hem voor Evan terug te geven en te zeggen dat ik naar de politie stap als hij datgene wat hij die afgelopen zaterdag had gedaan weer doet. Zijn antwoord hierop was gelijk het dichtsmijten van de deur in mijn gezicht.

Valt dat soms ook onder een praatje in de deur zoals jij dat noemt in jouw brief?

Nadat ik op zondag bij mijn trapbewoners, op mijn buren na een kaart in de brievenbus had gedaan bleef het even stil.

Maar op donderdag 26 april, de dag van de opening van onze mooie boulevard, lag er weer een brief van mijn buurman voor mij in de brievenbus.

Het ging over zijn bezoek aan de politie in Harderwijk. Hij maakte melding over het feit dat hij door mij belasterd wordt van (de door hem op mij uitgevoerde) aanranding!

Ook nu weer riep zijn nieuwe brief vragen bij mij op.

Vreemd dat hij alleen een melding heeft gedaan en niet een officiële aangifte vanwege laster. Daar maakt iedereen in die Brief zich juist zo druk om! Je kunt je toch niet zonder meer hiervan eenzijdig terugtrekken. Dat kun je niet maken tegen over de groep die juist voor jou opkomt.

Waarom dan buurman op het laatst zo aarzelen om de lasteraar de mond te snoeren zoals een ieder dat van jou verwacht of had je toch niet zo'n schoon geweten toen je pas nog met alle trapbewoners aanschoof aan die eettafel om juist mij duidelijk te gaan maken dat laster spreken echt niet kan.

Ik deins niet terug voor een nauwkeurig politieonderzoek waarbij de waarheid juist boven tafel zal komen. Een waarheid die jij zo angstvallig verzwijgt!

Daarnaast ben je, neem ik aan ook per ongeluk vergeten om een melding te maken over het feit dat je toen de deur in mijn gezicht had dichtgesmeten toen je het woord politie hoorde.

De politie zou juist zeker geïnteresseerd zijn naar het waarom hiervan.

Maar ik denk dat jij zelf terugdeinst voor nauwgezet politieonderzoek met eventuele vervolging.

Dat verbloem jij door aan te geven dat jij die officiële aangifte niet doet, wel hebt overwogen, omdat het voor mij te belastend zou zijn.

Ik denk dat je zelf bang bent voor publicatie want afgezien van het feit of ik dit gevecht win of verlies, zal jij aan moeten geven dat het hier om een aanranding gaat waar ik jou zelf schriftelijk in mijn brief van beschuldig.

Echter, als jij zo goed weet wat voor mij te belastend is dan zou jij toch ook zeker hebben geweten dat mij aanranden voor mij ook te belastend is en dat dus ook niet doen.

Maar los van dit alles heb ik jouw smerige medelijden niet nodig. Wees een man en ga de strijd met mij aan en laat de politie mijn brief aan jou en de groep zien waarin ik aangeef dat jij mij hebt aangerand. Zulk overtuigend bewijs van mijn laster. Makkelijker kan het toch niet. Dus klaag mij maar aan. Je bent toch het nette, onschuldige mannetje die zelfs nog nooit een vlieg kwaad heeft gedaan. Met twee maten wegen, dat doe je goed. Je kiest dan precies wat voor jou op dat moment goed uitkomt. De touwtjes zelf in handen willen houden. Aangifte doen zodra jij daar alsnog aanleiding toe ziet. Je hebt nog praatjes ook! Probeer je me nu af te schrikken of verwacht je dat ik nu in mijn schulp ga kruipen voor jou, de dader die over mij, het slachtoffer een melding maakt wegens laster bij de politie om dezelfde reden waarvan jij door mijn gesprek met de zedenpolitie in hun computer staat...

...Elke keer als we elkaar wel of niet toevallig tegen komen dan weet ik dat je een duistere kant hebt en dat je alleen maar door te liegen deze kant voor de buitenwereld verborgen kan houden. Ik weet dus dat jij liegt en tegelijkertijd weet jij dat ik weet dat jij liegt.

Hoe kun je als mens zo leven. Hoe kun je als mens zonder enige scrupule hiermee zo verder gaan. Hoe kun je jouw eigen kinderen en kleinkinderen recht in de ogen aankijken, vertellen dat ze eerlijk en oprecht door het leven moeten gaan als jij zelf dat niet kan. Hoe kun je elke nacht jouw hoofd onschuldig naast het hoofd van jouw vrouw neer vleien als het woord onschuld niet meer bij jou past...

Terwijl dit zich nog allemaal afspeelde werd ik op 19 april door de assistente van mijn huisarts gebeld.

Ik moest me de volgende dag om 10.05 uur melden op de mamma poli.

Ik had pas meegedaan met het bevolkingsonderzoek voor vroege opsporing van kanker en er was iets gezien wat nader onderzocht moest worden.

Goed, ik zal er zijn. Fijn dat ik ook gelijk 's middags de uitslag krijg.

Het zal wel meevallen zei ik tegen mezelf. Op dit moment kan ik zeker dit er ook niet nog bij hebben.

De inhoud van de gezamenlijke Brief heeft me toch dieper geraakt dan ik eigenlijk wil toegeven.

Met elkaar verder gaan door gewoon over de gebeurtenis welke mij zo diep heeft getroffen heen te stappen. De dader de hand boven het hoofd houden. Zolang er geen bewijzen op tafel liggen is er toch niets aan de hand en moet het slachtoffer zich maar normaal gedragen. Alles voor de goede vrede en bovendien is het al zo lang geleden. In deze sfeer moet die gezamenlijke Brief zijn ontstaan. Een sfeer die goed past in een verkoopklimaat en op dat moment ben ik hierin duidelijk een doorn in het oog die eigenlijk helemaal vertrapt moet worden. En zoals de dader zich dan uitdrukt in de bewoordingen van waar hebben we het over ... over een aanranding die nooit heeft bestaan...

Ik kon het soms toch nog niet helemaal bevatten dat men zo met me was om gegaan en daardoor drong het niet helemaal goed tot me door wat de doktoren mij probeerden te zeggen, probeerden duidelijk te maken. Ik had er simpelweg eigenlijk gewoon nog geen tijd voor. De inhoud van de gezamenlijke Brief van mijn medebewoners zweefde nog door mijn hoofd.

Maar mijn chirurg sprak gelijk duidelijke taal toen ik hem op twijfelachtige manier vroeg of ik toch echt wel kanker heb. Hij draaide zich naar mij toe en keek me recht in de ogen aan en zei me op nadrukkelijke toon twee keer achter elkaar dat ik borstkanker heb. Dus ik heb borstkanker herhaalde ik ietwat bedeesd er achteraan.

Ja, maar dat zegt u nu wel maar dat kan nu echt eigenlijk nog helemaal niet ging het gelijk weer door mijn hoofd heen. De gebeurtenissen rondom mijn aanranding zijn nog lang niet helemaal uit mijn hoofd en uit mijn systeem geweken hoe kan dan kanker net alweer zijn intrede hebben gedaan...

Ik zat zeker een uur aan het water. Voelde de warme wind langs mijn gezicht gaan.

God wat heeft U nou toch weer voor mij in petto. Kan ik dit nu allemaal wel weer aan...

Ik liep terug naar huis waar mijn zoon inmiddels al was thuis gekomen.

Ik zat in de kamer met al mijn papieren op schoot. Hoe ga ik dit nu in hemelsnaam aan mijn jongen vertellen. God, waarom doet U dat nou?

En ineens zag hij mij met al die papieren zitten en vroeg waar dat allemaal voor was. Hij pakte een stoel en kwam bij mij zitten. Mijn antwoord trof hem hard. Ik heb borstkanker liet ik hem gelijk weten.

Oh nee hè, hij schrok zich rot. Voor een moment was ik bang dat hij het niet zou trekken en de kamer uit zou lopen. Ik raakte bijna echt van streek toen hij zich echter vrij snel weer herstelde en me ineens aankeek met een rustige blik in zijn gezicht. En zonder enige vorm van paniek begonnen we met elkaar te praten.

Het werd een mooi gesprek tussen ons beiden. Hij vertelde over zijn computer vriend. Een jongeman, een paar jaar ouder dan hijzelf.

Mam hij heeft ook kanker en hij vertelt erover.

Het zit bij hem in zijn darmen. Hij is er te laat mee naar de dokter gegaan en nu kunnen ze niets meer voor hem doen. Evan bij mij hebben ze het snel kunnen ontdekken en 30 mei word ik al geopereerd. De blik waarmee we elkaar daarna aankeken was vol van hoop en wederzijds begrip.

We voelden elkaars blijdschap. Hij voelde mijn nood en tegelijkertijd voelde ik dat hij het aankon. Ik had hem nu heel hard nodig en gelijk begreep hij dat ook.

Ik zei hem dat ik morgen met pa zou bellen. Voor vandaag was het even genoeg geweest. Dankbaar keek hij me aan. Zeg me maar wanneer je morgen met hem wil praten want dan tik ik zijn nummer voor je aan.

Ineens voelde ik me heel erg moe maar ook voldaan. Dit gesprek tussen ons was heel goed verlopen. Beter dan ik had verwacht. Eigenlijk had ik geen idee hoe ik hem dit nieuws moest vertellen. Ik wilde er ook niet aan denken en schoof het onbewust van me af. En toen was het moment ineens onverwacht daar en kwam het slechte nieuws er zonder enige franje uit.

Mijn ex-man schrok toen ik hem het slechte nieuws vertelde en zei eerlijk dat hij niet wist wat hij nu zeggen moest. Ik zei hem dat ik dit zelf aan hem wilde vertellen in de hoop dat als de jongens daar behoefte aan hadden ze er met hem over konden praten.

Natuurlijk, dat spreekt voor zich. Hij wenste me veel sterkte voor de komende tijd. Dat deed me goed.

De volgende dag zat ik op een terrasje in Utrecht heerlijk te genieten van mijn koffie toen mijn oudste zoon naar me toe kwam. Hij wist dat ik hem iets persoonlijk wilde vertellen. Misschien was hij daardoor al een beetje op zijn hoede en nam het slechte nieuws toch vrij rustig tot zich in.

Niet lang hierna voegde zijn jongere broer zich bij ons. Ik knikte naar hem en zo wist hij dat ik het al had verteld. Kort daarop gingen ze samen ergens een nieuwe tent uitproberen. Ze hadden hun honger opgespaard. Ik keek ze na, blij dat ze elkaar hadden. Ze zouden het vast wel even over me hebben maar dat vond ik juist goed.

Ik maakte nog een wandeling door de stad. At een broodje aan het water van een gracht en genoot ondertussen van de bootjes die voorbij kwamen. Het was beslist nog geen tijd om naar huis te gaan.

Opgelucht dat hun het nu wisten, nam ik me voor om de komende week directe familie en vrienden ook op te bellen om hun zelf te vertellen dat er bij mij borstkanker was geconstateerd. Ook aan de familie van mijn ex-man. We hadden nog steeds goed contact met elkaar.
Maar dat viel toch niet mee. Voor mij was het erg confronterend en ik nam me voor om hier gewoon meer tijd voor uit te trekken.
De lieve kaartjes, bidprenten, telefoontjes, apps en e-mails gaven me veel steun ondanks het feit dat ik elke keer bij het lezen ervan erg geëmotioneerd raakte.
Zo ook toen de nicht van mijn ex-man uit Suriname me liet weten dat ze me had meegenomen in haar gebed. En daarnaast van mijn nicht uit Vlaardingen, waarvan ik een mooie bijbel kreeg, dezelfde waar ze ook uit las.
Kanker heb je niet alleen luidt de tekst van een kaart die ik kreeg en dat is zo waar!
De mensen om je heen krijgen er ook mee te maken. Je hebt hun steun nodig om door te gaan, helemaal op momenten dat het even gewoon niet lukt.

Op een middag nadat ik weer een flinke wandeling had gemaakt trakteerde ik mezelf op een cappuccino met appelgebak en een dot slagroom er boven op. Nog een paar dagen en ik zou geopereerd worden dus vond ik wel dat ik mezelf even mocht verwennen.
Smaakt het vroeg een vrouw die niet ver van me vandaan zat. Glimlachend knikte ik van ja terwijl zij ondertussen zat te genieten van haar wijntje.
Ik kreeg even het gevoel dat ik mijn uitgebreide koffie zo laat op de middag toch wel even aan haar moest uitleggen en zonder verdere aanleiding begon ik haar te vertellen over mijn a.s. operatie.
Via het twee-jarig borstonderzoek was het ontdekt. En dan moet u weten dat ik mijn afspraak eerst was vergeten. Maar ik belde gelijk of ik alsnog een keer langs mocht komen en dat was goed. Want eerlijk

gezegd controleer ik nooit mijn borsten op een knobbeltje, dat vind ik toch een beetje eng maar daarom doe ik elke twee jaar wel mee met dit onderzoek. Ik mag echt van geluk spreken dat het in zo'n vroeg stadium is gezien. In mijn omgeving ben ik natuurlijk al wel geconfronteerd met borstkanker maar nu ik het zelf heb is het toch weer een ander verhaal. Toen ik de voorlopige uitslag hoorde kwam er toch ineens veel op me af. Dat was een heftig moment. Het is beslist niet leuk om te weten dat je nu zelf kanker in je eigen borst hebt.

Ik had al een keer haar blik opgevangen en zo te zien zat ze met interesse naar me te luisteren.

Het wordt een borstsparende operatie aan mijn linker borst. Juist mijn borst met haar eigen kleine verhaal. De gedachte hieraan liet de lieve herinnering weer opleven en misschien meer tot mezelf dan tot haar ging ik door met vertellen.

Omdat ik al 39 jaar was toen ik mijn jongste zoon kreeg liet ik me na 6 maanden steriliseren.

Het zou niet lang duren. Dus voordat ik werd geholpen had ik hem extra gevoed voor zover dat kon. De komende uurtjes moest hij zich zelf maar even zien te redden.

Toen ik weer bij kwam op zaal zat de zuster even bij me aan bed. Terwijl ze me vroeg hoe het ging zagen we het bovenlaken ineens nat worden. We keken elkaar verbaasd aan. Ik had geen infuus meer dus waar kwam al dat vocht toch zo plotseling vandaan. Ineens begonnen we bijna op het zelfde moment te lachen en ze zei gelijk dat ze gauw mijn zoontje ging halen.

Hij had trek en begon gelijk te drinken. Maar wat een schrik want hij verslikte zich echt heel erg. Hij had eigenlijk nog nooit zo'n grote slok gehad. Ik dacht echt even dat het mis zou gaan maar hij sloeg zich er dapper doorheen. Van de weeromstuit moesten we beiden lachen. Wat een overvloed aan melk. Een borst om trots op te zijn. En nou is zij juist zo ziek en zal ze binnen kort er heel anders uit komen te zien zei ik ongemerkt met een beetje droevenis in mijn stem.

Ze leefde helemaal met me mee. Maar troost je, het wordt toch een borstsparende operatie? Ik knikte van ja. Nou dan heb je haar in ieder geval toch nog bij je ook al ziet ze er wel een beetje anders uit.

En voordat ik verder in somberheid kon vervallen ging zij door met praten en vertelde zij mij haar eigen verhaal.

Zij controleerde ook nooit haar borsten ook al zou zij dat zeker moeten doen want in haar familie komt borstkanker voor. Ik wil er helemaal niets van weten. Ik merk het wel als het op een dag goed fout zit. Dan zal en moet ik er wel mee omgaan. Dan wel maar nu niet.

Ik laat ook geen bloed onderzoek doen. Ik wil gewoon niet weten of ik het gen in me heb.

En zolang ik dat niet weet hoeven mijn borsten er ook niet af. Word ik ook niet gedwongen om daar een beslissing over te nemen. Ik wil daar liever niet over nadenken. Voor nu heb ik ze nog.

Wat een dilemma om mee te leven. Ze gaat ermee naar bed en staat er weer mee op.

Er viel even een stilte tussen ons. Ze maakte haar glas leeg en ging naar binnen om te betalen.

Ik bleef nog even zitten.

Toen ze terugliep groetten we elkaar hartelijk. Het leek alsof er in die korte tijd dat we hier zaten een band tussen ons was ontstaan. Ze wenste me alvast veel sterkte voor straks.

Even later zag ik haar voorbij lopen met haar fiets aan de hand. Ze stopte even en vanaf een afstand zwaaiden we naar elkaar terwijl onze blikken elkaar even vasthielden.

Wat een onverwachte en bijzondere ontmoeting op een zomerse dag in het hart van onze stad!

De operatie was goed verlopen.

Maar er moest nog een tweede operatie komen omdat een deel van de snijrand nog niet helemaal vrij was van kanker.

Dat was even schrikken maar tegelijk maakte dit mij ook duidelijk hoe zorgvuldig de doktoren hiermee omgaan. Een gevoel van dankbaarheid ging er door me heen. Ik keek mijn chirurg aan en hij zei nogmaals dat hij zelf de operatie weer zou doen. Hij wist precies om welk deel van de wond het ging en hij wist dus precies waar hij moest zijn. Dat versterkte het vertrouwen van mij in hem en in zijn team.

Ze lieten me niet los. Ik op mijn beurt moest ervoor zorgen dat ik lichamelijk maar ook geestelijk in zo'n goed mogelijke conditie kwam om op die manier mijn steentje bij te dragen aan mijn eigen herstel. Naast wandelingen maken en gezond eten en drinken, moest ik ook negatieve energie van me afschudden. Ik had nu de tijd om mijn verhaal af te schrijven. De gedachte hieraan gaf mij rust.

Eens kreeg ik te horen dat mijn levenservaring de klap van hetgeen me toen overkomen was wel moest hebben opgevangen en dat na ruim twee jaar het stof de herinnering hieraan uiteindelijk toch wel moest hebben doen vervagen.

Het beste was om de draad weer op te pakken en gewoon weer verder te gaan.

De pijnscheut die hierna door me heen ging deed me volop beseffen dat ook op oudere leeftijd de gevolgen van ongewenste intimiteiten onbehandeld desastreuse gevolgen heeft.

Niet alleen voor mij maar ook voor mijn directe omgeving.

De ochtend van mijn tweede operatie kwam ik mijn buurman na enige tijd weer onverwacht in het halletje tegen vlak voordat ik weer naar het ziekenhuis zou gaan. Voorovergebogen liep hij vanuit zijn voordeur het halletje in naar de deur waaruit ik net ons halletje was binnen komen lopen. In het voorbijgaan draaide hij nog steeds voorovergebogen zijn hoofd lichtelijk mijn kant op om mij op een enigszins mompelende toon het beste te wensen waarna hij gelijk weer in dezelfde houding verder liep terwijl hij wist dat ik ook geen mondeling contact wil.

Het gevolg hiervan was dat ik helemaal van slag raakte. Juist op een moment waarop ik me weer goed op mezelf moest concentreren. Nare herinneringen drongen zich weer aan me op.

De emoties van mijn aanranding en de emoties van mijn borstkanker vloeiden door elkaar heen.

In de week die hierop volgde was ik vaak mezelf niet. Zo ook die ochtend toen rond koffie tijd bij ons werd aangebeld en Evan de voorkamer samen met mijn goede buurtje binnenliep. Ze had mooie bloemen voor mij meegenomen. Maar in plaats dat ik haar hiervoor bedankte ontplofte bij mij de bom. De impact welke het on tactvol optreden van mijn bovenbuurtje niet lang geleden op mij had gehad, kwam bij mij nu naar buiten. Het moment van aanbellen bracht me terug naar hetzelfde moment toen van aanbellen van mijn bovenbuurtje en het was net alsof voor heel even de stoppen in mijn hoofd doorsloegen en de pijn van de vernedering en van woede, dat ze me dat toen door haar optreden zo ineens geflikt had weer naar buiten kwam. Helemaal omdat ik had aangegeven me niet goed te voelen en ik dus een ernstige ziekte onder de leden bleek te hebben. Bovendien vroeg ik me ook af of ze ook de cuts had om bij mijn buurman en zijn vrouw aan te bellen en te zeggen dat hun hier de sfeer verpestten en dus maar moesten verhuizen nu ze wist dat ik bij de zedenpolitie was geweest. Of was ze bang voor het dichtsmijten van de voordeur in haar gezicht. Waar blijf je nou met je lef? Daarnaast was ze blijkbaar ook niet naar de briefschrijfster gegaan om de inhoud van die Brief te veranderen nadat ze van mij vernomen had dat ik een gesprek met de zedenpolitie had gehad. Het was dus duidelijk de bedoeling van die gezamenlijke Brief, en dus ook van haar dat mij een flinke les moest worden gelezen waarbij normen en waarden niet van toepassing waren en bekenden met ongeloof na het lezen van die Brief mij fluisterend vroegen of zij en die anderen echt wel mijn medebewoners waren. Ze proefden het venijn naar mij toe!

Evan keek machteloos zijn huilende moeder aan en vroeg zich vertwijfeld hardop af of we weer jaren van verdriet hierover nog voor ons zouden hebben. Mam alstublieft laat dit los, we hebben rondom de echtscheiding al een aantal jaren van verdriet meegemaakt. Het kan toch niet zo zijn dat we dit weer gaan meemaken? Ik kan er niet meer tegen. Laat die aanranding alstublieft los. Mijn goede buurtje steunde Evan en in mijn verdriet deed dat me ook weer goed. Ze probeerde ons bij te staan maar deze ochtend werd het ook haar te veel.

Loslaten, dat was wat ik ook dolgraag wilde maar alleen het van me afschrijven bleek duidelijk niet voldoende te zijn. Ik moest iets doen, een handeling verrichten op de plek waar het me overkomen was.

Het was de plek waar ik jarenlang met veel plezier overheen had gelopen. Maar het werd ook de plek waar ik zo intens diep vernederd werd en waarbij ik mijn gevoel van veiligheid weer verloor.

Ik besloot twee kaarten waarop gele tulpen en de datum van de gebeurtenis op stonden aan de buitenkant van onze voordeur te bevestigen. Een zichtbare herinnering aan wat zich hier had afgespeeld. Men mocht het zien en ik schaamde me er niet meer voor om erover te praten.

Maar voor Evan was dit te veel. Met een zweem van droefenis maar met vastberaden stem zei hij tegen mij: mam ik wil fijn thuiskomen.

Zijn oprechtheid raakte me heel diep. Het stond in zo'n schrille tegenstelling tot de leugenachtigheid van de dader dat ik niet anders kon doen dan uit diep respect voor mijn zoon de twee kaarten verwijderen. Ze hadden mij de liefde van hem voor mij weer laten zien en ook het verdriet wat hij hiervan had. Hij was het die mij nu meenam. Hij hield mijn hand nog één keer vast.

Laat het toch los mam. Ik geloof jouw verhaal. Het blijft pijnlijk voor mij dat ik je toen niet heb kunnen beschermen tegen zijn daad terwijl ik zo dicht bij je stond.

Maar ik sta nu voor je klaar om samen met jou verder te gaan en te werken aan jouw herstel.

Onwillekeurig sloot ik even mijn ogen en dacht ik aan de zo raak gekozen en troostrijke woorden welke mijn vriendin uit Suriname me had toegestuurd.

Jaren geleden zat ik eens in de nachtdienst in het ziekenhuis waar ik zelf ook geboren ben, toen zij werd ingestuurd door de gynaecoloog en ik haar moest opnemen.

Zij was pas zwanger en moest vaak overgeven.

Wat schetst onze verbazing toen drie maanden later ik voor het eerst ter controle ging bij dezelfde gynaecoloog en bij het openen van de deur van de wachtkamer haar zag staan.

Na een hè en nog eens hè in volle verbazing te hebben uitgeroepen schoten we in de lach en voelden we op dat moment zonder een woord te hebben gezegd aan dat er tussen ons een vriendschap voor het leven was ontstaan.

Het was een mooie zondagochtend toen ik naar het ziekenhuis moest gaan. Daar aangekomen hoorde zij mijn stem. Weer een hè en een asjemenou konden weer niet uitblijven.

Een paar uur eerder was zij bevallen van haar dochter en lag nu klaar op de brancard om naar zaal te worden gebracht. Diezelfde avond beviel ik van mijn oudste zoon.

Naast elkaar lagen ze, ieder in een eigen couveuse. Beiden waren een maand te vroeg geboren. Onze kleintjes begonnen hun leven al met een heel mooi verhaal.

Schaam je niet voor jouw littekens. Breng ze vanuit de diepte met liefde naar boven. Lijm ze met lijm van goud zodat ze met het zonlicht erop weer volop gaan stralen en een ieder jouw schoonheid weer ziet. Sta voor de spiegel en kijk jezelf opnieuw aan en zie hoe mooi je nog steeds bent en deze littekens jou alleen nog maar meer en meer sieren.

Woorden uit Scars vertelde ze me later door de telefoon. Met bewogen stem zei ik haar hoe mooi ik ze vond. Zulke treffende woorden die meteen zo diep in je doordringen en tegelijkertijd ook de tranen van je diepe pijn laten zien.

Na mijn tweede operatie zou ik voor enkele weken bestraald worden en daarna misschien in aanmerking komen voor hormoontherapie. Hiervoor had ik een intake gesprek met de internist.

Ik vertelde haar dat ik mijn aanranding nog steeds niet helemaal te boven was gekomen toen bij mij borstkanker werd geconstateerd. Ze zag hierbij de emotie die door me heen ging.

Een aanranding en borstkanker, een heel emotioneel proces waar u zeker psychische ondersteuning bij moet hebben.

Dat is mijn advies aan u.

En toen gebeurde het zo onverwacht dat ik er eerst niet eens erg in had dat het was gebeurd.

Ik sprak het woord aanranding uit en ik voelde even geen pijn meer. Ik was net vol goede moed met de radiotherapie begonnen en op de een of andere manier werkte de houding van de internist nog op me door. Ze had mijn aanranding niet weggecijferd. Daardoor voelde ik me ook echt door haar gesteund. Een steun die ik nodig had om weer opnieuw overeind te komen nadat mijn medebewoners mij keihard hadden laten vallen tegenover mijn buurman.

Zelfs mijn buurtje waaraan ik nog had uitgelegd wat het akkefietje eigenlijk echt inhield. Gelijk had ze toen hierop gereageerd met de woorden dat als hij dat met een van haar kleinkinderen zou doen ze niet kon instaan voor haar reactie. Ik voelde me toen door haar begrepen en daardoor ook getroost. En nu had ook zij die Brief ondertekend. Was ze vergeten wat ze toen tegen mij gezegd had of was ze bezweken onder de druk van de groep om mee te werken aan die Brief.

Een gevoel van minachting wat langzaam bij mij binnen was geslopen naar al degenen die de Brief ondertekend hadden kwam ineens onverwacht naar boven toen ik op een ochtend haar appartement voorbij liep en haar in de deuropening zag staan. Zonder elkaar op dat moment te groeten liep ze haar voorkamer weer in.

Ik kon er nog steeds met mijn pet niet bij dat juist ook zij hieraan had meegewerkt.

Wat een geluk dat mijn vrouwelijke internist hierna mijn pad had doorkruist en zonder te weten wat er allemaal speelde mijn aanranding serieus nam. Dat gaf me de kracht om weer rechtop te gaan staan met als gevolg dat na drie en een half jaar het mij eindelijk gelukt was om het woord aanranding uit te spreken zonder gelijk de pijn die er altijd mee gepaard ging te voelen.

Het verlichtte mijn gang naar de radiotherapie die voor zover het zich liet aanzien ook mijn laatste therapie zou zijn.

Ook dat nog...

Een van mijn beneden buren gaf mij de indruk dat hij maar moeilijk kon geloven dat er een aanrander boven hem woonde. Ik kwam hem een keer beneden in de grote hal tegen en we groetten elkaar met een goedendag. Tijdens het passeren raakte hij mij even lichtjes tegen mijn arm aan terwijl hij doorliep alsof er niets aan de hand was. Dat was niets voor hem. Normaal gesproken had hij zich even omgekeerd om zich te verontschuldigen. Ik kreeg daarom sterk de indruk dat hij wilde nagaan of ik ook zo op hem zou reageren net zoals ik toen op mijn buurman tijdens die NS avond had gereageerd.

En natuurlijk gebeurde dat niet. Enigszins verontwaardigd liep ik door naar buiten.

De telefoon ging. Ik dacht heel even dat het de zedenpolitie was omdat ik ze zelf net had opgebeld om door te geven dat er door mijn buurman een melding van laster was gedaan. Maar alleen met een officiële aanklacht kunnen ze iets doen, althans dat begreep ik uit het gesprek.

Van een melding was haar niets bekend voor zover zij zich dat kon herinneren.

Hè, wat zegt ze nu... Maar hij was toch naar de politie gegaan om melding te maken van het feit dat hij door mij belasterd werd... Dat staat in zijn brief die ik op 26 april, de dag van de opening van de boulevard, nog uit mijn brievenbus haalde... Wat raar... Oh, dan zal ik haar wel verkeerd hebben verstaan. Dus deed ik er verder maar het zwijgen toe.

Zeker nu had ik helemaal geen zin in getouw- trek.

Maar het bleek mijn oudste zoon te zijn die wilde weten hoe het met me ging.

Tot nu toe verlopen de bestralingen goed antwoordde ik hem. De oncoloog is tevreden. Ik ben blij dat Evan elke keer met mij mee gaat. Het komt goed uit dat hij nu vakantie heeft. Hij helpt ook mee in het huishouden. Ik ben nog vaak moe en val geregeld op de bank in slaap. Ik heb geen pijn alleen kan de plek die bestraald wordt af en toe even flink steken. Waar ik nog mee zit is de verwerking van de Brief welke ik van mijn medebewoners toen heb gehad. Als je binnenkort weer hier bent mag je die Brief zelf lezen en kun je ook zien dat een ieder deze ondertekend heeft.

Klara ook vroeg hij gelijk. Ongeloof klonk door zijn stem heen. Ja, Klara ook. Er viel een stilte aan de andere kant van de telefoon. Vanaf het begin was Klara, de oudere dame niet alleen voor hem onze buurvrouw maar ook een dame die hij altijd hoogachtte. Het was een schok voor hem om te horen dat ook zij hieraan had meegedaan.

Mam, klonk het na enige tijd, ik kom gauw naar je toe. Morgen bel ik je terug om verder af te spreken. Fijn, ik kijk er nu al naar uit. Take care mom, tot gauw.

Het deed me verdriet om het hier met hem over te moeten hebben. Maar hierover zwijgen doet geen van ons tweeën goed.

Mijn eerste vervolgconsult was op vrijdag 7 september. Tot dan toe had ik geen klachten maar de spanning of het ook echt allemaal goed was zat er bij mij toch wel een beetje in.

De verpleegkundig specialist, die in nauw contact staat met mijn chirurg nam uitgebreid de tijd om mij aan te horen over hoe ik tot dan toe alles ervaren had. Daarna inspecteerde ze mijn wond en voorzag mij van praktische tips.

Ze was zeer tevreden en opgelucht liep ik weer naar huis met alweer de volgende afspraak in mijn tas. Fantastisch zoals ze met je omgaan. Ik voelde me geen nummer maar echt een mens.

Toen ik onze beneden hal binnen liep trof ik mijn buurman en zijn vrouw daar aan. Hij zat op hun klapstoel en zij op haar rollator. Ze waren in gesprek met de briefschrijfster die bij hun stond.

Het leek wel een ontvangst committee omdat ik juist net van mijn eerste controle terugkwam met goed nieuws. Inwendig moest ik hier wel even om lachen omdat ik dan liever een paar andere gezichten had gezien.

Maar goed, het was natuurlijk puur toeval dat ze daar waren en ik wilde verder naar binnen gaan.

De briefschrijfster en ik groetten elkaar. Mijn buren negeerde ik volkomen.

Geen Brief gaat mij vertellen hoe ik me tegenover mijn buurman en zijn vrouw moet gedragen.

Kort nadat dit was voorgevallen kreeg ik in een telefoongesprek te horen dat die Brief toch echt wel mijn eigen schuld was. Het was een reactie op mijn brief welke ik bij een ieder toen in de brievenbus had gedaan. Hierdoor had ik een ieder het werkwoord wegkijken ontnomen omdat ik mijn buurman openlijk van aanranding had beschuldigd. Ik had het recht niet om dat te doen en moest daarom hard gestraft worden. Die Brief had ik dus helemaal zelf verdiend. Verstond ik dat wel goed dat ik die Brief helemaal zelf verdiend had... Het was dus voor hun niets anders dan een logisch gevolg dat ik gestraft werd! Eigenlijk had ik dus zelf de groep door het schrijven van mijn brief toestemming verleend om mij ook via het geschreven woord hardhandig terug te pakken.

Toch kwam dat even bij mij aan. Hoe kan iemand dit zeggen die zelf seksueel misbruik van dichtbij heeft meegemaakt. Die Brief die nooit zo geschreven had mogen worden. Het staat in geen enkele verhouding tot mijn brief. Lik op stuk beleid. Dat was nodig alvorens de groep weer met een schone lei opnieuw kon beginnen. De sfeer van weleer weer oproepen! De oudere dame was inmiddels verhuisd en haar appartement verkocht. Binnenkort zullen de nieuwe bewoners hun intrede maken en de groep wil ze dan weer op een hartelijke manier ontvangen. Daar hoor jij ook bij als je maar niet over het verleden praat. Kijk, je buurman is inmiddels een oudere man. Het is allemaal al weer zo'n tijd geleden. Maak er de komende tijd met elkaar toch nog wat moois van.

Ik kon mijn oren niet geloven. Het kan dan wel zo zijn dat hij nu een oudere man is maar dat wil nog niet zeggen dat hij zijn verantwoording over zijn gedrag van toen naar mij toe dus dan maar zo kan ontlopen. Hij wist toen heel goed waar hij mee bezig was. Hij heeft er heel bewust aan gewerkt en ervan genoten. Het beeld van die grijns van voldoening op zijn toen hongerige gezicht is nog niet helemaal bij mij weggeëbd. Daarnaast vertelde hij zelf later aan onze beneden buur dat hij het met me goed wilde maken. Hij wist dus dat hij mij iets had misdaan. En dat ik openlijk te schande werd gezet op de openingsavond van ons treinstation, dat ben ik ook nog niet vergeten. Hoe kan ik dan zomaar zonder meer verder gaan met zo iemand zonder zelfs ooit een welgemeend excuus te hebben gehoord!

Wat een absurde situatie die hoe gek het ook klinkt op mij een gunstige uitwerking kreeg. De pijn over die Brief begon ik eindelijk wat vaker kwijt te raken. Het lukte me ineens steeds beter om er afstand van te nemen. De verantwoording over de inhoud te laten bij al mijn volwassen medebewoners die zichzelf zo zeer hadden verlaagd om bewust deze Brief voor mij op te stellen. De goede sfeer had ik verziekt en daarvoor wilden ze mij met opzet heel diep kwetsen om daarna dit alles te laten voor wat het was. Ze mogen trots zijn op het resultaat want hun Brief heeft mij inderdaad heel diep geraakt.

Ik zie dat mijn hand weer begint te trillen en mijn tranen houd ik ook even niet meer binnen maar zwijgen hierover dat is iets wat ik nooit en te nimmer kan en zal doen!

Zoals de internist mij toen had geadviseerd zal ik binnenkort door tussenkomst van mijn huisarts beginnen met de psychische ondersteuning bij de verwerking van mijn emoties van al datgene wat mij overkomen is.

Gesprekken met een psycholoog over mijn aanrander die ironisch genoeg ook zelf psycholoog is.

Te beginnen met het onder woorden kunnen brengen van de vreselijke vernedering zoals deze beschreven staat in die Brief zonder in huilen uit te barsten.

Zo ook met het woord tongzoenen waarbij de rillingen van afschuw nog door me heen gaan bij het uitspreken hiervan omdat de herinnering aan de gebeurtenis dan gelijk weer naar boven komt.

Daarnaast ook even stil te staan bij het hebben van borstkanker.

Een ziekte die veel emotie bij me heeft losgemaakt en die ik eens in een opwelling zo uit mijn borst heb willen rukken.

Mijn gedachten gingen terug naar de begindagen toen mijn buren nog bezig waren met de verhuizing en ik in die tijd een keer thuis kwam en mijn eigen deurmat niet meer voor mijn deur zag liggen maar een nieuwe deurmat. Het was precies dezelfde deurmat als dat van mijn nieuwe buren.

Natuurlijk keek ik vreemd op omdat ze dit zonder enig overleg met mij hadden gedaan.

Maar ach, dacht ik bij mezelf als ze dit nou mooi vinden staan in ons gezamenlijk halletje dan is dat toch ook goed. Voor mij was het niet echt een punt om bij stil te staan.

En dat had ik achteraf gezien juist wel moeten doen. Ze er gelijk op wijzen dat we samen het halletje delen maar dat er tegelijkertijd ook grenzen zijn. Ik had mijn deurmat gelijk weer moeten opeisen! Achteraf een test om te zien hoe meegaand ik wel niet was.

Eens op een middag belde Evan mij op mijn werkadres op en vertelde me nog enigszins verbaasd dat hij misschien pianoles zou geven aan een kennis van de buren. Ik wist daar helemaal niets vanaf. Ze hadden aangebeld te samen met hun kennis toen ik er dus niet was.
De volgende dag belde Evan me weer op om te zeggen dat het niet doorging. Dat was maar goed ook want anders had ik er een stokje voorgestoken. Hadden deze mensen dan geen fatsoen was iets dat ik me wel vaker begon af te vragen.

De woorden dat ik dit helemaal zelf heb verdiend klinken me alsnog als een zweepslag in mijn oren. Met een ongekende felheid was er op mij gereageerd.
De afstraffing had ik helemaal aan mezelf te danken. Ze hadden het recht in eigen hand genomen en meteen het vonnis geveld. Ik waande me even terug in de tijd van de Middel Eeuwen. Dit deed me ook denken aan die keer toen ik een parkbewoonster wilde vertellen wat er was gebeurd. Nog voordat ik echt goed en wel begonnen was werd het al in de doofpot gedaan. Weggepoetst alsof het nooit had bestaan. Ze kwam altijd op me over als een nette en degelijke vrouw die haar geloof zeer ter harte nam. Echter gesprekken over seksueel misbruik pasten daar blijkbaar dus niet bij. Het slachtoffer moest ten allen tijde zwijgen. Over de dader geen kwaad woord. Dat werd me helemaal duidelijk toen ik haar eens samen met hem in haar auto voorbij zag rijden. Dat was haar goed recht en toch stak het mij heel even.

Om mij uiteindelijk op het laatst toch nog over de streep te trekken en nu toch echt alleen maar voor de goede sfeer te gaan werd zelfs mijn kanker uit de kast gehaald.
Kijk Efiena, wees blij dat dit bij jou zo snel behandeld kon worden. Er zijn gevallen waarbij dat niet meer mogelijk is en deze mensen

dankbaar zijn met nog een dag erbij en daar zoveel mogelijk van proberen te genieten. Doe jij dat ook. Geniet van de dagen die je nu voor je hebt en laat alles wat er zich heeft afgespeeld achter je liggen. Praat er niet meer over, zeker ook straks niet met jouw nieuwe buren.

Uit onverwachte hoek kreeg ik steun. Het kwam van de briefschrijfster. De extra informatie wat ik toen op die bewuste zaterdagmorgen bij haar had achtergelaten had haar klaarblijkelijk een andere kijk op de zaak gegeven. Vrijwillig schoof ze me een briefje toe waarop stond geschreven dat het wapen van het woord sterker is dan dat van de kogel.

Natuurlijk deed het me goed om dat te lezen. Maar van de andere kant stond het wel in schrille tegenstelling met hetgeen ze had geschreven in die Brief.

Moest ik het zien als een zoethoudertje om de scherpe puntjes van die Brief te doen vervagen...

Ik wist het niet en ik vroeg het haar ook niet. De schok en de pijn over de inhoud van die Brief waren toen nog te veel in mij aanwezig.

En dan...

Herinnerde ik me het goed? Had ik het gelezen of had ik er over gehoord?

Een verhaal, waarin het halletje een "Poel van Verdorvenheid" voorstelde.

Een lustoord, waarbij naarstig op zoek werd gegaan naar dat duivelse verlangen.

Een fantasie, wat heimelijk tot leven kwam vlak voor mijn deur.

Een oude man, die aan zichzelf moest bewijzen dat hij een vrouw nog met zijn wellust kon behagen en daarna weer gestoken in zijn keurig witte pak zonder meer dacht zo uit het duister te kunnen stappen maar dan tot zijn grote ergernis moest concluderen dat zijn keurig gestreken witte pak niet meer goed zat.

De vrouw had gesproken, de fantasie doorbroken en zo werd de waarheid aan het licht gebracht.

De waarheid waarbij de vrouw door de tongzoen meegezogen werd naar de bodem van deze Poel waar ze voortaan gedoemd was in diepe duisternis rond te dolen en zich te voeden aan het sierlijke zeewier dat om haar heen dreef, wachtend op een teken van haar Heer en Meester om hem te behagen op zijn wellustige manier.

Overmand door schaamte zou ze nooit meer aan de oppervlakte willen komen, wetende dat ze dan bespuugd zou worden door de groep en dus ook door zijn vrouw.

De voor haar ultieme vernedering welke ze dan had verdiend en als vanzelfsprekend in haar beleving ook moest ondergaan.

Maar de vrouw wist nog net op tijd het tij te keren door zichzelf los te rukken en zo te kunnen ontsnappen aan de dans van haar dood.

Dat verklaarde haar blijdschap toen ze haar hoofd weer kon bewegen, het daglicht weer onbevreesd kon aanschouwen en zo haar weg weer kon vervolgen om samen met haar twee zonen door naar de film te gaan om alsnog haar 65ste verjaardag te vieren en even te vergeten wat haar hier tussendoor was aangedaan.

Vervolg

Ik was net terug van een ontspannende lichaamsmassage gegeven door een verpleegkundige die naast oncologie zich ook had gespecialiseerd in de kunst van het masseren toen de telefoon ging.

Binnenkort zou ik worden opgebeld door een medewerker van het bureau SPEL om met mijn gesprekken te beginnen.

Dat was goed nieuws. Ik had mezelf voorgenomen om straks bij de eerste jaarlijkse controle van mijn borstkanker weer goed in mijn vel te zitten. Geregeld een wandeling maken wat in deze tijd van het jaar best aangenaam was vanwege de kerstverlichting op straat, maar ook in de winkels en huizen.

De gesprekken verliepen goed. Door hierbij het woord zoenen geregeld te horen werd ik geprikkeld om dit om te zetten in tongzoenen omdat het woord zoenen helemaal niet in de sfeer van een aanranding past; de sfeer die ik had ervaren. Uiteindelijk lukte het mij om dit woord geregeld uit te spreken zonder ook tegelijk geconfronteerd te worden met het beeld wat het steeds bij mij opriep.

Hierdoor kon ik ook beter die diepe vernedering uit die Brief aanhoren en daarna beter verwoorden. Ik viel niet ineens meer stil om daarna in tranen uit te barsten als ik erover wilde praten. Dat betekende voor mij al een grote overwinning ook al klonk er soms nog lichte emotie door mijn stem heen. De tijd zou dat wel helen.

Met dit nu uit de weg, kon ik beter met mijn borstkanker omgaan.

Onze nieuwe buren hadden de verbouwing achter de rug en de open dag had inmiddels ook al plaats gevonden. Ruim een week van te voren hadden ze de uitnodiging hiervoor bij een ieder in de brievenbus gedaan.

Ik had net na lunchtijd mijn post opgehaald en naar boven meegenomen toen ik besloot om gelijk een rondje om te gaan. Ik liep langs mijn brievenbus en gewoonte getrouw keek ik er toch weer even in alhoewel ik het net had leeg gehaald en tot mijn verbazing zag ik er een kaart in liggen.

Oh, dat is wel erg snel, morgen haal ik de kaart er wel uit. Waarschijnlijk is het reclame.

De volgende dag lag de in plastic verpakte wekelijkse reclame er met daar bovenop de kaart.

Hè, dacht ik even hoe kan dit nou. Gisteren lag de kaart toch op de bodem van mijn brievenbus.

Hoe kan deze kaart nu op de verpakte reclame terecht zijn gekomen?

Kennelijk is het de bedoeling dat ik die kaart te zien krijg en ook lees. De kaart bleek de uitnodiging te zijn van de nieuwe buren en de groep rekende erop dat ik mijn gezicht zou laten zien en zou zwijgen.

Door alle commotie was ik eerst juist niet van plan om aanwezig te zijn op hun open dag maar de uitnodiging bracht mij toch op andere gedachten.

Met een fles wijn in de hand belde ik bij hun aan. Leuke mensen, we waren elkaar al eerder tegengekomen en hadden toen even een praatje gemaakt.

De verbouwing was geslaagd, zo ook de koffie met heerlijk gebak erbij. Maar toen het moment van de borrel aanbrak stond ik ineens op om weg te gaan. Het zat me niet echt lekker dat ik niet kon zeggen waarom ik zo abrupt wegging. Het had helemaal niets met hun te maken maar gezellig proosten met mijn buurman en zijn vrouw erbij, dat was voor mij verleden tijd.

Maar kennelijk had mijn aanwezigheid daar toch de indruk gewekt dat ik de nare tijd achter me had gelaten waardoor de prettige sfeer weer in ere kon worden hersteld.

Om de komende lente in goede harmonie met elkaar te vieren organiseerden mijn buurman en zijn vrouw een spontane Lente Borrel. Toen ik de aankondiging zag op het prikbord schudde ik alleen maar mijn hoofd. Natuurlijk wenste ik hun in stilte een prettig borreluurtje toe. Het leven gaat toch immers verder, nietwaar! Maar hoe moet ik dat rijmen, je belazert een ieder en dan nodig je ze uit voor een borrel. Gelukkig is in mijn woordenboek het woord fatsoen met uitleg nog steeds aanwezig!

Was het toeval of niet, maar juist aan het begin van die middag belde mijn goede buurtje aan met de collectebus voor reuma. Even dacht ik dat ze via een praatje wilde weten of ik naar de borrel van de buren zou gaan, maar dat was niet zo. Wel vroeg zij zich af of ik nu echt vond dat het afgelopen jaar wel zo'n zwaar jaar voor mij was geweest. Ik knikte bevestigend terwijl ik ondertussen wat klein geld in de bus deed. Hierna ging ze weer verder. Al peinzend deed ik de deur achter haar dicht.

Ik kon haar vraag alleen niet goed plaatsen. Maar dat het zwaar voor mij was geweest, dat mocht ik wel zeggen. Die Brief en de borstkanker hadden op mij beslist een wissel getrokken.

Bovendien was er eerst nog in februari het afscheid van mijn ex-schoonzusje geweest.

Eigenlijk moest ik zeggen ex-schoonzus want ze was net 65 jaar geworden maar vanwege haar handicap zag ik haar altijd als mijn kleine zus.

Ze begreep veel alhoewel ze niet kon praten en verstandelijk je haar kon vergelijken met een klein kind. Door mijn ex-man maakte ik jaren geleden kennis met haar. Ik ben in en uit haar leven geweest, maar telkens als ik haar weer zag herkende ze mij. We hadden gewoon een band met elkaar die ik na mijn echtscheiding niet los liet en die echt goed zichtbaar werd gedurende de laatste weken van haar leven. Ze wilde niet meer eten en lag het liefst de hele dag in bed. Langzaam gleed ze van ons weg.

Dat was voor mij het moment om haar niet meer alleen te laten. Ik wilde geen vreemden aan haar bed die haar gebaren niet zouden herkennen. Vooral 's nachts. Dus ik bleef, ging naar huis en kwam weer terug.

Haar directe familie woont in het buitenland dus was het voor mij als vanzelfsprekend dat ik dit voor haar zou doen. Maar natuurlijk kon ik dit niet alleen opbrengen. Overtuigd van mijn oprechte bedoelingen sprongen de vaste begeleiders opeens in. Zonder hun welgemeende steun was dit niet mogelijk geweest. Ik wist hoe druk ze het normaal al hadden! Personeelstekort was hier ook een probleem.

Nog steeds raak ik ontroerd als ik terug denk aan het moment waarop ze naar me toekwamen met de dienstlijst en me lieten zien waarop een van hun 's nachts bij haar kon zijn als ik dan de daarop volgende nacht kon komen. Natuurlijk kon ik dat maar hier zie ik dat een van jullie naast de nacht ook in de ochtend op de lijst staat. Dat klopt, maar zit daar niet over in. Je neemt ons mee om er ook voor haar te zijn. Vanaf nu doen we het samen. Je staat niet meer alleen.

Rondom kleine zus ontstond er zo'n liefdevolle warme sfeer die haar hele kamer vulde en gelijk voelbaar was voor een ieder die haar kamer binnen trad. Haar kamer werd een gezellige plek waar over van alles werd gesproken. Ook haar medebewoners liepen haar kamer soms even binnen om haar te groeten of om er een knuffel voor haar achter te laten. Kleine zus genoot van alle drukte om haar heen. God had mijn roep gehoord. Ik had het niet beter voor haar kunnen wensen!

Het einde kwam steeds dichterbij en op een ochtend voor mij volkomen onverwacht kwam mijn ex-man met de pater haar kamer binnen lopen. Via onze jongste zoon wist hij dat ik die nacht bij haar was en ook de ochtend daarop.

De pater was gelijk met hem meegekomen om haar het sacrament van het Heilig Oliesel toe te dienen. Een moment waarop hij als broer nog graag bij aanwezig wilde zijn.

Ze had net overgegeven maar dat deed er niet toe. Te samen met het toen aanwezige personeel stonden we aan haar bed, ieder met een kaarsje in de hand en doordrongen van de ernst van het komende gebeuren. De pater begon te bidden. Eerbiedig luisterden we met z'n allen naar hem en het leek alsof kleine zus ook meeluisterde. Zoals ze erbij lag, iets op haar zijde, verschoond maar nog niet gewassen en met de doeken om haar heen bekroop mij het gevoel alsof ze wist dat wat er nu om haar heen gebeurde speciaal voor haar was.

Er leek wel iets van een glimlach op haar gezicht te zijn. Ze lag er zo rustig bij. Op ieder van ons had het een diepe indruk gemaakt. Het woord sereen viel hier voor mij geheel op zijn plaats.

In deze sfeer zaten haar broer, mijn ex-man en ik kort hierna bij haar aan bed. Het voelde erg goed aan om zo samen bij haar te zijn. Door hem had ik haar immers leren kennen. Het intieme van dat moment was nog helemaal aanwezig toen ze hem ineens vol en helder aankeek en hij niets anders kon doen dan haar blik beantwoorden. Het was net alsof ze weer dat kleine meisje was en hem toen voor zich zag staan in hun ouderlijk huis in Suriname. Gelijk begon hij met bewogen stem zacht maar duidelijk tegen haar te praten. Hij zei dat ze mocht gaan, papa en mama wachten op jou. Het is goed zo, laat maar los, je mag gaan. Ga maar naar papa en mama toe!

Ik was geroerd over de manier waarop hij tot haar sprak. Vol overtuiging en met woorden die rechtstreeks uit zijn hart kwamen. Zo mooi dat ik hier getuige van was.

Op deze manier nam hij afscheid van haar. De volgende dag zou hij weer in het vliegtuig stappen.

Hij die haar toen niet meer kon beschermen omdat ze onverwacht voorgoed uit hun gezin moest worden weggehaald, weg naar verre oorden en hij daardoor ongewild enigszins van haar vervreemde. Hun moeder kon de zorg voor haar niet meer aan. Door mij kwam ze weer terug in zijn leven en werd ze zelfs tante door de geboorte van ons eerste kind.

En terwijl we aan haar bed stonden nam hij ook afscheid van mij met een brasa, een welgemeende omhelzing waarmee hij mij ook tegelijk bedankte voor alle goede zorgen voor zijn zus.

Ze was in het weekend rustig ingeslapen. De dag ervoor was ik nog bij haar geweest.

Een paar begeleiders hadden al op voorhand afgesproken dat ze haar samen wilden afleggen als het moment was aangebroken. Alles was al besproken. Alles lag al klaar!

Wat lag ze er mooi verzorgd en vredig bij en nog steeds omringd door die liefdevolle sfeer welke maar niet van haar zijde leek te wijken. Dank jullie wel uit de grond van mijn hart.

Het waren voor een ieder van ons bijzondere weken geweest, weken om nooit meer te vergeten.

Ik moest even alleen met haar zijn. Even met haar praten en haar zeggen hoe flink zij wel niet was geweest om jarenlang haar kruis zo ver van huis toch zo dapper te dragen.

Die zelfde dag kwam haar oudste broer aan. Fijn dat hij er was maar wel jammer dat hij haar net niet eerder nog bij leven had kunnen zien. Hij vond haar er ook mooi bij liggen, zo ook zijn jongste zoon die ook aanwezig was.

Op het einde van die zondagmiddag kwamen de begeleiders van het uitvaartcentrum langs.

Samen met de pastoor en de begeleiding erbij werd er een mooie dienst voor haar in elkaar gezet.

Mijn jongste zoon zou hierbij ook op de piano spelen en tijdens het verlaten van de kerk zou het Surinaamse lied Adjossi worden afgespeeld. Daarna koffie met wat erbij weer op haar afdeling. Wat fijn dat de begeleiders van haar afdeling dat wilden organiseren. Een mooie afsluiting van wat zeker een bewogen dag zou worden. Bijzonder hoe een ieder nog steeds zijn beste beentje voor haar uitstak. Het viel de dame van het uitvaartcentrum zelfs ook op!

De volgende ochtend werd ik enthousiast opgebeld door de begeleiding.

Kleine zus haar kist was gebracht en nu waren ze samen met enkele bewoners druk bezig om met kralen, foto's, slingers en tekeningen deze op te sieren. Ook mochten de kleuren rood en roze niet ontbreken. De kleuren waar ze zo dol op was. We houden ook een plaatsje voor jouw herinnering aan haar voor je vrij. Daarnaast willen we aan de binnenkant van de deksel van de kist een foto van jou met haar samen plakken zodat ze straks naar je kan kijken als de deksel erop ligt. Ik moet er alleen nog iets bij schrijven.

Prima, dat ga ik gelijk doen. Die geweldige sfeer klonk gewoon onvervalst door de telefoon heen rechtstreeks in mijn oor. Kijk toch wat die kleine zus nog steeds om haar heen bij een ieder losmaakt. Prachtige sfeer waarvan zij en ook wij nog steeds enorm van genieten.

Een warm gevoel bekroop mij als ik aan die foto terug denk. Wat een eer! En alles verliep zo spontaan.

De dag van het afscheid was aangebroken. In processie liepen we met z'n allen achter de baar aan over het terrein naar de kerk. Het was de weg die zijzelf zo vaak had afgelegd.

Onderweg bleven andere bewoners even stilstaan om haar te groeten en we wisten dat als ze er nog was ze ook even stil zou hebben gestaan om terug te groeten. Wat zou ze hebben genoten van al deze aandacht speciaal voor haar. Haar lachende gezicht zag ik weer voor me.

Haar dienst was druk bezocht. Er moesten zelf nog wat stoelen bij geschoven worden.

Tot mijn grote verrassing had haar oudste broer tante Ria kunnen opsporen. Jarenlang was zij samen met haar reeds overleden echtgenoot gastouder voor haar geweest. Alleen al het zien van tante Ria betekende feest voor haar! Echt iemand die niet mocht ontbreken.

En terwijl de dienst voor haar begon, begonnen ook de klokken van de Kathedraal voor haar in Suriname te luiden, haar geboorteland waar ze ook de eerste jaren van haar leven had doorgebracht.

Met dit mooie eerbetoon gevolgd door een Heilige Mis luidden de vrouw van haar oudste broer en hun oudste zoon samen met jouw jongste broer en zijn vrouw en andere familieleden en vrienden jou van verre uit.

Lieve kleine zus, zonder dat jij het wist heb je toch vele harten geraakt.

Lieve kleine zus, Rust Zacht!

Dus ja, ik mocht wel zeggen dat het afgelopen jaar best heftig voor mij was geweest.

Dit afscheid met daar opvolgend de diagnose borstkanker gepaard gaande met die Brief waren voor mij althans geen kleinigheden.

Het eerste jaar na de operatie zat er bijna op en ik was toch wel wat gespannen voor de controle van de röntgen foto's die dan straks zouden worden gemaakt.

Op de huisartsenpost had ik al wel gehoord dat ik moest afvallen. Ik had te veel aan koffie met iets lekkers erbij gedaan. Het deed me goed vooral als ik me rot voelde, maar dat moest nu wel afgelopen zijn. De praktijk ondersteuner adviseerde me om zowel naar een diëtiste als naar een wandelclub te gaan. En zo liep ik even later met twee telefoonnummers op zak haar kamer uit met het voornemen om het straks echt goed te gaan doen. Maar voor nu was het zondigen toch nog wel even een keer toegestaan. En echt dat laatste beetje hagelslag, dat gooi ik straks toch ook echt niet weg!

Het zonnetje scheen, de gebakjes lachten me toe, ik rook de koffie al en de stoel stond klaar, dus wat doe je dan: aanvallen maar! Maar nu echt voor de laatste keer!

De foto's waren goed en opgelucht liep ik terug naar huis.
Heerlijk voor nu geen spanning meer. Ik stortte me op het lopen en mijn dieet!

Op een avond hoorde ik Minister Grapperhaus van Justitie en Veiligheid zeggen dat mensen die getuigen zijn van een aanranding of verkrachting, deze getuigenis eventueel mee kan tellen bij de beoordeling over de straf van de dader. Zonder meer dacht ik gelijk aan die NS avond en was er gelijk heel zeker van dat ik mijn buurman toch alsnog voor de rechter kon brengen. Die ober zal zich dat voorval zeker nog wel herinneren. Het zal even wat tijd kosten maar uiteindelijk zal het recht zegevieren.

Toen dat pas gebeurd was wilde ik tijdens een wandeling plotseling ineens alleen maar doorlopen, sneller lopen en nog sneller lopen net alsof ik door een barrière heen moest gaan. Wat me niet lukte.

Dit sloeg nergens op. Ik was over mijn grenzen heen gegaan. Dit moest ik niet nog een keer doen. Waarom deed ik dit? Wat zat mij toch zo dwars vroeg ik me zelf af? Ik voelde me zo machteloos!

Eigenlijk wist ik het wel maar ik wilde het niet aan mezelf toegeven. Ik had met een oud collega, die jarenlange ervaring in de Verslavingszorg had opgedaan gesproken en hij had mij geadviseerd om langs te gaan bij het Juridisch Loket. Dat heb ik toen gedaan en degene die me te woord stond gaf mij gelijk het advies om met Slachtofferhulp hierover in gesprek te gaan.

Ik geloof u, maar de rechter kan voor u echt niets doen. Ik adviseer u dringend om te bellen met Slachtofferhulp. Ik schrijf gelijk het telefoonnummer voor u op.

Ik kon en wilde eigenlijk niet geloven dat mijn laatste sprankje hoop helemaal in mist was opgegaan. Dat kon toch niet! Mij was onrecht aangedaan...

Tegen beter weten in wilde ik steeds maar weer opnieuw gaan lopen, sneller steeds maar sneller. Sneller totdat ik er bij neer viel alhoewel men me zei dat het me toch nooit echt zou lukken hem voor de rechter te slepen. Dat kan toch niet. Toe, zeg me dat toch niet. Dat wil ik niet horen! De realiteit kwam keihard aan! De onmacht en de vernedering te samen verweven in de pijn die hierbij mee gepaard gaat namen toe.

Kennelijk had ik de spanning omtrent de röntgen foto's onderschat. Ik kon geen weerstand meer bieden tegen mijn machteloosheid. Die vreselijke pijn nam toe. Ik kon hier niet meer tegen. Die vernedering kon ik niet meer onder ogen zien. Oh wat voelde ik me zwak!

De kurk van de beerput vloog omhoog. De geest spoot uit die put en liet zich niet meer terug duwen. Haha, je kunt mij nooit meer pakken. Ik ben dichtbij en toch ver weg!

Ik dacht dat die put nu wel leeg was maar tot mijn verbazing lag er op de bodem nog een laag drek.

Ik kon er niet naar kijken want verdomme dat deed heel zeer!

Ik kon het die beerput niet uitkrijgen, integendeel werd ik erdoor verteerd.

Alle hoop was de bodem ingeslagen. Ik wil die ondraaglijke pijn niet meer voelen. Ik vergeef het mezelf als ik straks rennend het raam uitspring. De terugval die hierop volgde was heftiger dan ooit. Al mijn goede voornemens om te lopen en te diëten spatten uit elkaar.

Het leek wel alsof er niets meer was om voor te gaan. Zelfs de gedachte aan mijn twee jongens kon dat niet veranderen.

Een dame van Slachtofferhulp stond me te woord. Ze maakte gelijk een afspraak om bij me langs te komen.

Toen ze hier was merkte ik al gauw dat ze uit ervaring sprak en dat gaf mij vertrouwen in haar. Ik probeerde mijn verhaal zo rustig mogelijk te vertellen maar al gauw nam de heftigheid het weer van me over.

Waarom gebeurt me dit steeds, waar komt die heftigheid toch vandaan?

Laat me u eerst zeggen dat ik u geloof. Ik heb ook gezien dat de naam van uw buurman voorkomt op de lijst van de zedenpolitie in Harderwijk. Toch denk ik ook dat u niet genoeg bewijs heeft om hem voor de rechter te brengen. Uw onmacht hierover begrijp ik heel goed. Maar u heeft hem toch goed geraakt. Geen man zal het leuk vinden om een brief in de brievenbus te krijgen waarin staat dat hij van een aanranding beschuldigd wordt. Ik denk dat die heftigheid voortkomt uit iets wat u in het verleden ook heeft meegemaakt en wat u tot op heden verdrongen heeft. Ik antwoordde haar dat ik me echt niets van dien aard kon herinneren terwijl ik ook ondertussen ontkennend met mijn hoofd schudde. Ze keek me rustig aan en zei dat ze er zeker van was dat er me in het verleden iets was overkomen maar dat ik dat helemaal geblokkeerd heb. Dat heb ik meer meegemaakt.

Ze liet het hierbij en stapte op. U kunt me hier later op de dag nog altijd over opbellen. Dat is goed.

De hele middag bleef ik me suf piekeren wat dat toch kon zijn maar ik kon echt nergens opkomen.

De volgende dag belde ze me op en adviseerde mij om me op te geven voor het programma EMDR via de huisarts. Ik wil u graag helpen. Ik hoop dat u er baat bij heeft en zo weer rust krijgt in uw leven. Fijn dat u mij hierover opbelt. Ik zal gauw contact opnemen met mijn huisarts.

Haar medeleven deed me goed.

Mam, de nieuwe buurvrouw is net langs geweest om te vragen of je vrijdagmorgen rond half elf bij hun op de koffie kunt komen. Oh, wat leuk!

Precies om half elf belde ik aan en werd ik hartelijk ontvangen natuurlijk met koffie en gebak!

Nou dat liet ik me in ieder geval goed smaken. Leuk dat jullie me hebben gevraagd. Ik had het eigenlijk willen doen maar er zijn hier wat voorvallen geweest die niet zo prettig waren.

Voordat ik hierover verder nog iets kon zeggen begon ze gelijk te vertellen dat het een en ander hun inderdaad ter ore was gekomen. Daar willen we gelijk open over zijn.

We willen ons neutraal houden. We hebben jouw buurman en zijn vrouw ook al eens op de koffie gehad en omgekeerd zijn we ook bij hun geweest.

Dat respecteer ik. Ik waardeer het ook heel erg dat jullie gelijk open kaart spelen. Vroeger heerste er hier een leuke sfeer. Maar sinds een paar jaar is dat veranderd. Onze buurman kwam me ineens onverwacht op mijn vijf en zestigste verjaardag met twee bosjes gele tulpen feliciteren, althans dat dacht ik maar eigenlijk was hij erop uit om zich via de bloemen aan mij te vergrijpen om mij zo kapot te maken. Dat had niet alleen effect op mij persoonlijk, maar ook op ons sociaal leven hier.

Waarschijnlijk had hij gedacht dat ik bang geworden mijn mond wel zou houden en in mijn schulp zou kruipen zodat het leven hier gewoon verder door kon gaan alsof er niets aan de hand was.

Natuurlijk was ik hiervan eerst erg van de kaart, maar op een gegeven moment gaf ik echt wel te kennen dat ik hier niet van gediend was. Ik heb nooit iets met deze man gehad. Hij speelt geen enkele rol in mijn leven. Ik leid mijn eigen leven en daar heb ik hem, nog wel een getrouwde man helemaal niet bij nodig. Hij heeft zichzelf niet eens in de hand.

Als klein kind heb ik het verdriet van mijn moeder gezien. Mijn vader heeft tijdens zijn huwelijk met haar een buitenvrouw gehad waaruit een kind is voortgekomen. Iets wat hij nooit heeft ontkend. In het Suriname van toen kwam dat vaker voor. Mijn ouders zijn nooit uit elkaar gegaan. Later heb ik dit verdriet maar dan als huwelijksontrouw ook zelf meegemaakt. Ik ben niet voor niemendal gescheiden.

Ik heb me voorgenomen dat ik nooit de oorzaak van een echtscheiding zal zijn.

Het verdriet en de schade die hieruit voortkomen wil ik niet op mijn geweten hebben.

Dat is mijn eer te na! En nu zal nota bene een getrouwde man mij er bijna toe hebben gebracht om mijn levensprincipe te breken voor zijn geile bui. Is hij helemaal bedonderd. Zoek iemand van je eigen soort maar laat mij met rust. Betaal een prostituee en ga met haar jouw standjes doen. Of zoek zelf hulp bij een psychiater maar leg de verrotte kant van jouw huwelijk niet bij mij neer! Los jouw probleem fatsoenlijk op en rand mij niet aan om zo mijn nieuw geluk kapot te maken en dat nota bene nog wel op de dag van mijn verjaardag. En dan verwacht je van mij nog dat ik je groet...

Een tweede kopje koffie was meer dan welkom. Ik wond me er toch weer over op terwijl ik me echt had voorgenomen om zo rustig mogelijk te blijven.

Dus om jullie te laten zien dat de sfeer hier zo goed is moet ik jullie helemaal niets vertellen over wat zich hier heeft afgespeeld en daarnaast hem en zijn vrouw weer normaal groeten.

Ja, hoe vind je dat? Alsof ik een klein kind ben. Dat doe ik dus niet. Nu niet en nooit niet!

Het is toch te gek voor woorden. De rotte appel wordt beschermd en het slachtoffer bespuugd!

Hij begon nu te praten. Hij waardeerde ook mijn openheid. We hebben een kant van de pannenkoek gehoord maar het is voor ons toch ook belangrijk om die andere kant van jou zelf te vernemen.

Het was dus echt niet zo vanzelfsprekend dat je er op onze open dag zou zijn. Dat klopt.

Ik keek hem dankbaar aan. Hij had de zaak goed begrepen. En daar ging het mij uiteindelijk om.

Hoe dan ook ik vond het toch wel naar dat mijn kant van het verhaal er zo uitzag.

Een leugentje om bestwil daar heb ik me heus ook wel aan schuldig gemaakt, zeker vroeger rond Sinterklaastijd maar echt liegen om je eigen hachje te redden en om de ander daardoor de grond in te boren vanwege een optreden dat echt niet kan dat zou je juist van hem, onze buurman de psycholoog beslist niet verwachten.

We gingen goed uit elkaar. De volgende keer staat de koffie bij mij voor jullie klaar.

En toen gebeurde het tijdens mijn korte vakantie.

Op een avond van de eerste week lag ik nog wat te soezen in bed toen ik onverwacht hete tranen uit mijn ogen over mijn wangen voelde lopen en tegelijkertijd ineen kromp van de intense pijn die mijn lichaam bekroop. De heftige schok van toen was weer helemaal aanwezig.

Het leek alsof de laatste twintig jaren van mijn leven zo maar ineens waren weggevaagd.

Ik was terug in het moment waarop hij, een grote man, nonchalante houding zonder enige aarzeling vanuit hun slaapkamer bij mij de badkamer binnen kwam lopen terwijl ik naakt voor de wastafel stond en zijn vrouw vlakbij nog in hun bed lag te slapen. Ik had hem helemaal niet horen aankomen. De deur ging ineens open en hij stapte naar binnen, stopte even, keek mijn richting op en scheen me iets te zeggen maar ik reageerde niet en in plaats van terug te keren naar hun slaapkamer liep hij toen alsof het de normaalste zaak van de wereld was rustig verder de badkamer in met zijn blik steeds op mij gericht. Even geloofde ik mijn ogen niet.

Was hij dat, verdomme, wat moet hij hier.

Ik was helemaal uit mijn doen! Dit had ik nog nooit meegemaakt!

Hij was mij dus op korte afstand gepasseerd, stopte achterin de badkamer ter hoogte van de douche vlakbij de andere deur, draaide zich gelijk een slag om en via de spiegel van de wastafel waar ik nog steeds voor stond had hij mij helemaal in beeld. Dat hij een telefoon bij zich had en iets tegen mij had gezegd was mij helemaal ontgaan.

Minzaam en alsof het hem niet echt interesseerde bleef hij daar staan, zijn blik nog steeds onafgebroken op mij gericht en zei niets. Hij keek me enkel en alleen maar aan. Ik voelde me zo intens bekeken. Net een levend tafereel als in een peepshow maar dan zonder deur. Open en bloot, er was geen ontkomen aan! Ik voelde me ineenkrimpen, van binnen verschrompelen en zo verdwijnen in het niets. Alleen zo kon ik dit moment doorstaan ondertussen hopend op een spoedig einde.

Verbijsterd dat hij zich niet gelijk terug trok maar doorliep, had ik nog naar hem geschreeuwd dat hij onmiddellijk terug moest keren maar hij reageerde helemaal niet. Hij had mij niet gehoord, geen enkel geluid had mijn keel verlaten. Verlamd door angst van het niet begrijpen en de enorme schok die door mij heenging, was ik op dat moment volkomen weerloos.

Hij had mij totaal overrompeld. Was dit haar man, was dit wat hij deed...

Met stomheid geslagen wenste ik hard grondig dat de vloer nu gelijk open zou gaan zodat ik er helemaal in kon verdwijnen. Oh, mijn god wat overkomt mij nou toch?

Om me enigszins af te schermen deed ik automatisch mijn handen gekruist over mijn borsten en bleef als aan de grond genageld staan, ondergedompeld in totale schaamte in afwachting van het moment waarop hij besloot weer weg te gaan. Ik was nog nooit op deze manier zo diep van mijn leven vernederd, ontdaan van mijn vrouwelijke waardigheid en van mijn eigen ik. En juist nu in een tijd waarin ik zo ontzettend kwetsbaar was voelde ik me verslagen op een smerige manier. Ik had me niet eens kunnen verdedigen. Net een paar weken terug stonden hij en zijn vrouw ons nog op te wachten op Schiphol. Ik had nooit verwacht dat dit mij in hun huis zou overkomen! Dit huis waarin hij en zijn gezin ons voor korte tijd zo gastvrij hadden opgenomen en ik als vanzelfsprekend aannam veilig te zijn.

Het was nog vroeg in de ochtend. Als eerste stond ik op om me te wassen en aan te kleden. Hierna snel nog wat eten en uitkijken naar mijn andere vriendin die me met de auto zou komen ophalen.

Ik was samen met mijn zoon van negen jaar en onze hond net enkele weken terug uit Amerika.

Ik wilde hier weer een nieuw leven beginnen. Mijn huwelijk was gestrand.

Mijn goede vriendin, die ik al vanaf onze pubertijd ken, had zonder enige aarzeling aangeboden om ons op te vangen. Haar gezin ging hierin mee. Het lag nu aan mij om zo snel mogelijk mijn leven weer op de rails te krijgen. Iets wat ik graag wilde doen. Opzoek naar huisvesting en ondertussen een herintreders cursus volgen om weer in de Zorg te kunnen werken stonden boven aan mijn lijst. Er was vraag naar verplegend personeel. Dus kon ik waarschijnlijk al gauw aan de slag. Op die cursus had ik mijn andere vriendin ontmoet en samen gingen we er elke dag naar toe.

Zij was ook gescheiden dus aan gesprekstof geen gebrek.

Die bewuste ochtend had ze gebeld om door te geven dat ze wat later kwam.

Hij was al wakker en nam de telefoon op. Met een briefje op het aanrecht zou ik de boodschap hebben gezien. Tijd genoeg om het dan te lezen. Er was niets urgents bij!

Maar hij besloot om me het te komen vertellen. Natuurlijk hoorde ik niets van wat hij zei vanwege mijn gehoorverlies. Dus besloot hij om bij mij de badkamer in te lopen en me zo op de hoogte te brengen van het gesprek. Een ongepaste beslissing en dat wist hij heel goed.

Met deze dolksteek die mijn ziel had geraakt begon ik zo aan mijn nieuw leven!

Geheel overstuur zorgde ik dat ik zo snel mogelijk uit die badkamer kwam.

Boven lag mijn zoon gelukkig nog te slapen. Later zou mijn goede vriendin erop toezien dat hij op tijd naar school zou gaan. Daar was ik erg blij mee want daardoor kon ik deze cursus volgen.

Zo snel als ik kon ging ik naar buiten om haar man nu in ieder geval niet te hoeven zien.

Ik handelde in een waas waarin ik mij dan soms afvroeg of dat van net in die badkamer nu echt wel of toch echt niet was gebeurd. Had ik me maar niet gewassen dan had hij aan de geluiden van de kraan ook niet gehoord dat ik nog bezig was me op te frissen en dus nog niet aangekleed was.

Ik nam me gelijk voor om 's morgens nooit meer die badkamer in te gaan.

Voortaan alleen tanden poetsen bij het kleine kraantje in het afgescheiden toilet.

Prettig is anders maar het moet maar...

Oh, daar is mijn andere vriendin. Gauw stapte ik bij haar in de auto. Ze reed gelijk weg omdat het al een beetje laat was geworden en zij alsnog probeerde de spits te vermijden.

Had jij net gebeld vroeg ik haar en ze knikte van ja. Ik had hem aan de lijn. Ik wilde alleen doorgeven dat ik wat later zou zijn omdat de auto gisteravond moeilijk startte en ik vanochtend de ANWB om hulp vroeg. Ik wilde niet dat je al die tijd buiten op mij stond te wachten.

Ik neem aan dat hij dat toch aan jou heeft doorgegeven want je was nog niet klaar met aankleden.

Dat deed hij. Met de telefoon in zijn hand liep hij de badkamer in. Ach nee, dat is toch niet waar?

Ik kon er niet verder over praten, het was ook zo erg gênant dus lieten we het maar hierbij. Al gauw eiste de drukte op de weg ook al haar aandacht op. En eigenlijk nu even niets zeggen was ook goed voor mij.

Na een volle maar toch leuke cursusdag stapte ik hun huis weer binnen. Ik voelde me wat ongemakkelijk bij het zien van mijn goede vriendin. Ze had weer heerlijk gekookt en we konden al gauw aan tafel gaan.
Hier zat ik dan tegenover hem, haar man te doen alsof er niks aan de hand was. Zijzelf zat naast hem vrolijk te praten. Mijn hemel schoot het ineens door mijn hoofd hoe vaak heeft hij haar al wel niet belazerd. Ze moest eens weten wat hij vanochtend had uitgespookt! Ik kon niet anders dan voorlopig het spel meespelen. Meelachen als er wat te lachen viel. Straks met elkaar zoals de afgelopen dagen gezellig de tafel afruimen. En dan met hem de afwas doen. Dan de badkamer weer in want mijn zoon moest onder de douche. Hem daarna naar bed brengen en dan weer naar beneden gaan waar mijn goede vriendin, die voor mij echt wel veel meer dan een heel goede vriendin betekende al met een lekker kopje koffie in haar hand alweer voor mij klaar stond.
Wat fijn dat je cursusdag goed is verlopen. Mijn lieve goede vriendin, ze deed zo oprecht haar best om mij zo goed mogelijk weer op weg te helpen. Ik kon haar hart toch niet breken terwijl ze zo goed voor me was. En dat gaf hem de garantie dat ik hierover zou zwijgen. Ik knikte dapper van ja met een glimlach op mijn gezicht. Dank voor jouw goede zorgen en verwennerij. Niet alleen mijn cursusdag is goed verlopen maar ook mijn hele dag vandaag.
Het was voor het eerst dat ik tegen haar niet de waarheid sprak! Ik had nooit verwacht dat dit ooit met ons zou gebeuren. Maar ik had geen andere keus. Ik wilde haar hierdoor zeker niet verliezen.
Als ik straks op mezelf woon dan is dit van de baan. Bovendien waren er nog veel zaken om af te handelen. Tijd om te piekeren zal er zeker niet zijn. De vriendschap tussen ons blijft onveranderd. Niemand, ook haar man niet zal daar tussen komen!

Maar de realiteit werkte toch anders.

Ik wilde er niet meer bij stil staan maar tegelijkertijd liet het me ook niet los.

Elke ochtend dat gepriegel bij die kleine wastafel van het toilet was eigenlijk geen doen.

Ik voelde me niet echt fris als ik bij mijn andere vriendin de auto instapte om naar de cursus te gaan.

Mijn verlangen naar een eigen plek werd met de dag groter. Ik deed mijn best, maar zoals ik zijn er zoveel anderen en moest ik me gewoon aansluiten achterin de rij.

En ik kon niet zomaar weggaan want mijn zoontje ging bij hun in de buurt voor het eerst naar een Nederlandse school en begon net vriendschap te sluiten met enkele van zijn klasgenootjes.

Door mijn cursusdagen zag ik hem nu overdag erg weinig en dus werd het tijdstip van naar bed gaan tegelijk ook ons kort intiem babbeluurtje. Hierna lekker nog even knuffelen. We genoten er beiden van!

Sinds het gebeuren was ik ogenschijnlijk gewoon doorgegaan. Maar zeker in het begin als ik even alleen met hem was en onze ogen elkaar ontmoetten wist ik me op dat moment met mijn houding geen raad. Ik was me dan erg bewust van zijn triomfantelijke blik, die op spottende wijze naar mij uitschreeuwde hoe of hij mij bekeken had terwijl ik daar als een blok ijs bij die wastafel stond. Zoals je toen niets deed, kun jij mij nu ook niets maken.

Het was net alsof alles me dan weer ingepeperd werd en ik mezelf zo stom voelde omdat ik die deur niet op slot had gedaan. Het was de deur gelijk naar hun slaapkamer toe waar ik dus niets te zoeken had, zeker 's morgens niet en er dus dan ook niet kwam. Verdomme, ik voelde me nog schuldig ook. Hij kwam zo zelfverzekerd over. Zo snel als ik maar kon liep ik dan van hem weg terwijl ik ondertussen mijn ogen stevig dicht kneep om zo aan de herinnering van dat vreselijke moment te ontkomen.

Weg, weg! Ik moet hier weg!

Hij was overtuigd van het feit dat niemand dit geheim tussen ons ooit te weten zou komen en gek genoeg geloofde ik dat zelf toen ook omdat ik mijn goede vriendin hiermee zeker geen pijn wilde doen en ik daarnaast of ik wilde of niet zijn hulp toch nodig had om mij wegwijs te maken in al het papierwerk dat op me afkwam.

Bovendien was ik nog helemaal afhankelijk van hem vanwege mijn woonsituatie.

Ik hield me dus stil. Maar op den duur wist hij hierdoor eigenlijk toch niet zo goed wat hij aan me had. Zou ik uiteindelijk toch nog een keer uitvallen of toch niet. Dat maakte zijn positie in zijn eigen huis voor hem onzeker en aan deze onzekerheid moest een eind worden gemaakt. Per slot van rekening is hij onder alle omstandigheden hier de baas en moest ik dus flink onder de duim gehouden worden waardoor hij zich ervan verzekerde dat ik bang geworden niet zou gaan praten. Hij hield me in de gaten!

Het begon mij op te vallen dat hij op een gegeven moment na het gebeuren de trap op kwam lopen met een grote kop thee in zijn hand en zich installeerde achter de computer in de tegenover liggende kamer waar ik in sliep juist wanneer ons gezellig babbeluurtje begon. De deur liet hij altijd open staan. Zodra we zijn voetstappen op de trap hoorden keken we elkaar spijtig aan. Even ongestoord vrij met elkaar praten was er niet meer bij. De indringer, die hij dan op dat moment voor ons was voelbaar aanwezig! Vlug een dikke kus en dan ging ik gauw naar beneden om aan de blik van teleurstelling in de ogen van mijn kind te ontkomen.

Juist voor hem die zijn vader en grote broer toch miste was ons intiem momentje zo belangrijk! Maar ook voor mezelf was dit samenzijn van groot belang. Met een onbevredigend gevoel zat ik dan beneden aan de koffie en sprak mezelf toe om toch maar vooral rustig te blijven. Bedwing die opkomende boosheid. Laat je niet uit je tent lokken. Je moet de rit uitzingen, voor nu zit er niets anders op. Ik voelde me niet alleen gevangen maar daarnaast ook gekooid naar mijn eigen kind toe en dat deed heel veel pijn!

Het weekend ging ik als het kon naar mijn moeder toe. Ze vond het fijn als we er waren ook al was het wel een beetje druk voor haar. Op zondagmiddag tijdens de thee kon ik mijn tranen niet tegen houden. Ze kwamen uit het niets en liepen er gewoon uit. Eigenlijk wilde ik niet meer teruggaan. Ik zag er zo vreselijk tegen op. Ik wilde mijn tranen voor haar verbergen maar dat lukte niet altijd. Ze vroeg nooit naar de reden. Erover praten deed pijn. Ze vroeg alleen ga je deze week weer naar huizen zoeken en ik knikte gedwee van ja. Zonder verder nog een woord te zeggen schonk ze me dan nog een kopje thee in en deed er een extra roomboterkoekje bij. Mijn oude moeder begreep meer dan ik vermoedde.

Met een glimlach op mijn gezicht kwam ik het klaslokaal binnengelopen.
   En is het dit keer gelukt. Ja zei ik stralend. Het huis ziet er prima uit. Maar ook al had het dak duizend gaten dan werd het toch mijn thuis. Ik floepte het er zomaar uit. Ze moesten erom lachen en ik lachte ook mee. Voor hun was het een grapje voor mij was het een uiting van mijn geleden leed.

Drie maanden na aankomst zaten we 's avonds vol trots rondom ons nieuw gasfornuis onder het licht van de afzuigkap en genoten volop van onze eerste warme maaltijd. De sperzieboontjes met rijst en kip smaakten meer dan lekker. Ons leven kon nu echt beginnen. Mijn zoontje hoefde niet naar een andere school. Het leven was weer goed! Al die tijd had mijn goede vriendin geen idee van wat er zich onder haar dak feitelijk had afgespeeld en dat dat de reden was waardoor ons afscheid zo abrupt verliep. Het voelde koud aan juist na alles wat ze voor ons had gedaan. Ik vond het heel erg naar om zo ons verblijf bij hun op deze manier te moeten afsluiten, maar ik kon niet anders. Ik was zo blij dat ik hier weg kon gaan. En het gekke was dat ik ook niet kon doen alsof dat niet zo was. Het moest wel bijna als ondankbaar op haar zijn overgekomen. Liefdevol had ze voor ons klaar gestaan. Ze was ook oprecht blij voor mij dat ik een huis had gevonden. Als vanzelfsprekend nam ze aan dat we samen gezellig zouden gaan winkelen voor de hoogst noodzakelijke spullen voor mijn huis. Iets wat ik onder normale omstandigheden ook graag met haar had willen doen. Samen een feestje bouwen om mijn nieuw gevonden huis te vieren. Ze was dan ook enigszins ietwat teleurgesteld toen ik haar zei dat ik alles al in een keer bij een winkel had gekocht, die de spullen nog dezelfde week kon leveren.
   Op zaterdag konden wij dan gelijk overgaan. Ze hoorde het aan en vroeg niet naar het waarom!

Haar man zat erbij en onthield zich van commentaar. De koffie smaakte me toen niet zo lekker.

Terug van mijn korte vakantie drong het maar langzaam tot me door dat dit me eigenlijk dus twee keer was overkomen. Wat was er toch mis met mij...

Bij het intake gesprek maakte mijn begeleidster mij gelijk duidelijk dat er met mij zeker niets mis is maar juist bij de mannen die zich hieraan schuldig maken. Meestal zijn het ook bekenden van het slachtoffer. Ze opereren op een zodanige manier dat ze haast ongrijpbaar zijn voor de politie.

Je hebt geen tastbaar bewijs zoals kapotte kleding of blauwe plekken en soms ben je ook helemaal niet eens aangeraakt, dus ja wat wil je nou eigenlijk...

Op deze manier wordt dan de indruk gewekt dat het allemaal toch wel meevalt. Eigenlijk is er niets aan de hand en wordt er zo voorbij gegaan aan de emotionele schade die wel is ontstaan.

Ze zoeken ook vaak hun slachtoffer uit en zodra de kans zich voordoet slaan ze toe om zo aan hun gerief te komen. Jammer voor jou dat jij zo goed in hun straatje past.

Het enige wat je voor jezelf nu nog kan doen zijn de meest diepliggende pijnpunten onder ogen durven te komen en aan te pakken. En daar gaat EMDR je bij helpen. Heb er vertrouwen in en dan komt het goed!

Onderweg naar huis moest ik aan mijn badkamerloper denken, de gluurder of ook wel voyeur genoemd.

Toen ik in ons huurhuis was dacht ik echt dat ik die onprettige gebeurtenis achter me had gelaten.

Totdat mijn vriendin uit Amersfoort bij me langs kwam en gelijk na de begroeting vroeg hoe het met me ging. Plotseling kromp ik in elkaar en gooide er ineens uit dat haar man op een ochtend de badkamer bij mij was binnen gelopen. Ze zag de pijn op mijn gezicht en zei zonder meer dat het zeker aanvoelde alsof je verkracht werd. Verrast door haar rake antwoord keek ik haar aan en knikte bevestigend. Mijn diepe pijn, die dolksteek welke mijn ziel geraakt had was door haar gezien en benoemd en dat was voor mij op dat moment genoeg. Hierna smaakte de koffie goed en hadden we er niet meer over gesproken. Meer kon ik op dat moment niet aan en dat zag zij ook. Die nare gebeurtenis was voorbij en bovendien hoefde ik hem nooit meer te zien. Wel mijn goede vriendin. Zij stond hier immers buiten!

Maar het viel me op dat ik soms afwezig kon zijn. Mijn gedachten er niet bij had.

Zo kon ik op straat een bekende tegenkomen, hem of haar aankeek zonder te reageren.

En later dacht ik dan oh ja, dat was die of die. Vreemd, dat was ik eigenlijk niet!

Heel vervelend want zo maakte ik onbedoeld wel een rare indruk.

En dan die keer toen ik voor het eerst langs ging bij mijn nieuwe huisarts.

Ik stelde me voor en vertelde ook dat ik in de nasleep van een moeilijke periode van mijn echtscheiding zat en daardoor bang was dat mijn bloeddruk te hoog was opgelopen.

Terwijl ik sprak was ik me er niet van bewust dat mijn ogen plotseling vuurrood waren geworden.

Het getuigde van een diepe pijn afkomstig van een wond die niet gezien mocht worden. Maar hij zag dat wel en wist dat er meer aan de hand moest zijn dan dat ik vertelde.

Hij controleerde mijn bloeddruk en adviseerde mij dringend om gesprekstherapie te accepteren. Hij kende iemand waarvan hij zeker wist dat ik daar al gauw bij terecht kon. Niet helemaal ervan overtuigd dat ik het echt wel zo nodig had, knikte ik niet direct van ja. Maar hij gaf niet gelijk op en was opgelucht toen ik toch op zijn voorstel inging. Nog diezelfde dag zou hij het in orde maken.

Toen ik bij mij in de lift stapte zag ik in de spiegel hoe rood mijn ogen nog waren. Ik schrok er eigenlijk zelf van.

Nu begreep ik waarom hij zo op me had ingesproken om op zijn advies in te gaan.

Zat mijn echtscheiding me dan toch nog zo heel erg hoog? Iets anders kon ik niet bedenken.

Wat een lieve man dat hij zo met mij begaan was terwijl hij me niet eens kende.

Op den duur viel het me wel ook op dat ik soms ineens afhaakte als ik bijvoorbeeld uitgenodigd werd voor een groot familiefeest waar ik echt naar uitkeek. Ik belde dan kort voor aanvang onder het mom van een ter plekke verzonnen smoes af en had later dan spijt dat ik er niet geweest was.

Ik merkte op dat ik niet meer tegen de vraag kon van hoe gaat het met je vooral niet als het een heel goede bekende van mij was. Ik raakte dan uit mijn balans. Natuurlijk wilde ik gelijk antwoorden dat het goed met me ging en dat was ook zo want ik had mijn leven weer aardig op de rails maar tegelijkertijd voelde ik dat het niet helemaal een correct antwoord was. Maar waarom ik dat zo voelde kon ik niet verklaren.

Tot mijn ontsteltenis hield ik onverwacht soms een plukje haar in mijn hand. Kaalheid door stress. Maar waar kwam al die stress dan toch vandaan vroeg ik me elke keer weer af als de spiegel mij weer een plekje liet zien zonder haar.

Meestal sliep ik goed. Maar er waren van die nachten ertussen waarbij dat me helemaal niet lukte.

De hele nacht door voelde mijn hoofd dan zo gespannen aan dat ik soms dacht dat het ging barsten. De volgende ochtend voelde ik me dan zo geradbraakt dat ik eigenlijk niet wilde opstaan maar dat toch deed omdat mijn zoontje naar school moest gaan.

Maar op één zo'n ochtend lukte het me niet meer. Ik voelde me zo kapot. Ik had de fut niet meer om op te staan en bleef in mijn bed in het donker liggen. Ik was op.

En toen hoorde ik hem met een angstig stemmetje roepen: mama waar ben je, mama waar ben je... Hij was gewend dat ik tegen die tijd al in de keuken bezig was om zijn ontbijt en ook zijn lunch voor school klaar te maken en voelde aan dat er iets niet klopte. Hij stond stil bij mijn deur van mijn slaapkamer maar ik reageerde niet.

Toen liep hij in het donker naar de keuken en weer terug. Mama, mama en voordat hij verder kon roepen zei ik met tegenzin fluisterend ja, ik kom. Hij had me gehoord en bleef roerloos stilstaan, wachtend totdat mijn deur open zou gaan en ik weer bij hem was. Blij dat hij me zag vroeg hij niet verder. Ik ging weer aan de slag niet begrijpend waarom dit toch met mij gebeurde. Dit was ik niet. Waar kwam dit toch vandaan...

Het is mijn kind...

Het is mijn kind dat op mij rekent
Het is mijn kind dat tot mij lacht

Het is mijn kind dat mij komt roepen
Het is mijn kind dat op mij wacht

Het is mijn kind dat mij gaat zoeken
Het is mijn kind dat geeft mij kracht

Het is mijn kind waarvoor ik klaar sta dag en nacht.

Eens op een middag liep ik de HEMA binnen en ging gelijk door naar de restauratie. Met mijn cappucinno in de hand zocht ik een tafeltje op en zag ineens mijn goede vriendin zitten. Ze zat zelf samen met een kennis van haar aan de koffie om zo even bij te komen van een lange fietstocht. Kom er gezellig bij zitten. Dat liet ik me geen twee keer zeggen. Ze stelde me aan haar voor en we raakten gezellig met elkaar aan de praat. Het was echt fijn om mijn goede vriendin weer te zien.

   Een hele tijd geleden had ik haar verteld dat haar man eens de badkamer bij me was binnen gelopen om mij een telefoongesprek door te geven. Toen zij hem hierover aansprak had hij het niet ontkend maar er wijselijk voor hem gelijk aan toegevoegd dat ik zo goed als aangekleed was. Bij een volgende ontmoeting liet ik haar weten dat dat dus niet klopte. We hadden het hier verder bij gelaten en voor een tijd zagen we elkaar daarna niet meer. We wilden elkaar niet kwijt maar eigenlijk wisten we ook niet goed hoe we hiermee verder om moesten gaan.

Tja, dus lieten we het er hier maar bij zitten.

Na dit onverwachte weerzien zagen we elkaar weer wat vaker. Ik liet haar weten dat ik het toen erg had gewaardeerd dat ze mij zonder enige aarzeling gelijk de helpende hand had toegestoken en dat ik op mijn beurt altijd voor haar klaar zou staan. Mijn deur staat altijd voor jou open ook al is het midden in de nacht. Ik had mijn zoon hiervan op de hoogte gebracht en dat begreep hij wel.

Vandaag zou het gebeuren. Ik zou kennis maken met de lichtjes en het daarbij behorend geluid.

Mijn nicht uit Amsterdam had me nog extra gebeld om te zeggen dat er tot nu toe veel positieve resultaten mee bereikt waren. Ze wist dat ik er toch nog een beetje huiverig tegenover stond.

Ik kon gelijk op de stoel voor het bureau waar de lamp op stond plaats nemen. Met de koptelefoon op begon het dan. We gaan eerst de aanranding aanpakken. Stapvoets gaan we weer hier doorheen. Neem in gedachten het begin van een moment wat je toen heel erg heeft geraakt en blijf daar heel geconcentreerd aan denken. Ik deed mijn best maar dat lukte me niet zo goed.

Om mij in korte tijd constant in bedwang te kunnen houden moest hij de handelingen die hiervoor nodig waren razendsnel achter elkaar uitvoeren. En dat lukte hem doordat hij mij totaal had overrompeld en ik helemaal niet begreep wat er ineens gebeurde. Ik verweerde mij dus ook niet. Elke handeling riep bij mij een andere emotie op. Door zijn snelheid van handelen gingen de alle daarbij behorende emoties zonder tussen pauzes vervolgens ook snel achter elkaar door me heen.

Pakte ik een handeling of anders gezegd een beeld met de daarbij behorende emotie dan had ik bij wijze van spreken de volgende handeling of anders gezegd het volgende beeld met de daarbij behorende emotie al weer vast.

Oh jeetje, dat wordt dus niks en ik werd even bang dat zij met de therapie zou stoppen.

Nee, geen paniek! We komen er wel uit. We pakken het gewoon anders aan. Gelukkig!

Voor de volgende keer geef ik je huiswerk mee. Ga stap voor stap door die momenten van de aanranding heen en schrijf daarbij de emotie op welke jij er toen bij voelde. Zo wordt het voor jou overzichtelijker waardoor jij je beter op elk stukje hiervan kan concentreren. Dat klonk goed!

Voordat je gaat proberen we het weer. Neem opnieuw dat moment waarmee je toen begon in gedachten en houd dat vast, concentreer je. Tot mijn verbazing merkte ik dat na afloop die emotie van dat moment een beetje van me af kwam te staan en daardoor minder pijn deed. Enigszins verwonderd keek ik haar aan. Klopt dat? Ze knikte van ja en samen waren we blij dat ik alvast toch iets van wat EMDR met je doet had ervaren. Hoe is het mogelijk? Er gebeurt toch wel iets daar boven in je hoofd...

Vol goede hoop keek ik nu al uit naar de volgende sessie. Het komt goed, troostte ik mezelf.

Dit keer komt het echt helemaal goed!

Ze zag aan mijn open geslagen schrift dat ik mijn huiswerk had gedaan. Mooi en hoe is het verder gegaan? Ik zei dat ik haar tussendoor nog even had willen bellen want ik kreeg het toch weer even te kwaad toen ik de aanranding weer puntsgewijs op papier zette. Het was mooi weer en ik ben een stukje gaan lopen. En al zittend aan het water kalmeerde ik weer. Per slot van rekening heb ik de afgelopen tijd toch al veel voor mezelf op een rijtje gezet. Maar je ziet dan ben ik hier mee bezig en overvalt me alles weer!

Maar tegelijkertijd voelde ik me, denk ik, toch echt al wel weer gesteund door de therapie en kon ik het opbrengen om mijn goede vriendin op te bellen.

Sinds mijn korte vakantie had ik haar nog niet gesproken. De herinnering van toen liet me niet meer los. Ik keek uit naar ons koffie uurtje, maar ik wilde haar van tevoren wel al laten weten waar ik het met haar over wilde hebben. Ik moest het wel met haar over die ochtend dat haar man bij mij de badkamer in was komen lopen hebben. Mijn heftige terugval kon ik niet negeren. Die gebeurtenis verdringen dat kon ik nu niet meer.

Maar ik wilde haar ook vragen hoe zij er mee was omgegaan in de afgelopen jaren.

Toen kon ik haar dat niet vragen. Ik was teveel met mezelf bezig om dit alles ook nog erbij te verstouwen en ik denk dat ik haar verdriet hierover ook niet wilde zien. Ik kon het toen niet aan maar nu wel.

Laten we hierover schoonschip met elkaar maken en dan met elkaar verder gaan.

Als vriendinnen voor het leven, samen oud worden. Dat moet toch kunnen want dat willen we toch ook eigenlijk wel graag. Een Happy End. Een mooie afloop vastgezet op papier. Maar het pakte anders uit! Ze was blij dat ik belde maar kennelijk overviel ik haar met mijn verhaal alhoewel ik het rustig probeerde te vertellen en daarna ook rustig aan haar vroeg om er samen over te praten. Ik wilde haar ook nog zeggen dat ze de tijd kon nemen om hier eerst over na te denken. Maar het idee schrok haar af. Het was al zolang geleden en ik wist zeker niet meer hoe het precies zat. Ze dacht niet dat hij de badkamer echt wel was binnengelopen en anders had hij zich gelijk teruggetrokken. Het deed mij pijn om dit aan te horen. Het was duidelijk ook voor haar nog een eng verhaal. Ze adviseerde me om dringend met een psycholoog te gaan praten en toen hing ze op.

Einde gesprek!

Ik kon niet anders dan haar een brief schrijven om haar te laten weten dat ik begrip heb voor het feit dat ze achter haar man gaat staan. Zo'n verhaal wil je niet naar buiten brengen. Maar zeg me niet dat ik het me zeker niet meer zo goed herinner en dus eigenlijk zou liegen als ik er anders over praat. Hoe jij met jouw man hiermee omgaat dat is een zaak tussen jullie beiden. Daar sta ik helemaal buiten maar respecteer mij wel. Zeg me niet dat ik na zoveel jaar het me waarschijnlijk niet meer zo goed kan herinneren. Zeg me niet dat ik de waarheid niet vertel. Mijn terugval was echt heel erg heftig. Dat gebeurde niet zomaar!

Of ik wilde of niet ik moest wel inzien dat onze vriendschap in een ander daglicht was komen te staan. Accepteren dat wat er eens was geweest nooit meer terug zou keren. Triest, ik ben er zo somber van. Hoe heeft dit toch kunnen gebeuren. Ik keek mijn begeleidster aan. Je zit in een rouwproces. Dit verloren gaan van deze vriendschap valt je erg zwaar! Ja, zo voelt het voor mij ook echt aan temeer daar de oorzaak niet bij ons zelf ligt. Wij beiden hebben dit nooit gewild.

Maar thuis gekomen raakte ik ineens hevig in paniek. In die tijd was het helemaal niet in me opgekomen om naar de politie te gaan. Ik had ook nog geen eigen huisarts.

Als er iets was dan kon ik tijdelijk bij hun huisarts terecht.

Die Brief met het woord laster schoot me ineens te binnen en ik raakte helemaal van streek.

Ik moest nu gelijk dit aan de zedenpolitie vertellen. Stel je voor dat mijn goede vriendin nu officieel aangifte tegen mij doet vanwege laster omdat haar man het niet meer kan. Dat is de wereld op zijn kop. Ik had het niet meer!

Nu, nu, nu moet ik met de zedenpolitie praten. Dit is nu voor mij een zaak van leven of dood! Ik draaide het nummer om aangifte te doen en nam zonder er verder bij na te denken aan dat het de zedenpolitie was en begon gelijk met mijn verhaal.

Per slot van rekening mocht er na twintig jaar geen minuut, nee geen seconde meer verloren gaan om mij aan te horen. De agent probeerde mij te kalmeren maar ik ratelde maar door. Totdat hij mij eindelijk kon duidelijk maken dat ik niet met de zedenpolitie sprak maar hij mijn verhaal wel aan hun later zou doorgeven. Oh, even was ik teleurgesteld maar dat hij me zei dat hij echt alles zou doorgeven maakte dat weer goed. Ik heb het hier heel kort op papier staan. Kunt u dat noteren?

Als het echt heel kort is dan doe ik dat. Gelukkig hij geeft me nog niet op. Dus daar gingen we. Ik sprak en hij noteerde. Maar als je mij goed kent dan heb ik altijd nog een paar woorden extra nodig om mij uit te drukken en daar kwam hij gauw achter. Helemaal toen ik eraan toevoegde dat het me twee keer was overkomen en het toch niet zo kan zijn dat ik op een of andere website voor getrouwde, oudere, gepensioneerde mannen voorkom. Met de belofte om alles echt door te geven maakte hij aan dit gesprek gauw een einde.

Maar goed ook want ik had het ook helemaal gehad! Maar ik had mijn zegje gedaan en nu maar afwachten of het ook van enige betekenis zou zijn. Wat er ook gebeurt mijn verhaal kan ik niet meer binnen houden. Ik moet het gewoon vertellen zodat ik mezelf er niet meer in gevangen voel.

Het moet er nu uit!

Mijn begeleidster keek me goedkeurend aan. We zitten op de goede weg. Samen gaan we er weer tegen aan. Het deed me goed dat ze zo tot me sprak. Ik stond er niet alleen voor in dit proces waar toch meer moeilijke puntjes naar buiten moesten komen. Haar hulp had ik gewoon echt nodig!

We gaan verder met jouw buurman. Er zit daar zeker nog emotie wat er uit moet. Stilletjes vroeg ik me af welke emotie dat deze keer zou zijn. Laat de lichtjes maar hun werk doen. Die weten er wel raad mee. Onbevreesd gaf ik me aan hun over.

En voordat ik er erg in had ging bij mij de kraan weer open en werden de lichtjes stopgezet.

Kun je me vertellen wat er nu door je heengaat. Ik keek haar aan. Ik kon het niet gelijk zeggen maar het beeld met de daarbij behorende emotie liet me niet los. Walging om een smerig gevoel. Met een van afschuw vertrokken gezicht antwoordde ik uiteindelijk dat het gaat om het beeld waarbij je ervaart hoe hij op je kickt. Ik kon nog niet zeggen op mij kickt. Dat was nog even te dichtbij. Onbeholpen keek ik haar aan. Dit is iets wat ik liever niet echt wil zeggen. Als therapeut begreep ze dat heel goed. Daarom was ze ook oprecht blij voor mij dat dit gebeurd was. Ze begreep de schaamte die me eerst belette dit uit te spreken. Het is zo vernederend dat iemand je op deze manier misbruikt. Geen enkel mens mag dit overkomen. Geen enkele ouder wil dit voor zijn kind. Mijn vader zou zich onmiddellijk in zijn graf omdraaien als dit hem ter ore zou zijn gekomen. Terwijl ik dit opschrijf realiseer ik me wel dat er juist ook vaders zijn die hun eigen kind belagen.

Verdomme, hij schroomde er zelfs niet voor terug om mij te grijpen terwijl mijn twee zonen, jong volwassen mannen zo dichtbij me stonden. Dat zal de spanning voor hem wel hebben opgevoerd en zijn kick gevoel hebben vergroot. Zijn snelheid van handelen hebben uitgedaagd.

Hij zei toen geen woord omdat er natuurlijk uiterste concentratie van hem werd gevergd om alles in heel korte tijd voor elkaar te krijgen zonder gestoord te worden. Wat een goorling ben je toch!

Geen moment heeft hij gedacht aan hún pijn, aan hún schaamte, aan hún vernedering en aan hún onmacht dat ze mij, hun moeder niet hebben kunnen beschermen tegen zijn smerige praktijken, terwijl ze al een zeer pijnlijk echtscheidingsproces van hun ouders achter de rug hebben. En als hij ze tegenkomt dan groet hij ze alsof hij nooit iets heeft gedaan wat hun zou schaden. Hij walst gewoon over hun heen. Toont geen enkel berouw. Uit fatsoen groeten ze kort terug. Tja, wat moeten ze anders. Het is gewoon ongehoord. Verdomme! Hij, de psycholoog die juist een goed en respectabel voorbeeld voor hun zou moeten zijn.

En zo'n oude, getrouwde, gepensioneerde smeerlap krijg ik dus niet voor de rechter.

Maar goed, als slachtoffer van zijn aanranding moet ik dit kick moment toch eens onder ogen komen om mijn aanranding zelf goed te kunnen verwerken.

Maar weet je terwijl ik je dit zeg, voel ik naast die afschuw ook gelijk een intense boosheid dat hij op me kickt. Dat hij zo dicht op me is en zichtbaar geniet van al mijn emoties welke zijn snelle handelen achter elkaar bij mij oproept en waar hij zich nu Heer en Meester over voelt. Ik wil niet dat hij mij zo totaal weerloos ziet. Daar heeft hij het recht niet toe. Geniet niet van mijn ontzetting en mijn onbegrip van wat er nu toch met mij gebeurt, de schok die door mij heengaat, mijn paniek, mijn radeloosheid, mijn ongeloof, mijn roep om hulp die niet gehoord wordt want ik voel me verlamd door een enorme angst die mij overspoelt en waardoor hij weet dat hij verder kan gaan en dus niet stopt maar doorgaat. En mijn nek die vast zit in een ijzeren greep waar ik dus niets, maar dan ook helemaal niets van begrijp maar ik daardoor wel moet ondergaan wat hij op dat moment met me doet.

Langzaam maar zeker komt hij op mijn gezicht af. Nee, nee, nee dat niet! Tongzoenen! Ik moet mijn mond in veiligheid brengen. Ik wenste vurig dat ik mijn hoofd nu kon optillen en in de verste hoek van de kamer kon neerzetten. Jeetje, wat gaat er allemaal op zo'n moment toch wel niet door je heen... En al die tijd zegt hij geen woord maar blijft mij strak aankijken om mij in zijn ban te houden, waardoor ik onwillekeurig moet denken aan Mowgli en de slang Kaa.

Vervolgens als hij mij dan uiteindelijk tegen zijn zin in los moet laten en ik wel in de lucht kan springen van blijdschap omdat ik mijn hoofd weer kan bewegen, is het net alsof ik ineens in een onzichtbare bubbel terecht ben gekomen waarbij ik me in volle verbazing afvraag of er zo juist nu echt wel iets wat niet door de beugel kan of zo juist echt wel iets dat juist wel door de beugel kan, is gebeurd.

Eigenlijk wil ik het niet tot me toelaten dat hij mij net iets smerigs heeft aangedaan. Ik wil het niet maar ik kan ook eigenlijk niet bevatten wat er net allemaal met me is gebeurd. Het is ook eigenlijk te eng om dat te geloven. Nee, zoiets doet mijn buurman niet. Zover zal hij zeker niet gaan. Per slot van rekening ben ik jarig en kwam hij mij alleen maar feliciteren. Nee, misschien heb ik wel een bepaalde handeling gedaan die hij verkeerd heeft opgevat.

Mijn alarmbellen waren helemaal uit beeld.

Ik zal hem laten zien dat ik hem alleen maar uit beleefdheid voor zijn gele tulpen wil bedanken.

Meer niet. Dus buig ik me voorover om hem op zijn andere wang de tweede zoen te geven waarbij hij ineens verschrikt als reactie hierop met zijn handen omhoog gelijk achteruit loopt. Hier had hij dus nooit rekening mee gehouden. Een miscalculatie van zijn kant. Maar ik begrijp juist hier weer niets van. Waarom loopt hij nu van me weg? Ik bedank je toch alleen maar voor jouw gele tulpen. Een zeer verwarrend moment waar ik toen niet uitkwam. Ik begreep mijn eigen handelen niet omdat ik zijn gele tulpen eigenlijk maar bleef zien als een felicitatie en niet als een aanranding ook al werd ik door hem aangerand. Zijn gele tulpen hadden mij helemaal op een verkeerd spoor gezet en pas op die maandag viel het kwartje echt goed en werd die aanranding ook echt een voldongen feit!

Achteraf gezien is dit natuurlijk een zeer logische reactie van hem. Door mij die gele tulpen te geven is hij er zo goed als van verzekerd dat ik voorover zal bukken om hem te bedanken met een zoen op zijn wang. Op deze manier weet hij mij van dichtbij te benaderen en ligt zijn doel binnen handbereik. Zijn overwinning bestaande uit tongzoenen is zo goed als zeker al een feit. Daar verwacht hij van mij beslist geen bedankzoen voor.

Maar op het laatst loopt alles toch anders af. Des al niet te min weet hij dat hij mij net heel bewust heeft aangerand om mij kapot te maken en mij zo ook berooft van mijn nieuw geluk waar ik hem dus nu uit beleefdheid voor ga bedanken. En als zijn missie helemaal zou zijn geslaagd wat zou hij zich dan elke keer verkneuterd hebben als hij me zag en wist hoe kapot ik van binnen was.

Vernederd tot op het bot! Ik lijk wel gek! Ik schaam me dood!

En dan te bedenken dat deze man samen met zijn vrouw bij mij thuis met zijn zelf gebakken koekjes gezellig op de koffie kwam... Wat bezielt zo'n man!

En dan maar liegen, steeds maar liegen; het lijkt net alsof zijn hele leven steeds maar om liegen draait enkel en alleen maar om zijn duistere kant uit de schijnwerpers te houden.

Deze duistere kant die volgens mij zeker al vroeg in zijn jeugd is ontstaan.

De ontdekking dat buurvrouw Klazien steeds bij oom Koen naar binnenging als zijn vrouw boodschappen ging doen en het huis weer verliet vlak voordat zijn vrouw terugkwam, had zijn nieuwsgierigheid gewekt. Maar hij kon daarover niet praten. Dat voelde hij wel aan.

Daarnaast een strenge opvoeding en het inprenten dat bij slecht gedrag het hellevuur niet ver weg is dreven zijn seksuele driften een verkeerde kant op.

Een kant die hij wilde ontdekken maar die niemand mocht zien.

Een kant die hem nooit heeft verlaten.

Dikke pech voor hem dat hij mij te grazen heeft genomen.

Hij had als vanzelfsprekend aangenomen dat angst en schaamte mij de mond wel voor altijd zouden snoeren en nooit een moment gedacht dat ik op een dag aan het schrijven zou gaan.

Weer een miscalculatie van zijn kant. Hè, wat vervelend toch...

Toen ik me goed realiseerde hoe de vork in de steel zat voelde ik me zo rot.
Wat kan een mens toch diep zinken.
Ze had me al die tijd rustig aangehoord. Knoop wat ik je nu zeg goed in je oren.
Net zoals veel slachtoffers doen, zoek jij ook de schuld bij jezelf. Dit brengt je in verwarring. Dat is een trieste zaak. Maar je hebt geen schuld. Helemaal niet dus verwijt jezelf ook helemaal niets!
De schuld ligt helemaal bij hem en niet bij jou. Vergeet dat nooit. Uitgeput leunde ik met mijn ellebogen op het bureau en hield mijn hoofd met beide handen vast. Ik kneep mijn ogen heel even samen ten teken dat ik haar gehoord had. Ik had geen puf meer om te praten. Ik was er helemaal doorheen. Ze zag dat er bij mij niets meer bij kon. We laten het voor vandaag dan ook maar hierbij!

Niet jij kiest de weg, de weg kiest jou
Vele wegen kent het leven, maar van al die wegen
is er een die jij te gaan hebt.
Die ene is voor jou. Die ene slechts.
En of je wilt of niet, die weg heb jij te gaan.
De keuze is dus niet de weg, want die koos jou.
De keuze is de wijze hoe die weg te gaan.
Met onwil om de kuilen en de stenen,
met verzet omdat de zon een weg
die door ravijnen gaat, haast niet bereiken kan.
Of met de wil om aan het einde van die weg
milder te zijn, en wijzer, dan aan het begin.
De weg koos jou, kies jij ook hem?

De wil om aan het einde van die weg milder te zijn en wijzer, dan aan het begin die is er ook al word ik geregeld uitgedaagd om mijn waarheid in twijfel te trekken.

Het is triest en tegelijk ook beangstigend om te zien en om mee te maken hoe men op welke wijze dan ook de schuld toch bij mij neer wil leggen en ook neerlegt.

Maar tegelijkertijd ervaar ik op deze weg ook geweldige steun van mensen die wel in mij geloven.

Dit gedicht kreeg ik opgestuurd van mijn vriendin uit Arnhem. Het is een gedicht van Hans Stolp.

Steeds als ik dit gedicht lees hoor ik in gedachten haar stem die mij verzekerd van haar oprechte en liefdevolle steun welke mijn hart verwarmt en zo mij versterkt om verder te gaan.

Bij de daarop volgende sessie vertelde ik haar hoe krachtig EMDR bij mij doorwerkt. Hoe kleine zeer pijnlijke pijnpunten ineens naar boven komen van zowel de aanranding als van het badkamergebeuren.

Vertel me dan wat er door je heengaat als jij jouw buurman nu weer tegenkomt.

Onverwacht verscheen er een kleine glimlach op mijn gezicht. Een glimlach die me zelf verraste.

Weet je nog dat ik schreef dat hij al spottend haha tegen mij riep en hoog boven mij uit toornde in de lucht?

Wel, nu antwoord ik hem met hahaha. Mij maak je niets meer. Nu toorn ik hoog boven jou uit!

Want weet je, ik liep laatst de trap af en wie kwam mij weer eens achterna.

Precies, het was mijn buurman die boven aan de trap bleef staan en naar mij keek.

Hem daar zien staan deed me niets meer. Ik draaide me om en liep rustig door naar beneden. Volgens mij kwam hij niet eens de trap af. Waarom hij daar ineens stond is me nog een raadsel.

Ik laat me niet meer gek maken door hem. Vandaar mijn hahaha! Hoor je dat? hahaha.

Dit is heel goed van jou. Houd dit vast en je bent eruit.

Ja, ik voel echt dat er steeds meer afstand komt tussen mij en dat hele gebeuren.

Eindelijk alles durven en kunnen benoemen en uitspreken dat lucht me enorm op.

Zonder schaamte alles durven zeggen dat geeft mij een enorm bevrijdend gevoel.

Het is net alsof ik herboren ben, ontdaan van dat smerige kick gevoel.

Mooi zo!

Vertel me dan nu hoe jouw herboren zijn eruit ziet ten opzichte van de man van jouw goede vriendin.

Wel voor mezelf is dat nog steeds een ongelooflijk verhaal dat juist hij zijn duistere kant aan mij liet zien terwijl ik bovendien nog bij hun in huis was. De gedachte hieraan was voor mij erg beangstigend temeer omdat ik daar verbleef met mijn kind en ik hiermee geen kant op kon en dat wist hij. Ik was nog volkomen afhankelijk van hem. Ik had nog geen eigen woonruimte. Ik kon niet weg en had geen idee hoe lang deze situatie nog zou duren. Dit afwachten werd voor hem ook erg onplezierig omdat hij dus steeds in onzekerheid verkeerde of ik nu wel of niet een keer zou uitvallen. Ik moest dus stevig onder de duim gehouden worden en dat deed hij door mij een gevoelige klap uit te delen. Mijn knuffelmomentje met mijn kind ging er dus aan. Hij wist heel goed hoe diep dit mij raakte. Tegelijkertijd verzekerde het hem ook dat ik de komende tijd wel zou zwijgen. Zijn vrouw, mijn goede vriendin had niets door. Dat wist ik zeker en hij ook!

Maar trouwens wie zou mij toen hebben geloofd. Ik zou meer gezien worden als een ondankbaar schepsel die wel willende vrienden in opspraak wil brengen. Vreselijk! Ik probeerde zoveel mogelijk normaal te functioneren terwijl ik ondertussen wel steeds op mijn hoede bleef.

Niet alleen had ik dit badkamergebeuren volledig geblokkeerd maar uit respect naar mijn goede vriendin toe die toen zonder enige aarzeling voor me klaar stond kon ik hem, haar man dus nooit een klootzak noemen of nog erger. Dat kon ik gewoonweg niet. Maar ook het idee dat zij met zo iemand getrouwd is, zo iemand die haar zo vreselijk besmeurt, dat wil er eigenlijk bij mij ook niet in. Dat overkomt een ander maar niet mijn goede vriendin. Daarnaast vond ik het moeilijk om hun jong volwassen zoon en dochter onder ogen te komen. Ik had deze kant van hem niet willen weten. Alleen als mijn goede vriendin mij er in vertrouwen over had verteld. Maar dan zou ik haar zeker hierin hebben willen bijstaan. Er voor haar willen zijn. En nu met deze therapie schreef ik het woord op een middag bij mij thuis ineens zomaar op. Klootzak!

Het voelde aan als een soort van heiligschennis want ik bracht immers het heimelijk gebeuren tussen haar man en mij nu naar buiten en dat voelde aan als verraad voor al naar haar toe maar tegelijkertijd was het een bevrijding voor mezelf.

Mijn hemel, waarom heb je dit niet alleen mij maar daardoor ook haar dit aangedaan.

Waarom heb je dit ons aangedaan? Waarom? Waarom? Waarom dan toch...

Wil jij mij soms duidelijk maken dat jouw vrouw, mijn goede vriendin zonder meer enkel en alleen maar jou toebehoort en de jarenlange, onvoorwaardelijke en oprechte vriendschap tussen haar en mij daar ondergeschikt aan is en dat dan op deze manier onder druk zet...

Of omdat de kans zich ineens voordeed om toe te slaan en jij er geen weerstand aan kon bieden...

Omdat ik op deze vraag nooit van hem een antwoord zal krijgen kwam al mijn opgekropte boosheid via het woord klootzak plotseling naar buiten en bleef ik dit steeds maar herhalen.

Klootzak, klootzak, klootzak, klootzak, klootzak, klootzak. Ik schreef dit woord keer op keer op en onbewust sprak ik het ook zachtjes uit.

Totdat ik mezelf ineens hardop KLOOTZAK hoorde zeggen. Ik schrok ervan. Maar toen pas drong alles goed tot me door en volgden de woorden smeerlap en goorling. Net zo iemand als mijn buurman. Want dat was hij ook! Net zo erg! Deed mijn buurman het terwijl mijn zonen heel dicht bij mij stonden, deed hij het terwijl mijn goede vriendin daar heel dichtbij lag te slapen. Reden genoeg voor mij om niet te schreeuwen. Twee oude vieze smeerlappen! Dat mij dit is overkomen...

Ik kon er maar geen genoeg van krijgen. Onophoudelijk stroomde het water van de douche over mij heen. En elke keer nam het de herinnering aan die steeds terugkerende minzame blik met daarin die starende ogen, die mij zo intens bekeken, met zich mee het afvoer putje in.

Verkwikt kwam ik naar mijn gevoel uren later onder de douche vandaan. Schoon, wat voelde ik me schoon. Ik was herboren door mezelf eindelijk te ontdoen van die sluier, het jarenlange zwijgen, door het kwade bij de naam te noemen. Mijn rode ogen begrijp ik nu nog veel beter.

Ik was erg kwetsbaar toen ik pas terug was uit Amerika. Mijn echtscheiding kon niet uitblijven. Ik vond dat ik hierdoor erg tekort was geschoten naar mijn kinderen toe. Ik had ook heel sterk het gevoel dat ik ernstig gefaald had in mijn huwelijk. Maar ik was nooit vreemd gegaan. Mijn lichaam en mijn eergevoel behoorden mij nog steeds toe. Ik bepaal met wie ik dat deel. Dat was mijn trots en dat had hij tegen mijn wil in van mij afgepakt.

Door het badkamergebeuren was ik onbewust in een stress beland, die je in het dagelijkse leven soms terug kon zien aan mijn mankepoot. Problemen zoals mijn haarverlies, het soms afwezig zijn, afhaken en af en toe een nacht waarbij ik geen oog dichtdeed waren uittingen hiervan.

En heel af en toe weerspiegelde deze stress zich in mijn rode ogen.

In het begin liep mijn mankepoot met me mee om mijn leven weer op de rails te krijgen maar toen ik dat voor elkaar had sloeg mijn mankepoot verwoed om zich heen omdat de stress die hem omgaf nog niet verholpen was. Mijn eergevoel, mijn trots was nog lang niet hersteld. Mijn mank lopen nam toe. Hernieuwde contacten kwam ik vaak zonder uitleg niet meer na.

Mijn vriendenkring werd daardoor steeds kleiner.

De vraag hoe gaat het met je bracht mij nog steeds van mijn stuk. Helemaal als een familielid of een bekende dit aan mij vroeg. Een onderliggend gevoel van een schaamte, van een onbehagen weerhield me van een volledig goed. Ik voelde me eigenlijk niet compleet als persoon. Ik was niet helemaal de echte Efiena ook al was dat niet altijd zichtbaar voor een ander. Er ontbrak een puzzelstukje aan me.

Maar gek genoeg wist ik dus zelf niet om welk puzzelstukje het precies ging. Wel een stukje dat ik heel erg miste. Iets ondermijnde mij, wist ik maar wat.

Ik dacht niet meer aan de man die eens de badkamer bij mij binnen was komen lopen.

Een man met ook een duistere kant wiens lange arm mijn leven bleef aanraken en in wiens hand dat ontbrekende puzzelstukje van mij toen nog lag.

Een man zonder eergevoel, iets wat ik juist wel had en dat hij mij had ontnomen.

Mijn mankepoot voelde op den duur loodzwaar aan.

Mijn haar begon weer uit te vallen.

Een man kruiste soms mijn pad.

Het was een man die mijn hart weer sneller liet kloppen.

Het verlangen kwam omhoog maar daarmee ook een onverklaarbare angst.

Misschien was het toch beter om te stoppen...

Ik moest ineens ook denken aan die vraag welke mijn toen bijna exman mij toen onverwacht vroeg of ik toch niet terug wilde gaan naar Amerika. Ik keek vreemd op en antwoordde van nee.

Hij zei verder niets en ik ging er verder ook niet op in.

Misschien was het badkamergebeuren hem wel ter ore gekomen en wilde hij mij op deze manier een uitweg aanbieden.

Hij was een paar dagen voor zaken in Holland ten tijde dat ik het huurhuis aangeboden kreeg.

Het is al zolang geleden. Het antwoord hierop zal ik ook wel nooit te weten komen.

Ik herinner me nog heel goed dat ik in het begin van mijn verblijf mijn goede vriendin en haar man, naast dat ik ook meebetaalde met de wekelijkse uitgaven als dank ook een oppasweekendje had aangeboden zodat ze gezellig samen onverwacht erop uit konden gaan. Ik zorgde dan voor hun huis en hun huisdier.

Beiden vonden dat een leuk idee en wilden daar graag gebruik van maken.

Maar er waren al bijna twee maanden voorbijgegaan en er was nog steeds niets van gekomen.

Ik wist dat mijn goede vriendin nog graag weg wilde maar haar man leek niet meer zo enthousiast. Waarom was me op dat moment niet echt duidelijk.

Na nog een keer vragen kwam het er toch van. Toevallig viel hun weekend samen met het bericht voor mij dat ik een huurhuis kreeg aangeboden. Hun zoon zou met me meegaan. We moesten eerst de sleutel op halen en daarna konden we het huis gaan bezichtigen.

Opgewonden kwam ik de trap af om in de hal mijn schoenen aan te trekken. Maar toen ik de deur ernaar toe open deed wist ik niet wat ik zag. De plank waar altijd alle sleutels op lagen was zo goed als leeg. Hè, waar zijn al die sleutels gebleven vroeg ik me in stilte af. Hier weet ik niets van. Wat is er hier aan de hand? Voor zover ik wist zou alles gewoon op zijn plaats blijven staan. Dat deed heel erg onprettig aan. Mijn goede vriendin weet toch dat ik niets met die sleutels ga uitspoken.

Nog nooit was ik zo openlijk neergezet als zijnde onbetrouwbaar. Ik was tot in mijn ziel geraakt!

Ik kan me niet voorstellen dat zij dit heeft gedaan. Het kan niet anders dan dat het van haar man afkomstig is. Mij neerzetten in de ogen van zijn zoon als een dief. Iemand die rond gaat snuffelen. Wees op je hoede! Pas op voor haar!

Ik schaamde me de ogen uit mijn hoofd toen ik hun zoon zag staan. Wat moest hij wel niet van mij denken.

Het leek erop dat zijn vader hem van zijn bedenkingen over mij had kunnen overtuigen en zijn zoon liet zich voor zijn karretje spannen. De sleutels waren nu vast en zeker in het beheer van hem terwijl ik op het huis zou passen. Ik die de leeftijd van zijn moeder had en hij die net iets ouder was dan mijn eigen oudste zoon en die ik nu om een sleutel moest vragen. Verbeeldde ik het me of keek hij me net ietwat spottend aan?

Ik was diep in mijn waarde aangetast. Dit kon je toch niet maken! Ik voelde me ook echt beledigd.

Het kon niet anders dan dat hij mij uit voorzorg goed zwart had gemaakt bij zijn zoon.
Stel je voor dat ik zijn zoon iets lelijks over hem zou vertellen. Dat moest hij kost wat kost zien te voorkomen. Zijn manier om mij toch onder de duim te houden terwijl hij afwezig was door mij weer een gevoelige klap uit te delen. Ik had nu spijt dat ik dit oppasweekendje ooit had aangeboden.

Terwijl ik de autogordel omdeed had ik het huis in wat voor staat het zich dan ook moge bevinden in gedachten al geaccepteerd en was al bezig met de verhuizing.
"Maar ook al had het dak duizend gaten dan werd het toch mijn thuis."

Eens had ik dit sleutelverhaal heel even in het kort aan mijn goede vriendin verteld maar het klonk haar onbekend in de oren. Ik denk dat zij al in de auto zat toen de sleutels weggehaald werden.
Heel naar dat dit er ook nog bij kwam kijken!
Weet je, volgens mij toont deze man een sterke minachting voor sterke vrouwen.
Als enig kind is hij ouderwets en streng opgevoed door zijn moeder, een grote dominante vrouw.
Haar wil was wet! Nooit gedacht dat hij mij vanuit zijn duister een kopje kleiner wilde maken.

Je hebt met jezelf schoon schip gemaakt. Mijn begeleidster knikte me bemoedigend toe.
De volgende keer gaan we dit afronden.
Moest ik de andere keren na afloop toch even in de hal aan de lange tafel gaan zitten om nog even bij te komen van zo'n sessie, nu liep ik met een bevrijdende lach op mijn gezicht gelijk door naar buiten. Met behulp van die lichtjes, voor mij mijn wonderlichtjes kon ik nu weer mezelf zijn en zonder schaamte en angst aan een ieder mijn met goud omrande lidtekens laten zien!

Sinds het lezen van die Brief was er altijd een brandende vraag van mij aan de briefschrijfster blijven hangen. Eindelijk voelde ik me sterk genoeg om die aan haar te vragen zodra ik haar weer tegen kwam. En dat was op een ochtend beneden bij de lift. Het was goed om elkaar na enige tijd weer te zien en we raakten aan de praat. Ik vertelde haar dat ik binnenkort mijn EMDR therapie beëindig en dat het mij goed heeft gedaan.

Ze kende deze therapie en wist ook dat het goede resultaten opleverde.

Als je het niet erg vindt wil ik het nog even over die Brief hebben. Het is nu al ruim anderhalf jaar geleden en tot op de dag van vandaag heb ik nooit een officiële aanklacht vanwege laster van de politie ontvangen terwijl hij, mijn buurman die toevallig echt net uit de lift kwam lopen en in het voorbijgaan een groet liet horen waarop zij vriendelijk terug groette en ik niet, toch ten stelligste beweerde dat hij toen de waarheid sprak.

Maar los van dat heb ik me altijd afgevraagd hoe jij die zo zeer beledigende en daarnaast zo zeer vernederende zin naar mij toe hebt kunnen opschrijven terwijl ik duidelijk had gemaakt dat ik slachtoffer was van een aanranding waarvan hij de dader was.

Mijn vraag bracht haar duidelijk van haar stuk.

Licht blozend en iets zeggend over een gevoel dat ik eruit haalde maar dat niet op die manier zou zijn bedoeld liep ze de openstaande lift achterwaarts langzaam naar binnen.

Ik antwoordde haar dat ik afga op hetgeen wat er geschreven staat. Ze zei nog iets maar dat verstond ik niet zo goed en kon er dus ook niet op reageren. Maar waren er nog andere mensen bij?

Mensen van het Bestuur? Had ik dat nog wel goed opgevangen? Het was niet mijn bedoeling om haar in het nauw te drijven en dus liet ik het er maar hierbij.

Ik had het gewaardeerd dat ze haar steun middels een briefje met daarop geschreven dat het wapen van het woord sterker is dan dat van de kogel, toen aan mij had kenbaar gemaakt.

Maar op deze manier liet ze me wel twee uiterste kanten van haar handelen zien.

Ik vroeg mij dan ook af of er toch sprake is geweest van groepsdruk en daardoor angst om voor je eigen mening uit te komen. Had dit echt alleen maar met de goede sfeer te maken of was er misschien toch ook iets anders aan de hand? Wat leverde het haar echt op om deze onprettige klus te klaren. In ieder geval stond de groep zo wel bij haar in het krijt. Wat voor voordeel lag er dan voor haar in het verschiet. Ik dwaal af. Ik moest er niet zo diep op ingaan. Maar ondertussen kreeg ik dus nog steeds geen goed beeld van wat er zich toen die ochtend bij haar tussen een ieder precies had afgespeeld. Mijn brief had in ieder geval wel voor commotie gezorgd. Dat was duidelijk.

Voordat ik toen op die bewuste zaterdagochtend bij haar die Brief begon te lezen had ze mij met een opgewonden stem verteld dat zijzelf deze Brief had opgesteld namens de groep.

Niemand, dus ook hij niet wilde dit eigenlijk doen. En dat had haar juist aan het denken moeten zetten. Hij wist dat ik de waarheid sprak maar hij keek wel uit om dit, als ook de ontkenning hiervan op papier te zetten. Helemaal met de hele groep om zich heen. Daar maakte hij zijn handen niet aan vuil terwijl ik duidelijk had opgeschreven dat hij mijn aanrander was.

Hij loog openlijk tegen haar en tegelijkertijd ook tegen de groep. Met open ogen liep zij in zijn leugen-valkuil. Een vies spelletje spelen daar was hij dus in het geheel niet vies van. Voortaan zou zij nu wel namens de hele groep verantwoordelijk zijn voor die Brief. Zij zou degene zijn die op de inhoud van de Brief zou worden aangesproken. Daar had hij dus geen last van. Hij had het goed voor elkaar ten koste van haar!

Daarnaast omdat die Brief een groepsgebeuren was, waar hij dus ook bij hoorde, functioneerde de groep ook als een uitstekende dekmantel voor hem.

Hij had het dus ook goed voor elkaar ten koste van de groep.

Verder zou de inhoud van de Brief mij wel temmen.

Dus ook hier had hij het goed voor elkaar ten opzichte van mij.

Hij en zijn leugen waren aan alle kanten gedekt. En ik kon barsten!

Uiteindelijk had zij haar diensten aangeboden. Het was vast een omhelzing waar ik een aanranding van had gemaakt. Zelfs een verre herinnering aan die NS avond hield haar niet tegen.

Ze had zich verdiept in het woord laster want laten we eerlijk wezen, het ging dan vaak om zaken die tot in de rechtszaal eindigen en daar zit niemand op te wachten. Degene die hiervan verdacht werd, ik dus, moest goed weten dat er ernstige consequenties aan verbonden waren en ophouden om hem maar steeds te blijven beschuldigen.

Ze had me dus een belangrijke boodschap te vertellen en met deze uitdaging in gedachten is ze toen aan die Brief begonnen en was ze zichtbaar trots op het resultaat.

Een belangrijk gegeven had ze echter hierbij over het hoofd gezien. Met de informatie van de zedenpolitie had de Brief er zeker anders uitgezien. Maar waarom was ze ook niet even bij mij langs gelopen. Per slot van rekening had ik om hulp gevraagd en eigenlijk dus ook verwacht om bij dit gesprek aanwezig te zijn.

Haar opgewonden toon deed mij toen vermoeden dat het om iets spannends ging.

Verwachtingsvol keek ik dus uit naar het moment om deze Brief te gaan lezen. Zou het gelukt zijn om hem te overtuigen dat hij voortaan in overleg met zijn mede-buren te werk moet gaan en niet zomaar iets in zijn eentje voor de verdieping kan beslissen en uitvoeren. Zo was dan het geuren probleem in ieder geval alvast weer van de baan. Ik wist dat hij dit het liefst aan zijn laars zou lappen en zeker niet gelijk hiermee zou instemmen. Ik was dus heel erg benieuwd hoe ze hem toch op andere gedachten hadden gebracht. Daarom had ik er juist ook bij willen zijn. Dat die Brief zo'n andere wending had gekregen kon ik tot op dat moment dus niet vermoeden.

En daarom kon ik mijn ogen ook niet geloven toen ik deze Brief gelezen had. De Brief was juist een klap in mijn gezicht. Als één man hadden ze zich achter hem geschaard en samen hadden zij zich tegen mij gekeerd. Dat op zich was al erg schokkend voor mij want als je me goed kent dan weet je dat ik nooit iemand zonder reden van iets ernstigs zou beschuldigen. En dan kwam die diepe vernedering daar nog bovenop. Het woord laster zou ik mijn verdere leven lang nooit meer vergeten. Ik was erg teleurgesteld in haar. Ze had de tijd gehad om deze Brief te overdenken en te herschrijven. Een ieder zichzelf respecterend volwassen persoon zou dit in mijn ogen nooit op deze manier zo hebben gedaan.

Zat de angst voor een zedenschandaal en voorpagina nieuws soms zo diep, waardoor de inhoud van die Brief zonder meer door een ieder werd geaccepteerd en ondertekend...
 Wetende dat de aanstichter zich onder hen bevond en zelfs ook de ruimte kreeg om te tekenen...
 En dit in mijn ogen zo zijn onbesproken status van Heer en Meester van onze trap onderstreepte.
 Hij zich nu boven de wet voelde staan, immuniteit genoot doch stilzwijgend werd gevreesd...
 En ik daar zonder enig mededogen aan werd opgeofferd... Dan had ik maar niet moeten praten...
 Maar juist door mijn praten kwam hij in de computer van de zedenpolitie te staan.
 Dus terwijl hij tekende voor zijn onschuld stond hij al als mijn aanrander bekend bij de politie.

Sindsdien heb ik nooit meer een gesprek gehad met de zedenpolitie en ik heb ze dus ook nooit deze Brief kunnen laten zien.
 Zouden zij toen hiervan soms toch op de hoogte zijn gebracht door het Bestuur...
 En zo ja, waarom weet ik hier dan niks van...
 Stop, stop, stop Efiena, dit raakt kant nog wal!

Vreemd, ik had mijn buurman alweer terug verwacht. Dat hij toevallig was komen aanlopen, daar geloofde ik niet in. Hij moest vast en zeker gehoord hebben dat ik mijn voordeur verliet en via zijn raam hebben gezien dat ik het gebouw nog niet had verlaten.
 Het kon niet anders dan dat ik beneden met iemand anders stond te praten. Daar moest hij het zijne van weten. Hij moest zijn gezicht laten zien dat dan ook tegelijkertijd een waarschuwing voor mij zou inhouden van pas op ik houd jou nog steeds in de gaten. Je bent nog niet van mij af.

Alsof ik een klein kind ben!
Voordat de liftdeuren dicht gingen, groeten we elkaar nog.
Met gemengde gevoelens vervolgde ik daarna mijn weg verder naar buiten.
En wat wil je koffie of thee. Gelijk antwoordde ik haar dat ik voor de thee ga.
Zo, zo, dus op onze laatste dag maak ik het toch nog mee dat je de koffie overslaat.
Lachend keek ik haar aan. Inderdaad het wordt hoog tijd dat ik met koffie ga minderen.
En dat wil ik je laten zien. Daarnaast wil ik mijn dieet en het wandelen weer gaan oppakken.
Ik ben zo blij dat ik zover in mijn leven gekomen ben. Zelf ervaren dat je nooit te oud bent om te leren. En vooral van je hart geen moordkuil maken ook al is dat wel makkelijker gezegd dan gedaan!
Dat laatste heb je ook zeker laten zien in jouw verhaal over de briefschrijfster.
Goed te horen dat je haar die vraag hebt kunnen stellen over die diepe vernedering naar jou toe ook al kreeg je er geen bevredigend antwoord over. Ze keek me goedkeurend aan.

Toen ik op mijn stoel zat knikte ik even naar de lamp die voor mij niet meer aanging.
Dank je wel voor jouw lichtjes die je in mijn ogen liet schijnen onder het gebrom van jouw muziek. Ik ben zo blij dat ik je heb mogen leren kennen.

En kun je nu met jouw eigen woorden aangeven waarom je in aanmerking kwam voor de EMDR therapie? Haar stem bracht me weer bij de les.
Ja, dat denk ik wel. Achteraf gezien denk ik dat mijn terugval niet zomaar uit de lucht is komen vallen, alhoewel ik dat toen het gebeurde wel even heb gedacht omdat het er in een keer zo heel heftig aanwezig was. Dat was erg beangstigend omdat ik er geen grip op had.
Maar laat ik eerst zeggen dat deze therapie me geadviseerd werd door die mevrouw van Slachtofferhulp. Mijn huisarts ging hier gelijk in mee.

Ikzelf was niet bekend met deze vorm van therapie. Maar voor mezelf zie ik het echt als een heel goede aansluiting op mijn gesprekstherapie welke ik hiervoor al had gedaan.

Ik had al een stuk verwerking achter de rug en kon denk ik daardoor die heel diep liggende pijnpunten van de aanranding en van het badkamergebeuren nog goed aan.

Die mevrouw had het heel goed gezien dat die steeds terugkerende heftigheid in verband stond met een verdrongen ervaring.

Ze aarzelde geen moment toen ze dit tegen mij zei. Ik moest haar eigenlijk dus wel geloven.

Er zat dus nog wat in mij dat naar boven moest komen. Verwonderlijk, dat dat al in die korte vakantie gebeurde, zo vlak voor de EMDR-therapie. En voor de verwerking hiervan had ik dus jouw hulp nodig. Mijn heftigheid ben ik nu gelukkig kwijt.

Afgelopen Kerst was ik naar een etentje van mijn familie gegaan. Nadat ik mijn neef, blij om hem na enige tijd weer te zien, spontaan had begroet met de bekende drie zoenen, pakte hij me ineens beet en zoende me stevig op mijn mond waar zijn partner en andere familieleden bij waren. Hè, waarom doe je dat nou vroeg ik me in stilte verbaasd af. Ik voelde me hierdoor te kijk gezet door en voor mijn eigen familie en voelde de schaamte weer even opvlammen.

Niet lang geleden had ik juist mijn gesprekken betreffende die vernedering en het tongzoenen afgerond en dan overkomt mij dit en nog wel door mijn eigen familie.

Nog beduusd over dit voorval wilde ik geen scène maken omdat het tweede kerstavond was en er kleine kinderen bij waren. Maar één ding was me wel duidelijk. Dit zal me nooit meer gebeuren.

Jaren geleden had hij mijn ernstig zieke moeder vanuit Zaandijk hier naar ons toe in Harderwijk gebracht. Ik hoor mijn zoon nog zeggen dat oma toen net op de koningin leek. Te midden van haar twee zusters zat ze statig rechtop precies in het midden van de bank te genieten van onze ruime woonkamer.

Ik ben hem eeuwig dankbaar dat hij het toen aandurfde om haar hier naar ons toe te brengen.

Maar waarom hij mij nu ineens beetpakte is me nog steeds een raadsel.

Moest ik het misschien soms zien als een misplaatste grap of anders gezegd als een lolletje...

Of wilde hij mij zo duidelijk maken dat ik echt niet de enige persoon in het leven ben die het moeilijk heeft... Ik weet dat hij zeker geen gemakkelijke jeugd heeft gehad.

Eén ding is voor mij wel zeker dat er hier over gesproken was.

Niemand reageerde toen hij me beetpakte. Dit gebeurde niet zomaar!

Hoe dan ook hij realiseerde zich niet wat voor een impact zijn handelen op mij had.

Ik zie het als de trigger van mijn heftige terugval. Ik was net zes maanden terug geopereerd.

Precies een jaar na mijn operatie kwam ik in een vrije val terecht. Ik viel en kon het niet stoppen.

Alhoewel de controle foto's goed waren, had de spanning welke hiermee gepaard ging me nog niet helemaal verlaten. Ik was labiel en kon toen de teleurstelling dat ik mijn buurman nooit voor de rechter zou kunnen brengen niet goed aan. Mijn laatste hoop tegen beter weten in was mij ontnomen.

Haha, het feit dat hij zo dicht naast me woonde en ik hem toch nooit zou kunnen pakken was voor mij een erg bittere pil die ik toch moest doorslikken.

Eigenlijk op dat moment onmogelijk voor mij. Ik bleef me tegen dat doorslikken verzetten. De vrije val zette door en een maand later in juli landde ik op de bodem van de put omringd door een laag drek die daar al twintig jaar zat en nooit was opgeruimd.

En dat is nu ook gebeurd.

Ze knikte.

En nu heb ik die bittere pil ook eindelijk kunnen doorslikken. Vandaar dat ik nu hardop kan uitroepen hahaha je kunt mij niets meer maken. Ik toorn nu boven de hele situatie uit.

Haar ernstige gezicht vertoonde nu iets als van een lichte glimlach.

Ja, inderdaad je bent nu boven de situatie gaan zitten. Dat heb je goed duidelijk gemaakt.

Maar het kan zijn dat er later toch nog even een moment zich voordoet wat je uit jouw evenwicht brengt; trek dan gelijk aan de bel. We maken dan gauw een afspraak om dat dan direct aan te pakken zodat je snel weer goed verder kan gaan.

Fijn, dat zal ik zeker doen. Ik ben blij dat ze me tijdens deze therapie heeft begeleid.

Ik voelde me bij haar erg op mijn gemak. Ik zal jou en de lichtjes wel even missen.

Het zat erop.

Met een goed gevoel verliet ik de kamer en liep de lange tafel in de hal net als de vorige keer gelijk voorbij.

Wat een geluk dat ik toen toch vrij snel kon komen. Wat er gebeurd was kon ik niet veranderen maar ik kon daarna er wel over praten zonder pijn.

En eindelijk durfde ik ook naar dat beeld te kijken waarbij ik heel even in ongeloof verkeerde omtrent het feit dat mijn nek ineens bevrijd was van die band en ik toen zijn handen vanuit de zijhoeken van mijn ogen iets verwijderd en nog ter hoogte van mijn hoofd in de lucht zag hangen. Ik zie dat nu ook als een bewijs van zijn daad.

Maar toen drong het helemaal niet tot me door dat juist deze handen me net nog in een ijzeren greep hadden gehouden. Dat verband zag ik toen niet. Ik stond daar ook helemaal niet bij stil.

Het was voor hem het moment waarbij hij ook even in ongeloof verkeerde omtrent het feit dat hij mij, zijn prooi helemaal tegen zijn zin in moest laten gaan.

Al die tijd bleef hij mij aankijken met een blik waar ik heel even zijn ongeloof en zijn tegenzin hierover in zag.

In het schaakspel telt alleen maar het winnen!

Eindelijk was het dan zover!

Mijn nieuwe buren zouden voor de eerste keer bij mij op de koffie komen.

En ik wilde niet over onze buren of te wel mijn buurman en zijn vrouw praten.

Ik wilde het leuk houden. Als het nu ook maar leuk blijft...

Maar ik had me nergens druk om hoeven te maken. Het koffie uurtje verliep gezellig en de gevulde speculaas vanwege Sinterklaastijd smaakte er goed bij!

Ze hadden een bosje tulpen voor me meegenomen waarvan ik de kleur de volgende morgen pas zag.

Een kleur die voor mij veel is gaan betekenen. Een kleur door hun gekozen vanuit een oprecht hart.

De gele kleur die misschien eens tot een vorm van verzoening zou kunnen leiden tussen ons als buren onder één dak.

Of zoals het gedicht dit verwoordt om aan het einde van die weg milder te zijn en wijzer zonder echter daarbij de verandering te negeren beschreven in dit verhaal.

Het was ondertussen al eind november en mijn vriendin die ik al jaren ken, zou het komende weekend bij mij komen logeren. Ze verbleef bij haar zuster in Londen en wilde van de gelegenheid gebruik maken om mij op te zoeken. We hadden elkaar al heel lang niet gezien. Ik wist nu al wat er op het hoofdmenu zou staan: Babbelen. En dat deden we gelijk ook toen we elkaar zagen op Schiphol. Even een halfuurtje bijpraten werd al gauw twee uur.

Ze vroeg me gelijk hoe het met me ging en ik antwoordde haar dat ik mijn therapie goed heb afgesloten. Ik denk dat ik nu echt een punt achter alles kan zetten.

Het werd tijd om de intercity richting Amersfoort te halen en daar dan over te stappen op de stoptrein naar Harderwijk.

Toevallig was mijn zoon dat weekend met vrienden in Londen dus hadden we de tijd aan onszelf.

Thuis aangekomen moest eigenlijk allereerst het kleinste kamertje worden bezocht. Zij wilde eerst haar koffer wegzetten dus ging ik eerst. Goed gehumeurd deed ik de deur van het toilet open om tot mijn ontzetting gelijk te zien dat de deksel van het toilet naar beneden was.

Mijn hemel, hij moet hier wel weer binnen zijn geweest riep ik uit. Mijn vriendin kwam gauw naar me toe lopen en met mijn hand wees ik naar de dichte toiletpot terwijl ik haar met opgewonden stem zei dat we het deksel nooit maar dan ook nooit naar beneden doen.

Het kan niet anders dan dat hij hier weer binnen is geweest.

Hij heeft in de gaten gehad dat Kim er niet is en erop gegokt dat ik straks alleen thuiskom. Ik zou me dan kapot zijn geschrokken. Ik zou zeker zijn geflipt. Gelukkig ben jij bij mij. Oh, wat ben ik blij dat je nu bij mij bent. Dit is wel een ander welkom dan dat ik voor jou in gedachten had.

Heb ik jou net nog op Schiphol verteld dat ik echt denk alles te hebben afgerond en weer rust in mijn leven krijg en dan begint het gedonder weer. Dit brengt je zo uit je doen. Op een gegeven moment ga je er aan onder door of je wil of niet. Een man die zijn verlies niet kan incasseren en mij wil dwingen om hierover te zwijgen en ook om te stoppen met schrijven. Ik weet zeker dat hij ook aan mijn computer is geweest. Ik moet kapot! Zo denk ik er echt over. Het lijkt wel alsof zijn leven alleen maar hierom heen draait. Hij blijft mij steeds lastig vallen. Dit is echt niet normaal.

We moesten even bijkomen met koffie. Het was nu alweer een tijdje geleden dat ik haar had verteld wat er hier was voorgevallen. Het was voor haar ook erg schrikken om er op deze manier gelijk van dichtbij zo mee geconfronteerd te worden. Je zou een camera moeten plaatsen zodat je bewijs hebt dat hij weer binnen is geweest. Je hebt eigenlijk wel gelijk maar dat idee vind ik toch nog een beetje eng. Dan word ik constant met deze situatie geconfronteerd terwijl ik er echt een punt achter wil zetten. Toevallig ben jij er nu bij en kon je aan mijn reactie zien dat er iets duidelijk goed mis is.

Was ik alleen geweest en zou ik dit later aan iemand hebben verteld dan zou diegene begrijpelijkerwijs tegen me hebben gezegd dat ik ze weer eens zie vliegen. Je bent gewoon vergeten dat je de deksel naar beneden hebt gedaan. Dat kan gebeuren.

Je beeldt je van alles weer in. Houd er toch over op!

Ze keek me aan en nam zichzelf voor om mij op andere gedachten te brengen terwijl ze hier bij mij was. Er moest hier een camera komen. Deze situatie kon zo niet langer doorgaan.

Bekomen van de schrik begonnen onze magen van zich te laten horen. Die werden getrakteerd op echte Hollandse stamppot met een glas lekkere rode wijn erbij. Dat lieten we ons goed smaken!

En toen pas vertelde ze mij dat ook zij erg geschokt was geweest en voor een moment had gedacht dat ze in een nachtmerrie terecht was gekomen. Het had ook echt indruk op haar gemaakt.

I am so sorry that you have to deal with this. I had goosebumps all over my arms.

Het was ver na twaalven toen we problemen kregen om onze ogen open te houden.

Nadat mijn vriendin onder de dekens lag ging ik ook naar mijn kamer. Ik was ook moe.

Maar net toen ik in mijn bed wilde stappen viel mijn oog op mijn bakje zonder deksel in de vorm van een hart en tot mijn stomme verbazing zag ik dat een kartonnen strip waar batterijtjes voor mijn gehoorapparaten in zitten, erin lag. Hè, hoe komt dat nou daar. Het past er niet eens in. Voordat zij kwam heb ik ook mijn kamer nog opgeruimd en ik weet zeker dat ik er nooit een strip in heb neergelegd. Dat doe ik nooit en dat heb ik ook nooit gedaan.

Trouwens het heeft ook helemaal geen zin voor mij om deze strips los daarin te doen want ze passen er niet eens in. Bovendien zou ik dan al mijn strips elke keer nog moeten afstoffen ook. Belachelijk! Maar wel potverdomme hij is dus hier ook in mijn slaapkamer geweest en heeft boven mijn bed, nog erger boven mijn hoofdkussen gehangen om bij het bakje te komen om die strip erin te doen. Voor een moment leek het net alsof ik in een film over Hannibal beland was. Voelde ik toen dat ik aan het doordraaien was en de hulp van mijn huisarts en de politie dringend nodig had, dit keer voelde ik me heel even onpasselijk worden. In mijn eigen slaapkamer staand voor mijn bed werd ik helemaal onderuit gehaald. Eng! Ongeloof en tegelijkertijd dood, dood eng. Zo'n onwezenlijk moment waarin ik zijn sinister spel mee moest spelen of ik wil of niet. Zo ongrijpbaar en toch zo heel erg aanwezig. Mijn hemel stopt deze man dan echt nooit. Nee dus. Deze man doet het gewoon. Ineens voelde ik me zo machteloos en zo hulpeloos. Ik voelde ineens zo overduidelijk hoe alleen ik hierin stond. Dat iemand op deze manier zich zo bewust met me bezig houdt, er ook genoegen in schept en verdomd goed weet hoe of ik mij nu voel. Dat voelt zo vreselijk eng, kil en eenzaam aan. Dit wil ik niet. Walgelijk! Erger dan horror omdat je er dan bewust voor kiest om te gaan griezelen bij het zien van dat enge masker of dat bebloede mes. Maar hier zie ik een normaal uitziende kartonnen strip met echte gehoorbatterijtjes. Daar is op zich toch niks engs aan maar ik raakte behoorlijk van slag. Dit meemaken sloeg werkelijk alles. Ik moest oppassen dat ik niet opnieuw in mijn hoofd zou gaan door draaien. Hoe leg je dit aan iemand uit...

En daarbij wie gelooft je... Door die strip in dat bakje te doen wist ik zeker dat hij hier was geweest.

Dit open hartvormige bakje zonder deksel ligt altijd op een kastje naast mijn bed bovenop een stapeltje boeken. Soms vergeet ik mijn oorbelletjes uit te doen als ik al in bed lig. Ik doe ze dan alsnog uit en met mijn uitgestrekte arm kom ik dan net bij het bakje om ze erin te doen. Dit bakje gebruik ik enkel en alleen maar hiervoor. Het is dus vaak leeg. Maar hoe weet hij waar ik mijn strippen bewaar. Hij moet dus wel eerder hier binnen zijn geweest en heeft in mijn spullen lopen snuffelen. Zo heeft hij het kartonnen doosje ontdekt waarin ik mijn strips altijd in laat liggen als ik ze heb gekocht. De strips passen er precies in. Dit doosje lag nog in de papieren tas van de zaak waar ik altijd naar toe ga en elke keer weer "Beter Hoor" als ik die dan weer verlaat. En deze tas hing nog steeds aan een hanger aan het scherm voor mijn kamer. Hij heeft dus in deze tas gekeken en het kartonnen doosje met de strips open gemaakt en deze strip met nog die twee batterijtjes erin, eruit gehaald om het dus in dit bakje te doen waarvan hij zeker wist dat ik het zou zien. Ik kon het niet missen! Hij weet heel goed wat hij doet.

Echter zelf zou ik dan die twee batterijtjes eruit hebben gehaald, gelijk in mijn gehoorapparaten hebben gezet en de lege strip weg hebben gegooid. Ik pak alleen een strip als ik op dat moment nieuwe batterijtjes nodig heb. En is de strip nog niet leeg dan gaat deze gelijk weer terug in het doosje.

Ik haal nooit zomaar een strip uit het doosje om het dan ergens anders weer neer te zetten.

Nooit laat ik een strip buiten het doosje rondslingeren. Ik heb weleens tussendoor een nieuwe doos gekocht, maar die houd ik dan even apart in een lade zodat ik zeker weet dat ik eerst mijn oude batterijen opmaak voordat ik aan het nieuwe doosje begin.

Alleen in mijn handtas kun je nog een losse strip met batterijtjes vinden.

Dit zelfde doosje dat in die papierentas zat was ik op een gegeven moment kwijt. Het lag niet meer in die tas. Dat vond ik wel vreemd want ik was er zo goed als zeker van dat er nog strips in zaten.

Ik had toen nieuwe batterijtjes nodig en had die toen uit het nieuwe doosje dat in een lade lag gepakt. Een tijdje later keek ik toch weer in die tas en zag tot mijn verbazing dat het doosje er weer in lag. Mocht ik toen misschien toch niet goed hebben gekeken en is dat doosje nooit uit die tas geweest en zou ik me toen dus toch hebben vergist, maar nu daar en tegen wist ik absoluut zeker dat ik die strip nooit maar dan ook nooit in dat bakje heb gedaan. Dus buurman, waarom zit je zo in mijn leven te wroeten, waarom laat je mij niet met rust? Ik bemoei me toch ook helemaal niet met jouw leven. Waarom dring je jezelf toch zo aan me op terwijl je voor mij helemaal niets betekent? Geniet jij zo van negatieve aandacht? Hoe leg ik dit op een geloofwaardige manier aan iemand uit? Dit valt gewoon niet uit te leggen en daarom doe jij dat ook. Als normaal mens kun je je dit eigenlijk niet voorstellen. Even had ik de behoefte om naar mijn vriendin toe te lopen. Maar misschien slaapt ze al en ik wilde haar ook weer niet wakker maken. Dus stapte ik met tegenzin mijn bed in terwijl ik ondertussen de gedachte dat deze smeerlap hier niet zo lang geleden nog boven had gehangen vol weerzin van me afduwde. Gelukkig viel ik heel snel in slaap.

De volgende dag nog voor het ontbijt liet ik mijn vriendin het bakje met de strip zien. Soms lig ik al in bed en kom er dan achter dat ik mijn oorbellen nog in heb.

Ik doe ze dan alsnog uit en doe ze dan in dit bakje. Met mijn uitgestrekte arm kom ik er nog net bij.

Zo hoef ik mijn bed niet meer uit. Mijn gehoorapparaten heb ik dan al uit want die blijven in een speciaal daarvoor gemaakte witte doos die altijd binnen staat.

Nooit bewaar ik een strip in dit bakje. Het past er niet eens in. Ik bewaar mijn strippen altijd in het doosje waarin ze zitten als je ze koopt. Zo heb je altijd al je strips bij elkaar en weet je wanneer je weer nieuw moet kopen. Soms vul ik het doosje weer aan met twee of drie nieuwe strips en soms koop ik een heel nieuw doosje die ik dan in een lade bewaar.

Hier, ik zal je nog wat laten zien. Hier heb ik twee dvd hoezen maar zonder de bijbehorende dvd's erin. Ze lagen netjes tussen een stapeltje met andere dvd's. En toen ik erin wilde kijken waren de hoezen dus leeg.

Ik denk echt dat hij alleen de dvd's heeft meegenomen in zelf meegebrachte hoezen om ze dan later weer terug te zetten in de originele hoes. Waar haalt hij die brutaliteit toch vandaan.

Met zo'n buurman zit ik dus opgescheept. En niemand die dat ziet. Klaar ben je. Steeds maar weer je vaarwater binnen lopen. Ik krijg hem gewoon niet van mij afgeschut.

En vraag me nu niet hoe hij hier binnenkomt. Voor mezelf denk ik echt dat hij een sleutel of een loper heeft. Ik heb daar echter geen bewijs van. Maar dat er hier dingen gebeuren terwijl ik weg ben dat staat buiten kijf.

Ze keek me meewarig aan terwijl ze zei dat wat er hier gebeurt echt niet normaal is.

En ik weet echt dat jij niet gek bent. Door haar begrip en haar geloof in mij werd ik weer rustig.

Al pratend begonnen we aan ons ontbijt. Vandaag bleven we voor de zekerheid maar binnen.

Kort voordat mijn vriendin naar mij toekwam, was mijn tien jaar oudere zus toch vrij plotseling overleden. Ze was de tweede dochter van mijn moeder uit haar eerste huwelijk.

Ondanks het leeftijd verschil konden we het altijd goed met elkaar vinden.

Terwijl ik haar hand vasthield nam ze afscheid van het leven.

Mijn lieve zus die me ook altijd steunde in dit verhaal.

Kort nadat mijn vriendin weer weg was ging ik naar een reünie waar ook vroegere vrienden van mij aanwezig zouden zijn. Wat deed dat me goed om na een heerlijke maaltijd in stevige armen weg te dromen op de meeslepende klanken van Zuid-Amerikaanse muziek.

Een welkome afwisseling van alle doorstane emoties van de afgelopen tijd.

Mam heb je dat niet gezien? Nou dat kan je toch niet missen. Mijn zoon snapte er niets van dat ik dat nog niet had gezien.

Ik herinnerde me nog goed dat tijdens de afgelopen ledenvergadering mijn buurman had gesproken over de door kijk opening in onze voordeuren.

Vroeger was dit een Kazerne en na de renovatie is het een Monumentaal Gebouw geworden welke aan bepaalde voorschriften moet voldoen. Zelf mag je niet zomaar aan de buitenkant iets veranderen. Tijdens de ledenvergadering gaf hij aan dat hij deze opening van hun voordeur iets lager en groter wilde hebben maar niemand was er op ingegaan. Dit voorstel was al eerder op tafel gekomen maar daar bleef het toen bij. Ik vond het daarom wel vreemd dat hij dit toch weer opperde maar nam aan dat het daarbij zou blijven. Niet dus!

De daarop volgende keer toen ik mijn voordeur uitliep zag ik inderdaad de nieuwe opening.

Hé, zou het Bestuur hiervan wel op de hoogte zijn gebracht. Ik kon me niet voorstellen dat ze hun fiat hieraan hadden gegeven. Gelijk bekroop me een eng gevoel. Even voelde ik me op een zeer onaangename manier bekeken. Was het toen zonder door kijk opening nu daar en tegen via een door kijk opening. Onbewust trok er een rilling door me heen. Natuurlijk hoefde hij er op dit moment niet achter te staan, maar het idee alleen al bezorgde mij een heel onprettig gevoel.

Hoe lang heeft hij mij wel zo niet staan begluren in afwachting van het moment waarop ik het zag om te genieten van mijn reactie hierop...

Even was die pijn er weer geweest, even maar, heel even. Verdomme, komt er hier nou nooit een einde aan...

De daarop volgende keren moest ik wel steeds even slikken als ik ons gezamenlijk halletje verliet en later weer binnen kwam, maar gaande weg werd toch het slikken minder tot op een dag ik er niet meer aandacht en automatisch ophield met slikken. Jammer voor hem want de lol was er af.

Hij moest dus weer wat nieuws verzinnen.

Was hij het nou wel of was hij het nou niet...

Laat in de middag kwam ik weer terug van een korte wandeling. Ik vond het te koud om langer weg te blijven. Gauw weer naar huis en dan op de bank met een warm kop thee. Heerlijk!

Zoals gewoonlijk wachtte ik totdat de buitendeuren zich weer hadden gesloten en liep toen door naar de lift. Op dit tijdstip zou er wel niemand in de lift zijn dus instappen en gauw omhoog!

Maar toen de liftdeuren open gingen stond er tot mijn verbazing een man in die ik niet gelijk thuis kon brengen. Kaarsrecht en met opgeheven hoofd stond hij daar, klaar om de lift uit te stappen. Een imposant figuur. Het tegenovergestelde van de kleine oude man die ik een tijd geleden op het treinstation in Utrecht had ontmoet.

Op zijn hoofd droeg hij een hoge lichtkleurige hoed met een brede rand welke zijn voorhoofd grotendeels bedekte. Zijn driekwart lange beige jas paste daar goed bij.

Dit geheel werd afgemaakt met een grote bruine vierkante leren tas, die hij tot laag onder zijn middel met beide handen omklemd aan het handvat stevig tegen zich aangedrukt vasthield.

Onbewogen keek ik hem aan terwijl ik bij mezelf naging bij wie hij thuis kon horen. Een voor mij vreemde man hier binnen onze gesloten deuren voelde niet echt prettig aan.

Ik zei niets en hij ook niet.

Zodra hij de lift uitstapte liep ik de lift in terwijl ik mijn hoofd iets opzij draaide om hem na te kijken. Ik verwachtte dat hij gelijk zou zijn doorgelopen maar dat deed hij niet.

Voor een moment stond hij met zijn hoofd naar mijn richting gekeerd even stil.

We keken elkaar dus even aan. Een deel van zijn korte grijze baard duidelijk zichtbaar voor mij.

Las ik soms in zijn ogen iets van ongenoegen omdat ik geen enkele reactie had vertoond op zijn verschijning?

Ik draaide mijn hoofd terug en drukte op de knop van mijn verdieping terwijl ik me afvroeg waarom hij daar net niet gelijk was doorgelopen.

Was hij nou toch een bezoeker of was hij toch hem, mijn buurman die nu overging op verkleedtrucs om mij weer de rillingen over mijn lijf te bezorgen ter waarschuwing om mijn geschrijf te staken...

Mocht hij toch hem zijn geweest dan kwam hij zeker van een koude kermis thuis.

Wie zal het zeggen, ik weet het nog steeds niet maar misschien weet u het wel.

En toen werd ik zeventig jaar

Ja en toen werd ik 70 jaar!

Ik had echt het gevoel alsof ik een nieuwe fase in mijn leven binnen trad.

Afgerekend met de man die toen precies op de dag af vijf jaar geleden mijn leven had beklad en sindsdien steeds verwoede pogingen ondernam om mij in zijn leugen mee te slepen.

Was buurman jouw leven zo leeg dat elke keer opnieuw alleen maar dit "Duivels Oorkussen" jouw glas kon vullen en je zo naast verzadiging ook bevrediging vond...

Was het toen twee tegen één, werd het nu twee tegen twee namelijk mijn buurman en zijn vrouw tegenover mezelf en mijn geschreven verhaal.

Laster!

Een woord wat veel commotie teweeg had gebracht onder de groep. Pas had ik mijn brievenbus nog geleegd. Tussen de lieve felicitatiekaarten ontbrak nog steeds zijn officiële aanklacht tegen mij terwijl het politiebureau toch niet ver weg is. Per slot van rekening had ik nog steeds niet aan de gestelde voorwaarde voldaan om weer op goede voet met mijn aanrander te komen. Volgens de briefschrijfster moest ik dus op een volwassen manier mijn best doen om het contact met mijn buurman te herstellen of zoals voor mij de ondertoon hiervan luidt dat ik op een volwassen manier mijn stinkende best moet doen zodat ik bij mijn aanrander weer in een goed blaadje kom te staan.

Normaal groeten was de eerste stap om dit te bereiken.

Ik vraag me werkelijk af "Wie van de Drie" hier volwassen is:

1 de Briefschrijfster
2 de Buurman
3 de Jarige Job

Of anders gezegd de Briefschrijfster, de Aanrander of het Slachtoffer.

En om het u, Geachte Lezer nog gemakkelijker te maken kunt u kiezen uit Zij, Hij of Mij.

Maar genoeg hierover.

Per slot van rekening was het ook de dag waarop ik mij trots voelde over hetgeen wat ik gedurende deze afgelopen vijf jaar had bereikt. Ik voelde me bevrijd van een nare last.

"Eindelijk alles durven en kunnen benoemen en uitspreken dat lucht me enorm op."

"Zonder schaamte alles durven zeggen dat geeft mij een enorm bevrijdend gevoel."

"De schuld bij degene laten die daar verantwoordelijk voor is."

"En het weten dat nog niet zo lang geleden Harvey Weinstein op zijn oude dag alsnog voor wandaden betreffende Me/Too tot een flinke gevangenisstraf van 23 jaar veroordeeld werd."

Alhoewel...

Er treedt in gedachten aan de horizon een doem scenario op.
De AED heeft zijn intrede gemaakt.
Het ondenkbare gaat als in een film aan mij voorbij.
Waarbij het slachtoffer op de grond ligt.
Het inderhaast gepakte gaasje glijdt van haar mond.
Dit schept een kans die de dader onmogelijk aan zich voorbij kan laten gaan.
Razendsnel vindt alsnog het tongzoenen plaats.
En met een adembenemende siddering wordt dan toch nog het "Duivels Hoogtepunt" bereikt.
In de bitter-zoete nasmaak die het slachtoffer hierna vervult.
Rest er toch nog een sprankje hoop.
Voor jou de overwinning maar voor mij de eindoverwinning.
Het weten dat de zedenpolitie weet waar je woont.

"We weten hem te vinden!"

Mijn verjaardag viel dit keer in een tijd waarin het coronavirus de hele wereld in zijn greep hield.

Het was dan ook voor de eerste keer dat mijn oudste zoon niet bij me kon zijn. Een vroeg telefoontje van hem maakte veel goed. We hadden een fijn gesprek met elkaar.

Daarna bleef de telefoon maar rinkelen. Ik voelde me echt jarig. Het leven was weer goed ...

Tot Slot

Een met zonlicht overgoten dag.
 Ik maakte een wandeling door de tuin welke mijn huisarts mij had aangeraden.
 Kijk, zei hij toen ik eens bij hem was en hij zag dat ik een riem onder mijn hart goed kon gebruiken.
 Zie daar in gedachten het beeld van een mooie boom die op een dag plotseling ineens brak om daarna nooit meer rechtop te kunnen staan.
 Omring dat overgebleven deel met allerlei mooie planten die met hun kleurrijke bloemenpracht de aanblik ervan verzacht.
 Creëer daarom heen ook een mooie bloementuin waarvan de bloemen ook de wandelpaden opsieren zodat je hun warmte voelt als je er doorheen loopt en de herinneringen aan die dag waarop jouw beide benen in één keer onder je vandaan werden geschoten voor even doen vervagen.

Hij doelde op mijn "mankepoot" welke door die Brief kapot was geschoten en in zijn val automatisch mijn "kankerpoot" meenam.
 Die mooie boom zo ineens geknakt en die nooit meer zou herrijzen.

En als we niet over een nieuwe hypotheek kunnen praten dan loop ik gelijk deze kamer uit en kom niet meer terug! Mijn bordje is vol en er kan niets maar dan ook helemaal niets meer bij! Hij moest niet denken dat ik voor hem, een lafaard op het laatst op de vlucht zou slaan. Daar kan ik niet mee leven. Zelfs niet na wat me was overkomen toen mijn vriendin uit Londen bij mij was geweest. Een man die een totale onbeschoftheid aan de dag had gelegd door zonder meer mijn huis binnen te komen en daar bizar gedrag liet zien, waar zij nu onbedoeld deelgenoot van was geworden. Zo iemand komt in haar kennissenkring gelukkig niet voor. Ik schaamde me tegenover haar.

Ik ben ook zo niet opgevoed en dat weet zij heel goed. We zijn fatsoenlijke mensen, die graag met fatsoenlijke mensen omgaan en daar valt mijn buurman beslist niet onder.

De mevrouw van de Bank en Evan keken me zwijgend aan. Ze wisten dat ik het meende.
Ze knikte naar mij en zei vervolgens dat ze een oplossing had gevonden.
Kijk, als u het hiermee eens bent dan maak ik het contract in orde. Dankbaar keek ik haar aan. Ik voelde de rust in me terugkeren. Ik kon haar niet vertellen dat ik nog ontdaan was over datgene waar mijn vriendin direct toen bij mij thuis mee geconfronteerd werd, nadat we elkaar jaren niet hadden gezien en dat ik daarnaast ook nog rouwde om die geknakte boom die nooit meer zou herrijzen. Bij mij kon er echt niets meer bij. Mijn bordje was echt helemaal vol!

Dit verhaal dat toen op Schiphol begon en dat ik hier moet afronden zodat ik eindelijk helemaal goed kan loslaten om zo waar dan ook weer verder te gaan. Zelfs op deze plek.
De nieuwe hypotheek maakt mijn plek weer nieuw. Het geeft mij de ruimte om een nieuw bord, waar nieuwe recepten bij horen te pakken. Twee nieuwe recepten heb ik al verwerkt. De nieuwe camera en de goede uitslag van de röntgen foto's betreffende mijn borstkanker lachen me toe. Het volgende recept wordt zoals het zich laat aanzien de ontmoeting met mijn halfzus, het buitenechtelijk kind van mijn vader. Graag had ik toen ikzelf in de pubertijd kwam hier met hem over in discussie willen gaan. Door dit gebeuren van hem zijn de woorden schaamte en schande diep bij mij naar binnen gedrongen. Als klein kind begreep ik niet wat er precies gaande was. Maar ik schaamde me voor het gedrag van mijn vader. Ik zag hoe het mijn moeder brak. Hij bracht dus schande over ons gezin en over onze familie. Eigenlijk werd zo'n situatie zonder meer in je strot geduwd en moest je het maar slikken of je wilde of niet. Aan emotionele schade werd niet gedacht, eerder dood gezwegen. Niet zeuren, maar ondertussen stapelden de "mankepoten" zich wel op.

Als klein kind was ik toevallig getuige van het moment waarbij ze het onomstotelijke bewijs van mijn vaders ontrouw in handen had. Ik liep naar haar toe en hoorde haar nog net met een vreemde stem uitroepen dat hij het dus ook deed. Ze stond stil en leek zich even niet bewust van mijn aanwezigheid. Ze stond daar nog verloren in de schok van het niet willen geloven van de ontdekking, gevolgd door een pijl die haar vrouwenhart doorboorde en een diep verdriet achterliet.

Het was maandag, de wekelijkse wasdag. Op de achtergrond hoorde je het geluid van het steeds heen en weer bewegende zeepwater in de grote wasmachine. Tjoekeloek, tjoekeloek,tjoekeloek. De lange broek van mijn vader had ze in haar ene hand vast terwijl de andere hand de broekzakken controleerde en zo de condooms tegen kwam.

Een keiharde klap midden in haar gezicht. Hierna was haar wereld anders!

In de loop der jaren was ze zeker vergeten dat ik toen als klein kind hiervan getuige was geweest. De situatie toen niet begreep maar wel haar intense verdriet had gezien en dit als kind ook gelijk aanvoelde. Ik had haar willen troosten maar wist alleen niet hoe. Toen ze er zich van bewust werd dat ik dicht bij haar stond, liep ze zonder iets te zeggen gelijk gauw door de keuken in en ik keerde terug naar mijn kamer en naar mijn poppen die mij nu troostten terwijl ik met ze bezig was.

Een pijn waar ze niet over sprak net zo min als de pijn over het verlies van haar eerste man waar ze zielsveel van had gehouden. Hij was werkzaam geweest op het schip "de Heemskerk" dat niet ver van de thuishaven aan het begin van de oorlog werd getorpedeerd en zonk.

Vroeger sprak je niet over pijn. Je hield je groot, stopte deze weg en ging verder.

Wat een geluk dat we nu in een tijd leven waar hier duidelijk anders mee wordt omgegaan.

Jaren later liet ze zich eens spontaan ontvallen hoe ontzettend moeilijk het voor haar was geweest om na die ontdekking voor het eerst weer gemeenschap met mijn vader te hebben. Ik was verrast over haar uitspraak maar liet haar dat niet blijken. Zonder iets te zeggen schonk ik nog een tweede kopje koffie voor ons beiden in dat we stilletjes met elkaar in het schemerdonker toen hebben opgedronken. Ze had me net een diep geheim onthuld dat echter tegelijkertijd meteen weer werd weggestopt. Ze had zichzelf hiermee eigenlijk al te veel blootgegeven. Was ik toen nog een klein kind dat nergens wat van afwist maar nu was ik een volwassen getrouwde vrouw en moeder die uit eigen ervaring heel goed wist waarover ze sprak en dat wist ze ook.

Moeder en dochter deelden toen even "dezelfde" ellende.

En dat juist hij, mijn vader een beschaafd man waar ik zo vreselijk trots op wilde zijn een relatie was aangegaan met een buitenvrouw, dat valt toch niet te rijmen met fatsoen ook al werd het toen nog stilzwijgend geaccepteerd in de Surinaamse samenleving. Nooit heb ik dit met mijn ex-man besproken. Maar misschien was het hem ooit wel eens ter ore gekomen en heeft dat invloed gehad op zijn gedrag. Ik weet het niet en zal het ook nooit te weten komen. Ik wil mijn man niet delen!

En natuurlijk mijn moeder ook niet. Maar met vier dochters waarvan mijn vader niet de biologische vader van haar twee oudste dochters was en wonende in een voor haar toch nog nieuw land was scheiden voor haar als Hollandse vrouw zo kort na de oorlog toch iets wat je niet gauw deed.

Mijn ouders probeerden zoveel mogelijk hun problemen voor zich te houden. Daardoor heb ik een mooie jeugd gehad, helemaal toen op de hoek van onze straat het algemeen zwembad Parima kwam. Elke middag kon je me daar vinden. Ik heb echt kind kunnen zijn en daar genoot ik van. Als gezin hebben we ook goede tijden gehad waar ik met plezier nog op terugkijk.

Maar onbewust bleef wat ik toen gezien had me wel bij. En ik merkte ook wel de onrust op die ontstond door zijn relatie met deze vrouw in ons gezin. Een vrouw die ik helemaal niet kende.

Dat gaf me wel een dubbel gevoel. Mijn vader woonde bij ons in ons huis maar tegelijkertijd ook bij haar in haar huis. Voor mij als kind was dat moeilijk te begrijpen. Hoe kun je nou in twee huizen wonen terwijl je van ons bent. Moeilijke vraag dat om een te ingewikkeld antwoord vroeg en dat ik oploste met steeds sneller te gaan zwemmen totdat ik op een zondag samen met Marchel de eerste prijs won voor onze club "Neptunes." Samen op de foto! We waren de helden van die dag, nu alweer zolang geleden.

Maar goed, praten met hem over zijn buitenvrouw toen ik ouder werd, heb ik nooit kunnen doen. Hij kreeg een beroerte en kon daarna helemaal niet goed meer uit zijn woorden komen.
Zo kwam er een einde aan de lusten en mocht mijn moeder alsof het de normaalste zaak van de wereld was de lasten weer verder op zich nemen. Hij was dus nu weer helemaal van haar echter voor het leven getekend door zijn verhaal.
Een verhaal wat zijn weerslag had op het hele gezin.
Een verhaal dat geen gehoor had in de Nederlandse samenleving.
Een verhaal dat nog een uitvloeisel was uit het slavenverleden en dat met de afschaffing van de slavernij ook tot het verleden zou moeten behoren. Een uitvloeisel dat de samenleving ontsiert.
Een verhaal dat ze zeker niet met haar twee zussen kon delen. Ze had hun steun nu meer dan ooit nodig. Hierover praten zou hun respect naar mijn vader toe verloren doen gaan.
Maar naast dit verhaal waren er nog genoeg mooie momenten om over te praten.
De bekoringen van Suriname hadden haar ook aangeraakt.
Zo hield zij zich terug in Nederland weer staande voor de buitenwereld maar van binnen was ze een vrouw met een gebroken hart. Verrast zag ik eens dat er een boek van Clark Accord op haar tafeltje lag. Het ging over de "Koningin van Paramaribo." Een ontroerend verhaal. Ze sprak er niet over. Maar ik hoopte dat het haar misschien toch enige troost gaf ten aanzien van haar eigen situatie...
We waren weer een gezin dat tussen goede tijden door soms nog in stilte tranen met tuiten huilde.
Tot aan zijn dood heeft ze hem, samen met mijn geestelijk en lichamelijk gehandicapte broertje thuis met liefde verzorgd.

Ze ging haar verplichtingen niet uit de weg. Per slot van rekening had ze ook veel van hem gehouden en had hij ook haar twee dochters uit haar eerste huwelijk toen volledig geaccepteerd.
Ze kende zijn lieve en sociale kant. Datgene wat mij ook zo aansprak in hem.

Mijn vader die ik zo heel graag wilde zien als een echte heer maar dat niet kon vanwege zijn relatie met die andere vrouw. Dat is toch niet netjes. Dat hoort toch niet zo of vader zou je mij ook ooit eens willen zien als de buitenvrouw van een welgesteld en getrouwd man want dat was wel het voorbeeld dat je mij op een gegeven moment voor hield. Zou je dan nog zo trots op mij zijn, ik jouw lieve kleine meisje als hierdoor zijn gezin ongelukkig wordt en ik jou bovendien op een dag ook nog verras met een onechtelijk kleinkind?
Papa, ik begrijp heus wel dat je ons miste als mama ons meenam naar Nederland om haar nieuwe dochters aan haar familie te laten zien. En die keer toen ze wel terug moest gaan toen haar moeder overleed en zij haar broer Jan met het Down Syndroom onder haar vleugels nam totdat haar jongste zus een goed tehuis voor hem gevonden had. Je kon niet altijd met ons mee.
Maar waarom koos je juist voor een oplossing waar geen eer mee te behalen valt en je nu naast mama het bed ook met haar deelt. Of ligt de klemtoon meer op andere huishoudelijke zaken die je vanzelfsprekend ook voor haar doet. Ik, jouw dochter, als opgroeiende jonge vrouw zie dat toch echt wel anders.
Voor jou is ze een geweldige vrouw maar voor mij gewoon een goedkope hoer. Met haar lichaam is ze op een goedkope manier van de een op de andere dag bewust met jou een levenslange relatie aangegaan, verzegeld met een kinderleven totdat er onverwacht een kink in de kabel komt en jij zo zonder meer wordt afgedankt en zij weer op zoek kan gaan naar een andere man. Een relatie wat zijn bestaansrecht ontleent of beter gezegd rechtvaardigt door jouw prestaties in haar bed, die gezien worden als "een dank je wel" dat je me bijstaat in mijn eenzame dagen. Maar laten we eerlijk zijn als je een arme sloeber was geweest dan zag ze je echt niet staan hoor. Hier komt geen liefde bij kijken. Pure berekening ook van haar kant of sla ik de plank

toch helemaal mis. En ach natuurlijk vinden jullie elkaar toch heus wel aardig en ach natuurlijk vinden jullie elkaar in bed toch ook echt wel lief. En toch is het een relatie waarop je niet hardop over kan praten en waar de hele stad in stilte van geniet.

Een relatie die gedoemd is tot alleen maar fluisteren en ik me doodschaam om erover te praten.

Papa waar is toch jouw moraal? Dit is toch geen voorbeeld voor jouw vier opgroeiende dochters.

Vele jaren later begrijp ik nu waardoor het kwam dat ik mezelf eens ook een goedkope hoer vond, "die ook bespuugd kon worden door zijn vrouw"

Zo'n vrouw die ik juist nooit in mijn leven wilde zijn. Zo'n moeder die ik nooit wilde zijn voor mijn kinderen. Ineens voel ik die erge woede om die onmacht van toen ik werd aangerand weer in mij opkomen. Het moeten ondergaan van zijn aanranding en het ongewild betrokken raken bij jouw seksuele relatie met die vrouw om het simpele feit dat ik jouw dochter ben is voor mij gewoon onverteerbaar. Gênant gedrag waarom ik alsnog jouw buitenvrouw in elkaar wil rammen zoals ik het mijn aanrander ook heb willen doen. Rammen voor de pijn die zij als vrouw mama heeft aangedaan en daardoor ook ons als gezin. Deze vrouw, die als een constante schaduw om haar en ons heen is. Kom maar op, ik ben geen klein kind meer maar ik ben nu ook een volwassen vrouw. Kom maar op en laat na al die jaren eindelijk jouw gezicht zien zodat ik precies weet op wie ik moet rammen en vader aan wiens kant zou jij dan staan: aan die van jouw bloedeigen en wettige dochter, of aan die van jouw onwettige buitenvrouw...

Mijn moeder voor mij een echte KANJER!

Het was Kerstavond en de telefoon ging over. Mijn halfzus belde mij op voor een kerstgroet.

Na over en weer de beleefdheidsvragen en antwoorden met elkaar te hebben uitgewisseld, voelden we beiden heel goed aan dat er nog over een moeilijk onderwerp gesproken moest worden.

Zeker van mijn kant. Ik wil haar niet verliezen maar dat kon wel eens door dit gesprek gebeuren.

Ik weet dat haar moeder voor haar een goede moeder is geweest, maar ik kijk toch met andere ogen tegen haar moeder aan. En dat wil ik haar ook zelf vertellen.

Aarzelend komt ons gesprek op gang. Ik wil haar geen pijn doen.

Dat begrijpt ze en ze hangt niet op. Wat geweldig dat zij dit ongemakkelijke gesprek met mij aan wil gaan. Daar heb ik grote waardering voor!

Voor ons beiden is dit niet echt een leuk verhaal maar waar we de verantwoordelijkheid hiervan voortaan bij onze vader en haar moeder laten en onze blik richten op de mooie kanten ervan.

Met een warm gevoel legde ik even later de hoorn weer terug op de haak.

Deze Kerst is erg mooi voor mij begonnen en ik hoop van harte ook voor haar.

Ja, mooie kanten zijn er zeker geweest, zowel voor haar als voor mij.

We hebben ze echter nooit met elkaar kunnen delen.

Mooie herinneringen aan mijn thuis dringen zich aan mij op.

Samen met mijn zus bij hem op de fiets. Ik voorop en zij achterop.

Schaaltjes met rijst planten en later wortels uitzoeken voor het paard van Sinterklaas.

Mijn keukenservies van aluminium, dat bij "Glans aan het Kerkplein" in de winkel lag en wat ik zo heel graag wilde hebben. Maar ik was nog lang niet jarig en het toch onverwacht kreeg. Ik kon mijn geluk niet op. Een dag om nooit meer te vergeten.

En dan die dag dat Victor, onze lieve hond in de tuin zou worden begraven. Geduldig wachtte hij op mij totdat ik al mijn poppen had aangekleed en in de wagen had gedaan voor de begrafenis.

Paaseieren kleuren en verstoppen in de tuin. En deze daarna het liefst allemaal opeten, wat natuurlijk niet kon. Op zondagavond nog even voor het slapen gaan met het gezin in de auto een ijsje gaan eten.

Met Kerst deftig aangekleed met een hoedje op, handschoentjes aan en mooie sokjes in zwarte lakschoentjes die onze opa, zijn vader, had gemaakt om samen naar de Nachtmis te gaan.

En dan op de boot naar Holland. Die wiebelende houten trap oplopen en hij achter mij aan zodat ik niet zou vallen in het water. De Militaire Kapel begint te spelen. Het enorme geluid dat van de boot afkomt. De rillingen van opwinding die er dan gewoon zijn. Het magische moment waarop deze langzaam de kade verlaat. Het zwaaien naar de mensen totdat ik ze niet meer zie en ik mij dan pas bewust word van al het water om ons heen en van mijn vader die nog beschermend naast mij staat. Mijn lepeltje met "MS. ORANJE STAD" erop, koester ik nog steeds.

Mijn vader die mij altijd stimuleerde om te leren en om later de wereld te gaan ontdekken.
 Haar vader die dat ook bij haar heeft gedaan.
 Onze vader die ons bij elkaar brengt. Wij, zijn dochters die elkaar gauw hopen te ontmoeten.
 In het leven het nooit te laat is om iets moois te willen zien.

Zonder enige reden moest ik denken aan mijn gesprekstherapeut, waar ik op aanraden van mijn vorige huisarts bij het zien van mijn "rode ogen" naar toe was gegaan. Ze had mij eens gevraagd wat voor rol mijn vader in mijn jeugd had gespeeld. Ik kon haar hier toen niet goed op antwoorden.
 De schaamte over zijn relatie met haar moeder zat mij nog in de weg maar haar vraag was me wel altijd bijgebleven.
 Mijn vader waarvan ik veel heb geleerd en die er voor mij was ook al besefte ik dat niet altijd.
 De dag van mijn twee en twintigste verjaardag werd ook de dag van zijn uitvaart.
 Verbonden op een bijzondere manier. Een herinnering die ik koester.

Dit in grote tegenstelling met de dag van mijn vijf en zestigste verjaardag.
 De dag van mijn aanranding door een man die niet "tippen kan" aan mijn vader.
 Ik ben heel dankbaar dat ik een vader heb gehad die "DAT" niet in zich had!

Een vader waar ik nu met trots over kan praten.
Het erop nahouden van een of meerdere vrouwen in wat voor vorm dan ook naast jouw wettige vrouw is niet meer van deze tijd. Althans zo kijk ik hier tegen aan. Per slot van rekening lopen we ook niet meer in berenhuiden rond.

Maar we zijn en blijven mens. Een slippertje maken zal de wereld niet verlaten.
Vreemd genoeg hoort het er gewoon bij! Eén van de "duveltjes" onder de mensen.

Een "duveltje" waar ikzelf ook mee te maken kreeg. Kort voor ons vertrek ging mijn toenmalige echtgenoot nog een pakje ophalen bij een vriendin van mij. Hij besloot de nacht met haar door te brengen en verwachtte vervolgens dat ik de volgende dag als vanzelfsprekend met hem deelnam aan het afscheidsdiner van de Maatschappij. Ik kon niet geloven dat hij mij dit juist nu geflikt had.
Was hij de man waarmee ik was getrouwd, was hij de vader van mijn kind....
Hij had vrij spel. Met al mijn spullen in een loods kon ik geen kant op en hij was zich daar heel goed van bewust. Hij had genoten van een luxe overnachting onder de zwoele zomerse Hollandse avondlucht waarbij haar roze tepels de sfeer van rode lampen hadden overgenomen. Redenen genoeg om direct bij hem weg te gaan, maar ik was simpelweg daar nog niet aan toe. Ondergedompeld in schaamte deed ik er het zwijgen toe.
Toen we later door omstandigheden zijn moeder voor enige tijd bij ons in huis hadden begreep ik waar zijn gevoelloosheid naar mij toe toen, naast zijn overspel, vandaan kwam. Wilde ze iets of dat dan al of niet correct was dan zorgde ze ervoor dat ze het kreeg. Dat haar directe omgeving daar dan meestal onderleed of er soms aan onder doorging, deerde haar niet. Het eventueel weer goed maken was van later zorg of niet. Het ging dan enkel en alleen maar om haar! En dat deed ze nog steeds op oudere leeftijd. De triomfantelijke blik op haar gezicht vertelde je dan dat het haar was gelukt. Ze liep dan weer stralend rond en verwachtte ook dat jij weer gelijk terug straalde.

Deze snelle gedragsverandering liet je zo vol ongeloof en tegelijkertijd ook in totale verwarring achter dat je soms aan jezelf ging twijfelen. Erger nog voelde je soms nog medelijden met haar want zoals zij het dan ging uitleggen had jij of die ander toch wel erg lelijk tegen haar gedaan!

Ik begrijp nog beter waarom kleine zus haar ouderlijk huis toen heeft moeten verlaten.

Mijn gedroomde "Prins op het Witte Paard" viel toen keihard op de grond. Een vrouw verstoken van eigenwaarde en een getrouwde man zonder moraal. Een echtgenote die de volgende ochtend ontzet ontdekt dat haar echtgenoot niet naast haar ligt. Mijn huwelijk dat een diepe scheur vertoonde die op den duur niet meer te dichten was. Ik dacht aan het moment dat mijn moeder de condooms uit zijn broekzak haalde. Het moment van de "Naakte Waarheid" had haar leven toen ook aangeraakt. Kon ik toen haar verdriet als kind nog alleen maar zien en aanvoelen, nu beleefde ik echter ook haar pijn en haar vernedering als vrouw.

Deze keer had ik mijn tuin alleen maar met gele tulpen beplant.
Met het zonlicht er bovenop was het een schitterend gezicht.
Met een glimlach op mijn gezicht zette ik me neer op één van de bankjes naast
Michel Martinus, de man die me aanmoedigde om te schrijven.
Hij schreef een gedicht waar niemand zonder kan.
Een gedicht genaamd "De Vriend"

Te vroeg overleden,
   de vriend waarmee gedeeld:
   de kunstenaar en kunstkenner;
   de filosoof;
   de kibbelpartner over
   het wereldnieuws,
   de politiek,
   de muziek, het ideële en
   het spirituele.

De duizend levensvragen,
de liefde en de dood.
Niets bleef onbesproken.
Als ik mijn voorhoofd aantikte,
stak hij zijn middelvinger naar
me op, maar de aai over de bol,
de lichte schouderklop,
en de glimlach, deden
ons weer vergeten
en een lange vriendschap
opnieuw bezegelen.
Voor elk geluk, ieder verdriet,
wisten wij de vriend, met wie
wij deelden, nabij.
Wij waren altijd op zoek naar
het leven voorbij het verleden,
en achter de toekomst naar
leven voorbij dit leven,
dat hij al gevonden heeft
en waarop ik nog
wachten moet.

Samen genoten we in stilte volop van de gele tulpen uit mijn tuin.
 Bij vertrek een lichte schouderklop die gepaard ging met een glimlach.
 Met onze vriendschap zat het nog wel snor. Zo ook met de snor van mijn vriend, eens de Stadsdichter van Harderwijk.

Omringd door de nu in volle bloei staande gele tulpen van mijn tuin wil ik een ieder die mij op wat voor manier dan ook in de afgelopen moeilijke tijd heeft bijgestaan met heel mijn hart bedanken.
 En als u mij nu vraagt hoe het met me gaat dan antwoord ik zonder te aarzelen gelijk: Goed!

Nawoord

Goed nieuws!
 Evan krijgt woonruimte aangeboden. Eind augustus zal de sleutel overhandigd worden. Een moment waarop hij reikhalzend naar uitkijkt. Als er nu maar niets tussen komt...
 Hij zei het niet altijd maar sinds mijn aanranding en daar bovenop het ontvangen van die Brief was de sfeer voor hem niet echt prettig meer om in te wonen. Onze buurman was voor hem niet meer de buurman van vroeger maar was nu de aanrander van zijn moeder.
 Een man die steeds in haar vaarwater bleef lopen en daar had hij ook flink last van.
 Een man waar hij geen greintje respect meer voor had. Een man zonder eer en geweten.

We zijn er ook beiden aan toe om op ons zelf te gaan staan.
 Wel had ik Evan beloofd, dat als ik me hier echt niet meer veilig zou voelen, ik dan ook weg zou gaan. Ik zag het dan niet meer als vluchtgedrag maar meer in het licht van zelfbehoud om weer op een voor mij goede manier door te gaan. In de wetenschap dat ik er binnenkort alleen voor kom te staan zal mijn buurman zeker wel weer vaker van zich laten horen.
 Zijn kans om nu eindelijk ook echt voorgoed van mij af te komen kan hij niet zonder meer aan zich voorbij laten gaan.
 Daar was ik me ook wel van bewust maar gek genoeg raakte ik er niet echt door van slag.
 Het voelde voor mij nu juist eerder als een uitdaging aan waar ik niet voor terugdeinsde.
 Mijn eerste test begon zelfs nog op de avond voordat Evan aan zijn verhuizing zou gaan beginnen.
 De platenspeler die nog van mijn zus was geweest moest nog worden aangesloten. Mijn zoon zou me hierbij helpen maar dat was er steeds bij ingeschoten en nu kwam er natuurlijk helemaal niets meer

van terecht. Ik wilde weten of de platenspeler het nog deed, zo niet dan kon hij mee naar de sloop.

Zonder eerst hierover te bellen, liep ik naar onze nieuwe buren toe. Misschien had hij even tijd om mij morgenochtend te helpen. Nauwelijks uitgesproken bood hij gelijk aan om het meteen te doen.
Terwijl ik me omdraaide om voor hem uit nog door hun gedeeltelijk openstaande deur terug te lopen, zag ik tot mijn verbazing mijn buurman net onze hal binnenstappen.
Oh, de koffie gaat dus niet meer door, hoorde ik hem nog net zeggen terwijl hij van ons wegkeek. Daarna draaide hij zich gelijk om, stapte weer ons halletje binnen en liep op zijn voordeur af. Vreemd want zijn vrouw was achtergebleven en ze zou zeker een kopje koffie voor hem hebben ingeschonken. Maar daarnaast zou in het voorbijgaan haar man hem ook zeker hebben gezegd dat hij zo weer terug is.
Zo, hij kwam me dus echt weer achterna lopen. Ik had hem op heterdaad betrapt.
Ik reageerde niet maar liep gelijk met onze nieuwe buurman achter mij aan via ons gezamenlijk halletje door naar mijn voordeur.
Ik dacht toch echt dat het mij achterna lopen tot het verleden behoorde. Niet dus...
Veel tijd om hierbij stil te staan had ik niet want de klus was al gauw geklaard en klonk het lied
Junge, komm bald wieder mij als vanouds weer in de oren!
Bij het weggaan bedankte ik hem hartelijk. Nooit had ik hem iets over dit voorval gevraagd.
Ik wist eigenlijk dus niet of hij iets had gezien of iets had opgemerkt. En omdat hij neutraal wilde blijven vroeg ik hem er ook niet naar.

Alhoewel ik me dus sterk voelde, gaf dit voorval me toch te denken. Hij liet mij niet met rust.
Ik wilde toch weer met iemand praten over mijn beveiliging. Ergens tussen mijn papieren moest ik nog het adres hebben van een man die zich bezighoudt met de beveiliging van huizen.

In ons telefoongesprek legde ik hem mijn situatie uit. De volgende ochtend kon hij gelukkig al langskomen voor een vrijblijvend advies. Met de camera aan en een nieuw slot moet u veilig zijn, maar nog belangrijker is het feit, dat u zich hierbij ook echt veilig voelt.

Ik begreep wat hij mij duidelijk probeerde te maken. Sterk in mijn schoenen staan en vooral ook met diezelfde schoenen me ook sterk voelen. Hier gaat het om. Ik heb zijn boodschap begrepen.

Het was zover. Morgenavond zou Evan in zijn eigen met trots in elkaar gezet nieuw bed slapen.

Toch even raar dat hij er hier 's nachts niet meer zal zijn.

Ik moest mij dus echt zelf zien te redden! Met het advies van die meneer van de beveiliging nog in mijn hoofd zei ik ineens tegen Kim dat hij de camera uit kon zetten. Verwonderd keek hij me aan en vroeg of ik dat echt wel wilde. Ja, antwoordde ik hem, doe het maar.

Hij deed het zonder verder naar het waarom hiervan te vragen en daar was ik blij om.

Sterk staan en vooral sterk blijven staan en me sterk voelen. Met deze schoenen wil ik verder lopen, met deze schoenen wil ik verder gaan.

Net zoals vroeger de deur achter me op slot doen en mij richten op wat ik ga doen en mij niet bezig houden met de vraag of hij straks wel of niet mijn huis binnen zal gaan.

Zoveel mogelijk teruggaan naar normaal...

Thuisgekomen doe ik dan bewust deze schoenen uit en gaat wel de deur op dubbelslot. Zo ben ik er in ieder geval van verzekerd dat hij nu, terwijl ik binnen ben mijn huis niet in kan komen.

Per slot van rekening kan ik het verleden niet helemaal naast me neerleggen.

Voor 100 procent weer rechtop in mijn schoenen staan, dat zal wel nooit meer gebeuren, althans voorlopig zeker nog niet, maar met bijna 100 procent voelt het voor mij ook heel erg goed aan.

Zo voel ik mij weer veilig!

Met de verhuizing nu achter de rug kon ik me wijden aan wat ik noemde een grote poetsbeurt van mijn huis. Vol goede moed deed ik elke dag een beetje. En juist toen ik bezig was om de deurpost van mijn voordeur droog te poetsen, stapte mijn buurman ons halletje binnen.

Ik voelde zijn ogen op mij gericht maar al bukkend ging ik verder met waarmee ik bezig was en negeerde hem volkomen. Op nog geen meter afstand van elkaar verwijderd deed hij zijn deur van het slot en verdween naar binnen.

Ik had me geen moment ongemakkelijk gevoeld. Integendeel vlogen er allerlei vragen en gedachten heen en weer door mijn hoofd en dacht ik ineens aan die avond, inmiddels alweer een tijd geleden, waarop mijn buurvrouw bij mij aanbelde om mij iets te vragen. Ze bleef in de deuropening staan en terwijl ze tot mij sprak dook haar man onverwacht vanuit het niets achter haar brede rug op en begon ineens zonder iets te zeggen van links naar rechts te springen om zo steeds net over haar schouders heen oogcontact met mij te maken.

Op zich een komisch tafereel maar waar ik me toch enigszins onbehaaglijk bij voelde.

Ondertussen ging mijn buurvrouw onverstoord door met praten terwijl ik naar haar bleef luisteren en niet reageerde op hem terwijl hij met steeds een grimas op zijn gezicht zo aan het springen was. Nadat ze was uitgesproken ging ze weer terug naar hun appartement. Van hem was er al geen spoor meer te bekennen. Met een vreemd gevoel deed ik mijn deur toen weer dicht. Hij had mij net een kijkje in hun huwelijksleven gegeven. Iets waar ik helemaal niets mee te maken wil hebben en waar ik ook beslist geen deelgenoot van wil zijn. Misschien leuk voor hem, maar niet voor mij.

Waarom was deze man toch eigenlijk psycholoog geworden? Zeker om het manipuleren nog beter onder de knie te krijgen om zodoende argeloze personen nog beter te kunnen bespelen. Zijn truc om mij te doen geloven dat hij mij toen op mijn verjaardag kwam feliciteren door mij gele tulpen te brengen was hier een goed voorbeeld van. Geen moment had ik toen gedacht dat hij mij hierna gelijk bewust zou aanranden ook al vond ik het wel vreemd dat hij wat op afstand van mij ging staan. Achteraf moest dat ook wel anders kon hij die zwiep niet maken om jou vast te grijpen, zoals mijn vriendin uit Amersfoort nog geschokt eens tegen mij zei. Hoe vaak zou hij deze truc toch al hebben gedaan? Voor een oude man ging hij zeer behendig te werk. Dat moest ik hem nageven.

Waarom schreef je over een melding, terwijl jij mij hebt aangerand...

Sta jij bij hetzelfde loket waar ik ook heb gestaan. En jij staat gewoon tegen die agent te liegen...

Schaam jij je niet, dat je als oudere man nog zo liegt... Ben je wel naar de politie geweest?

Waarom gaf mijn boven buurtje nooit door dat ik een gesprek met de zedenpolitie heb gehad? Waarom schreef de briefschrijfster die Brief en niet jijzelf? Dat durfde jij niet, he! Leugenaartje! Wordt het geen tijd dat je deze trukendoos dichtlaat en ook stopt met anderen in jouw leugens te betrekken... Vragen die af en toe opborrelen ook al weet ik dat ik hier geen antwoorden op krijg.

Hadden we net het weer achterna lopen achter de rug, volgde nu het mysterie van het blauwe setje.

Dit blauwe setje bestaande uit stoffer en blik dat op korte afstand van mijn voordeur tegen de muur aan lag. Het was niet van mij dus liet ik het daar maar liggen.

Toen ik na een paar dagen weer naar buiten ging lag het er nog steeds maar nu goed zichtbaar tegen de andere muur aan, dichterbij mijn voordeur. Het setje was dus nu verplaatst.

Iemand wil dus dat ik het zie en dat ik erop moet reageren. Maar wie zich hier zo druk mee bezig hield was voor mij een raadsel. Er stond geen naam bij en ik moest er dus naar gissen.

Stoffer en blik nam ik toen mee naar de grote hal beneden en zette beide op het tafeltje aldaar neer zodat de rechtmatige eigenaar het weer kon mee nemen.

Na twee dagen zag ik het setje niet meer. Ik hoorde er verder ook niets meer over terwijl het toch heel bewust door iemand voor mijn deur was neergelegd en met een duidelijke reden.

Is dit ook een truc uit jouw trukendoos gewoon om mij te irriteren en te laten weten dat ik nog steeds niet van je af ben, vroeg ik me dan

weer af. Hoe lang ga jij zo nog door met steeds dat flauwe gedoe en dat nog wel op jouw leeftijd...
Onverstoord een fotokaart op het prikbord hier beneden in de grote hal ophangen met daarop geschreven: Harmonieus 2021. Alsof er geen vuiltje aan de lucht is.

Alsof jij niets op jouw kerfstok hebt, nergens spijt van hebt alleen jammer dat alles bekend is...

Weer goed nieuws!
Een officier zal vanwege aanranding vervolgd worden. Dit bericht wat ik onverwacht nog niet zo lang geleden op tv voorbij zag komen was de verkoelende zalf op mijn net drooggepoetste pijnplek!

Het was net alsof ik tijdens het poetsen niet alleen de deurpost maar ook mijn pijnplek had drooggepoetst. Zonder pijn kon ik nu denken en praten over een onderwerp wat heel veel in mij teweeg had gebracht, daarnaast ook had los gemaakt en naar boven had gebracht.

Pas had ik het boek wat ik onverwacht van Kees eens gekregen heb nog in mijn handen.

Het boek dat vertelt over de mooiste Surinaamse mythen en sagen met een briefje erin waarbij hij had geschreven: Efiena, alvast wat Suriname voor later... Een later dat nooit meer kwam...

De boemerang die mijn buurman naar mij toegeworpen had, was bij hem teruggekeerd.

Steeds als hij weer een truc voor mij had, raakte hij in zekere zin mij niet meer maar alleen zichzelf.

Hij wist heel goed dat als hij mij niet had aangerand het ook niet nodig zou zijn geweest om al deze trucs op mij los te laten. Voortaan werd elke nieuwe truc voor hem een herinnering aan zijn eigen falen om mij te doen zwijgen over zijn duistere kant. Ik had geen angst meer om hier over te praten.

Eens op een dag vroeg een parkbewoner, die hier ook al vanaf het begin woont mij waarom ik toch altijd een glimlach op mijn gezicht heb als ik buiten kom.

Verrast door zijn vraag moest ik even over het antwoord nadenken.

Omdat ondanks die onzichtbare lidtekens veroorzaakt door het duister van toen en van later, ik toch steeds weer blijf genieten van de natuur en van de mensen om mij heen...

Omdat een glimlach terug mij kracht geeft...

Omdat met deze kracht en goede therapie ik nu mijn lidtekens kan laten zien.

Maar dan komt er toch weer een kink in de kabel.

Tien dagen na Valentijnsdag werd ik onverwacht met een verregaande vorm van brutaliteit geconfronteerd toen ik op een hoogst ongebruikelijke plek mijn kwijtgeraakte medicijnen terugvond. Een uiting van schaamteloos gedrag. Onvoorstelbaar!

Ik wilde de vuilniszak naar beneden brengen en keek wat ik nog eventueel mee kon nemen.

In de open kast van mijn zogezegd nieuwe slaapkamer, die eerst van Evan was geweest, zag ik het vitaminen D3 doosje nog liggen. Ik had pas een nieuwe doos gekocht en nu kon deze wel weg.

Het voelde wat zwaar aan en ik maakte het voor de zekerheid toch nog even open en zag tot mijn stomme verbazing naast een kleiner medicijndoosje ook mijn kwijtgeraakte medicijnen erin liggen. Ik kon mijn ogen eerst niet geloven. Hoe komen die nu daar terecht vroeg ik me steeds maar weer opnieuw af. Het zijn medicijnen die ik al lange tijd slik na een licht hartinfarct. Iemand die hier kennelijk de weg goed kent is dus hier binnen gekomen en heeft naast het andere medicijndoosje dat normaal in de zak van al mijn medicatie in een andere kamer is, ook nog mijn kwijtgeraakte medicijnen die normaal in een glas op een plank van een van mijn dichte keukenkastjes zijn, gepakt en dit alles heel bewust in dit lege vitaminen D3 doosje gestopt en daarna licht omwikkeld heeft met tape. Dit naar mijn weten nog lege doosje, dat nog in de open kast van mijn nieuwe slaapkamer lag om mij eraan te herinneren dat ik weer een nieuwe doos moest kopen.

Het verschil tussen het toen onverwacht zien van mijn kartonnen strip met de twee daarbij behorende gehoorbatterijtjes erin en het onlangs onverwacht zien van de mijn op naam kwijtgeraakte medicijnen ligt in het feit dat ik niet meer ril. Maar dat wil niet zeggen dat het mij niet raakt.

Per slot van rekening houd ik wel het resultaat van abnormaal gedrag in mijn handen.

Een truc waarbij het woord respect totaal ontbreekt en dat bij mij juist hoog in het vaandel staat.

Als je toch onschuldig bent, waarom heb je deze trucs dan nu toch zo nodig?

Een kat in het nauw maakt rare sprongen!

Ik had er helemaal geen idee van dat het ergste nog moest komen.

Ik dacht juist dat met dit vitaminen doosje ik het ergste had gehad.

En voor de komende tijd moet de camera toch maar weer aan...

Straks, op eerste Paasdag ben ik jarig. Samen met mijn twee zonen wil ik er een mooie dag van maken. Een dag om zowel voor mij als ook voor hun ons verleden hier af te sluiten en onze blikken met goede moed te richten op een betere toekomst vol rust.

Nasleep

En toen kwam hij toch weer binnen.
 Verdomme, hoe kan dat toch?
 Dan gaat die camera vanaf nu voorgoed uit!
 Of dat nu verstandig is of niet, daar wil ik nu niet meer over nadenken.
 Maar voor nu heb ik er schoon genoeg van.

Steeds in je eigen huis in beeld te zijn terwijl hij toch ongezien naar binnen kan komen...
 Ik snap er niets van. Waarschijnlijk doe ik iets steeds fout.
 Ik ben het echt helemaal spuug zat!

Evan was het daar niet echt mee eens en probeerde mij toch nog op andere gedachten te brengen.
 Maar ik was er gewoon helemaal klaar mee.

Echter de kat dus niet.
 De nasleep kwam in een onheilspellend daglicht te staan. Het zou niet lang meer duren voordat ik erachter kwam hoe kwaadaardig zijn ergste sprong eruit zou komen te zien.

Ik realiseerde me niet meteen hoe groot de impact van de ontdekking van het vitaminen doosje met daarin mijn kwijtgeraakte persoonlijke medicatie op mij was. Maar de gedachte hieraan liet mij niet meer los. Ik vind het eigenlijk zeer schokkend dat hij zich met mijn medicatie zo stiekem heeft bezig gehouden. Alsof het de normaalste zaak van de wereld is dat hij hier ongezien steeds weer binnenkomt en mijn hele huis doorsnuffelt. Zo dicht in mijn leven gaat staan en hij op zo'n bizarre manier zichzelf weer steeds aan mij opdringt.

Ik ging officieel aangifte doen bij de politie vanwege huisvredebreuk. Het doosje had ik bij me.

Wie weet zaten zijn vingerafdrukken er wel op. De politie hoorde mij aan maar kon voor mij niets doen omdat ik geen foto had waarop de dader in mijn huis te zien was. En was het voor mij een heldere zaak maar dat was het voor hun beslist niet. Van de ene kant wilden ze mij wel graag geloven maar van de andere kant kwam het toch enigszins vreemd op hun over.

En ja, laten wij eerlijk zijn. U bent 71 jaar en misschien heeft u wel ook al last van beginnende dementie veroorzaakt door de ziekte van Alzheimer. Ik wist niet wat ik hoorde. Ik ben helemaal nog niet dement. Dus ze geloven mij eigenlijk niet en ze zijn eigenlijk ook niet van plan om mij te helpen terwijl deze man mij toen bewust heeft aangerand en in de computer van de zedenpolitie staat. We nemen contact op met uw wijkagent. Meer kunnen wij nu niet voor u doen.

Hier stond ik dan met goed fatsoen en kon mij niet verweren.

Wat een afgang! Ik kon geen woord meer uitbrengen. Ik kon alleen maar weggaan.

De volgende dag belde de wijkagent samen met zijn vrouwelijke collega bij mij aan.

Verrast omdat ze zo gauw waren gekomen, liet ik hun de route van het vitaminen doosje zien.

Dit heeft mijn buurman dus gedaan. Voor mij was dit een uitgemaakte zaak omdat ik niet zweeg over de aanranding. Alleen wisten hun hier niets vanaf. Dat vond ik wel vreemd omdat ik dat gisteren nog had aangehaald. Ik moest ineens in het kort hierover vertellen en dat ging natuurlijk niet goed. Overmand door emoties konden ze mij niet verder helpen en gingen weg terwijl ik hun nog meer had willen laten zien wat hij hier zoal deed als ik weg was.

Bovendien had ik ook nog willen vragen of ik hulp kon krijgen bij het maken van een foto omdat er niet zou worden gekeken naar vingerafdrukken.

Ik had het dus weer goed voor mezelf verknald. Helemaal toen ik de deur voor hun open maakte en hardop richting het halletje schreeuwde dat hij een vieze vuile smeerlap is. Het vloog eruit. De agenten zeiden niets en liepen door. Begrepen zij op dat moment wel iets van mijn frustratie? Waarschijnlijk niet... Of zijn vrouwelijke collega misschien toch wel... het leek erop alsof zij iets wilde zeggen...

Maar nee, zij liep toch ook weer door. Oh, wat voelde ik me ellendig!

In het begin had de politie mij zo goed geholpen. Waarom lieten ze mij nu in de kou staan?

Ik wil zo graag dat deze man stopt...Waarom helpen jullie mij daar dan niet bij...

Zonder dat ik het wist nam de wijkagent contact op met Evan. Hij maakte zich zorgen over mij.

Kan het zijn dat jouw moeder wat in de war is en vergeten heeft dat ze zelf die medicatie in het vitaminen doosje heeft gedaan? Mijn zoon zat er ook over in.

Hij geloofde mij wel maar was er natuurlijk niet bij toen ik het ontdekte. En ja, ze vergeet soms wel even waar ze iets heeft gezet. We noemen het dan een Senioren Momentje.

Ja, dat krijg je als je ouder wordt. En daarna weet ze het weer en lachen wij erom.

Echter dit van het vitaminen doosje had mijn buurman al een tijdje geleden gedaan.

Dat wist ik dus niet vandaar dat ik er ook nooit eerder met Evan over gesproken had.

Ik wist dat dit doosje daar al even lag omdat ik nog geen nieuwe doos had gekocht.

Het lag daar dus leeg. Ik had er geen idee van dat hij er mijn kwijtgeraakte medicatie had ingedaan.

Zonder dat ik het wist werd er ook contact opgenomen met mijn huisarts. Nog diezelfde week zat ik samen met Evan bij hem op het spreekuur. Binnenkort kon ik een oproep verwachten voor een Geheugentest in het ziekenhuis.

Of ik het ermee eens was of niet, ik kon niet anders dan ermee instemmen.

Zelfs mijn zoon was er nu onverwacht ook bij betrokken geraakt.

En dan, baat het niet dan schaadt het ook niet. Dat is wel waar, maar voor mij was het doodeng omdat mijn geloofwaardigheid op de proef werd gesteld. Zo voelde het voor mij althans aan.

Zonder dat ik het nog besefte was ik, zoals ik later zei, in een rollercoaster terecht gekomen en had geen idee hoe deze onverwachte rit er voor mij echt uit zou gaan zien.

Afwachten en me eraan overgeven was het enige wat ik op dat moment kon doen.

Toen mij tijdens de test gevraagd werd waarom ik hiervoor in aanmerking kwam, raakte ik weer overstuur. Ik had me voorgenomen om rustig te blijven maar dat lukte me niet.

Natuurlijk ben ik dankbaar als er zou worden ontdekt dat er wel degelijk iets met mijn geheugen aan de hand is. Hoe eerder hoe beter.

Maar de echte reden is juist het handelen van mijn aanrander.

Het verhaal over het vitaminen doosje dat inderdaad als je het zo plotseling te horen krijgt past bij iemand die hoogstwaarschijnlijk in de war of wat vergeetachtig is.

Daar doelt de dader ook op naast het feit dat ik ook weer helemaal van de kaart zou zijn.

Mij zodanig in diskrediet brengen bij een ander zodat het lijkt alsof ik, het eigenlijke slachtoffer de dader ben en hij, de eigenlijke dader juist het slachtoffer is.

Als dader verdwijnt mijn schrijven dan zonder pardon gelijk in de versnipperaar en komt er zo eindelijk een einde aan dit zich alsmaar voortslepende Me/Too verhaal, dat dus wel echt is gebeurd en dat door het niet stop gedrag van de echte dader steeds in stand wordt gehouden.

De komende weken waren de moeilijkste weken uit mijn leven. Het wachten op de uitslag viel niet mee ook al wist ik voor mezelf dat ik beslist nog niet vergeetachtig ben.

Maar stel dat het toch wel zo blijkt te zijn dan zou men toch kunnen gaan denken dat mijn verhaal een groot verzinsel is. Een heel belangrijk deel van mijn leven zou dan onverbiddelijk in de prullenbak verdwijnen en lacht mijn aanrander zich rot.

Alleen de gedachte hieraan maakt me al gek. Hoe kom ik deze weken toch door...

Ik was aan de telefoon met de vrouw van mijn neef. Ze hoorde aan mijn stem dat het goed mis was.
Afgrijselijk, dat hij zo aan jouw persoonlijke medicatie in jouw eigen huis komt.
Dat is meer dan ongehoord, dit is giftig!
Gelijk stopte zij met praten. Efiena wij gaan nu samen bidden. En voordat ik nog verder iets kon zeggen was ze al diep in gebed en vroeg God om mij te beschermen tegen dit kwaad.
Ze bad vanuit heel haar hart.
Het was net alsof ik haar knielend voor me zag en ze mij zo meenam in het gebed.
Zo'n intens oprechte steun... Zo'n kracht ging ervan uit... Zo'n intiem en ontroerend moment...

Vertrouw op Hem en geef je over. Helemaal op momenten waarbij jij je zo verloren voelt.
En ineens werd ik me gewaar van de aanwezigheid van mijn overleden vader.
Ook hij was een zeer gelovig man geweest. Het kon niet anders dan dat ook hij uit deze overgave kracht had geput toen een heel heftig moment zich voordeed in zijn leven.
Toentertijd als puber stond ik daar helemaal niet bij stil. Maar nu was dat wel anders.
We noemden het toen het grote bed. Twee ruime één-persoons bedden tegen elkaar aangeschoven.
Maar wat moet er wel niet door het hoofd van mijn vader zijn gegaan toen hij de eerste keer, nu zelf lichamelijk gehandicapt eindelijk met onze hulp kon gaan liggen naast zijn bedlegerige geestelijk en lichamelijk gehandicapte zoon die niet kon praten en hijzelf op dat moment slechts met hem kon communiceren door hem alleen maar een liefdevolle blik toe te werpen als van vader tot zoon omdat hij door zijn beroerte nauwelijks zelf meer uit zijn woorden kon komen.

Dit moment liet me niet meer los. Ik voelde me met hem herenigd in de diepste momenten van ons leven. Ik voelde steeds zijn aanwezigheid om me heen terwijl hij me aankeek met die liefdevolle blik als van vader tot dochter.

Ik hoorde zijn stem die mij zachtjes toe riep: laat mij nu als vader een goed voorbeeld voor jou zijn.

Met een betraand gezicht vleide ik mijn hoofd tegen hem aan en liet ik mezelf zo door hem troosten.

De uitslag van de test was goed. Voor de zekerheid had ik het nog een keer gevraagd en het antwoord bleef onveranderd. Gelukkig, maar daarmee was mijn rollercoaster rit nog lang niet ten einde. Natuurlijk was ik er erg blij mee, maar de spanning was zo intens geweest dat ik er niet gelijk van kon genieten. Ik had nog wat tijd nodig om weer tot mezelf te komen. Ondertussen was ik me er niet van bewust dat door zijn volgende sprong ook weer mijn rode ogen terug waren gekomen. Hij had lang geleden zijn klauwen in mij gezet en liet mij sindsdien niet meer los.

Weer ging ik langs bij de politie. Het ondenkbare had plaatsgevonden. Zijn ergste sprong had hij gemaakt. In de receptiehal werd er alleen beleefd naar mij geluisterd. En voordat ik met lege handen weer wegging zei de vrouwelijke agent tegen mij dat ze vanavond hierover mijn zoon zal opbellen. U loopt toch bij een psychiater en u slikt toch pillen...

Wat krijgen we nou, dacht ik bij mezelf. Ik slik nu helemaal geen pillen van een psychiater. Hoe komt zij hierbij en waarom moet mijn zoon gebeld worden. Ik ben geen psychiatrische patiënt!

Ik ben een zelfstandig functionerende vrouw die geen toestemming van haar zoon nodig heeft om naar de politie te gaan! Verontwaardigd en zonder nog een woord te zeggen liep ik door.

Dat zij mijn verhaal helemaal niet zag zitten, daar kon ik met mijn pet niet bij. Goed, het was zeker vreemd. Maar de dader was wel mijn aanrander. Dus ja, dan kun je ook iets vreemds verwachten...

Al lopend dacht ik terug aan datgene wat ik pas te zien had gekregen nadat ik terug kwam van het boodschappen doen. Met een voldaan gevoel stapte ik mijn voordeur binnen. Dit keer had ik mij keurig aan mijn boodschappenlijstje gehouden en dat gebeurde eigenlijk zo goed als nooit.

Ik liep gelijk naar het rieten scherm van mijn vroegere slaapkamer en pakte de hanger om mijn jas op te hangen.

Terwijl ik dat deed draaide ik mij gedeeltelijk om en viel mijn oog op mijn witte borstkanker BH.

Hè! Gelijk draaide ik mijn hoofd weg om het daarna gelijk weer terug richting die BH te draaien.

Want had ik het wel goed gezien... Als aan de grond genageld bleef ik staan.

Mijn BH-lade had hij helemaal open getrokken en zo open laten staan. Ik kon mijn ogen niet geloven. Ik durfde eigenlijk ook niet echt te kijken naar die BH die daar zo opvallend uit het oog sprong en die nog niet zo heel erg lang geleden een speciale reis met mij had gemaakt.

Dat hij mij dit heeft aangedaan en nog wel in mijn eigen huis in mijn vroegere slaapkamer dat gaat gewoon alle perken te buiten. Onbewust sloot ik mij af voor de diepe pijn die zich van mij meester dreigde te maken bij het zien van deze afgrijselijke vernedering. Bizar vertoon van zijn Macht!

De spottende brutaliteit van kijk, dit doe ik met jou in jouw huis en je kunt mij helemaal niets maken straalde er vanaf. Verward en vol ongeloof rende ik naar mijn telefoon om mijn vriendin waar ik vroeger op dezelfde Intensive Care in Delft mee had gewerkt en die ik toevallig net een paar dagen geleden nog gesproken had, meteen te bellen. Ik moest dit aan iemand kwijt.

Wat een griezel was gelijk haar reactie... Wat een ongelooflijke griezel van een man!

Man-man-man, er is geen twijfel mogelijk dat tijdens jouw opvoeding iets goed mis is gegaan!

Wat voor een onmens ben jij toch geworden...

Dat zoiets in je opkomt... En dat je dit dan zonder enige schroom ook doet...

Jij vindt jezelf wel heel geweldig. De toffe familieman, de trotse opa, die vanavond een ongekend bed time story voor zijn tiener kleinkind heeft waar hij bovendien zelf de held in is. Maar vreemd genoeg dit zelfde verhaal niet aan de politie durft te vertellen.

Wat wil je hiermee toch bereiken? Mij totaal ontheemd laten voelen van mijn zo dierbare plek.

Oprotten, omdat ik niet zwijg over jouw duistere kant. Pesten zei een bewoner met een van afschuw vertrokken gezicht toen ik erover sprak. Inderdaad voegde ik erin stilte aan toe en het is net alsof na het vertrek van Evan dit alleen maar erger is geworden. Denk jij nu echt dat je dit zomaar kan doen zonder enig weerwoord te verwachten. Weer een miscalculatie van jouw kant!

Mijn mooie witte borstkanker BH, die altijd boven in deze lade bij de andere witte BH's ligt, heeft hij nu dus in het volle zicht en met de zachte cups in elkaar geschoven in de lengte uitgestald.

En mijn zwarte BH's, die juist altijd onderin liggen omdat ik die vaker draag heeft hij naar de linker kant verschoven. De rillingen voelde ik opnieuw door mij heengaan. Rillingen die ik juist was kwijtgeraakt. Insane antwoordde mijn Engelse vriendin.

Wat een viezerik zei een kennisje tegen mij toen ik haar later sprak. Anderen hun oren tuitten.

Hij was op de bodem van zijn eigen trukendoos beland.

Dagenlang kon ik die kamer niet binnen lopen. Die lade had ik dus ook nog helemaal niet aangeraakt. Hoe moet ik dit aan mijn jongens vertellen. Evan komt straks hier.

Heb je ooit maar een seconde eraan gedacht wat dit met hun doet en hoe dit hun thuis bezoedelt...

Op een ochtend ging ik voor mijn spiegel staan en keek mezelf goed in de ogen aan.

Efiena, wat ga jij hieraan doen?

Doordat die BH-lade de hele tijd open stond, kon ik de schuifdeuren niet opzij schuiven en kon ik dus ook niet bij mijn andere kleding komen. Deze lade doe ik altijd weer dicht zodra ik er een BH heb uitgenomen. Deze lade staat dus nooit open. Vandaar dat dit mij ook gelijk opviel.

Langzaam liep ik die kamer weer binnen en bleef heel even voor die lade staan zonder er echt ook in te kijken. Die borstkanker BH wilde ik niet zien ook al was dat gewoon onmogelijk. Alleen al bij de gedachte dat hij met zijn vingers, waarmee hij mij toen had aangerand nu ook juist aan deze BH had gezeten, maakte mij gelijk misselijk.

Raak mij niet aan! Blijf van mij af!

De aanrander, steeds op zoek naar die ene kick welke zijn eigen vrouw hem niet kan geven ...

In het begin ervaarde ik de confrontatie met deze lade steeds als zijnde een confrontatie met mijn aanrander. De pijn scherp aanwezig.

Maar gesteund door de goede therapie die ik op en af door de afgelopen jaren heen heb gehad, zette ik door. Langzaam maar zeker kon ik het opbrengen om langer voor die lade te blijven staan en er ook in te kijken. De pijn minder scherp aanwezig.

En op een gegeven moment ervaarde ik deze lade niet meer als zijnde een confrontatie met mijn aanrander, maar ging ik het juist meer zien als het resultaat van het gedrag van iemand met een zeer zieke geest. Hetgeen waar ik naar keek een uiting is van PURE GEKTE!

En hierdoor kon ik de confrontatie met deze lade steeds beter aan.

Dit ging zo goed dat ik op een dag mijn borstkanker BH oppakte en daarna de andere BH's om ze vervolgens in de wasmachine te doen en ze daarna schoon en droog terug te leggen in de nog steeds open staande lade, die ik met een flinke duw dicht stootte om deze daarna nooit meer open te maken. Zo, dat was dat! Een blijvende herinnering aan een onvoorstelbare gebeurtenis.

Deze lade die ik nu beschouw als een monument met een bizarre geschiedenis, opgesloten in een Monumentaal Gebouw waarin het zo aangenaam vertoeven is, maar dit juist door de mens die erin woont en die zichzelf niet respecteert verpest wordt.

Eindelijk kan ik de deuren van deze kast weer opzij schuiven en kan ik weer bij mijn kleding komen. Met de lade nu dicht valt het toch niet mee om hierover te praten. Aan mezelf toegeven dat deze man zo met mij is omgegaan, is pijnlijk. Gevoelens van schaamte, machteloosheid maar ook van woede voel ik soms nog door mij heen gaan. Deze psycholoog die ten einde raad, gedreven door zijn eigen duistere wanhoop omdat ik maar niet zwijg, zijn geile fantasie hier uitstalt als ik er niet ben. Mijn fantasie slaat nu op hol. Een fantasie die door hem bij mij in het leven is geroepen.

Wat bezielt hem toch om mijn BH-lade aan te pakken. Doet hij dat ook bij hem thuis om toch die extra kick, waar hij blijkbaar niet zonder kan, te krijgen door zijn gezicht in haar BH-lade tussen al die grote gedroomde zachte borsten te verbergen: kiekeboe spelen als een kind...

En zij, ach-arme daarna die enge ladder op moet gaan om dat verdomde ding de kop in te drukken zonder dat ze zelf van de ladder valt. Zijn fantasie waar hij de hele dag dan op teert totdat... "RATSCH" het de broek weer uitkomt en zij weer die verrotte rot ladder op moet gaan maar dit keer vergezeld van een grote hamer om die verdomde kop nu voor eens en voor altijd goed de kop in te slaan voordat deze door het plafond schiet en ze oog in oog komt te staan met datgene wat ze liever niet ziet omdat ze niet weet hoe daar mee om te gaan.

Die gebroken zieltjes op zolder... Zijn vlucht uit de realiteit... Wie zal het zeggen...

Tussen de wandelgangen door heb ik mij wel eens afgevraagd waarom mijn buurvrouw met zo'n man juist hier op deze plek, pal naast mij is komen wonen.

Ik heb pijn en verdriet getrotseerd om uit een ongezond huwelijk te stappen. Zij niet. Heeft ze onbewust steun van mij verwacht om haar overduidelijk ongezonde huwelijk in stand te helpen houden? Als zij op een gegeven moment haar leven in eigen hand zou hebben genomen dan zou ze als zelfstandig gescheiden vrouw zelf hebben ervaren dat dat zeker niet meer kan.

Dit deed mij denken aan het moment toen haar man mijn schouder even aantikte op die NS avond en hierna zo snel als zijn benen dat toelieten de zaal verliet als antwoord op mijn reactie op zijn gedrag. Gelijk riep toen een parkbewoonster gepassioneerd mij toe dat zijn vrouw hier geen schuld aan heeft. Voor mij was het duidelijk.

Ik neem het die bewoonster niet kwalijk dat zij het voor zijn vrouw opnam.

Tegelijk maakte zij mij wel duidelijk dat zijn vrouw haar beklag over het gedrag van haar man naar mij toe bij haar had gedaan en waarbij zij, zijn vrouw dus, zichzelf ook gelijk neerzette als de zielenpiet die hier toch niets aan kon doen.

Want eigenlijk was zij toch ook slachtoffer van zijn gedrag. Hierdoor werd het medelijden van de parkbewoonster opgewekt en nam zij als vanzelfsprekend haar, zijn vrouw dus, in bescherming.

Maar soms kwam zij in een andere positie te staan. Zoals op die dinsdag, gelijk na die bewuste maandag waarop hij hun deur in mijn gezicht had dicht gesmeten, toen Kees mij ontmoette in de supermarkt om aan onze pas hernieuwde vriendschap een einde te maken.

Het kon niet anders dan dat mijn buurman en zijn vrouw mij hadden zien wegfietsen met de boodschappentassen achterop. Ik ging vast en zeker naar de supermarkt.

Dat was hoogstwaarschijnlijk het moment voor zijn vrouw om Anna, de moeder van Kees te bellen om haar direct te laten weten dat ik straks in de supermarkt zou zijn.

Het mocht Anna en Kees niet ter ore komen dat mijn buurman mij onlangs had aangerand.

De waarheid werd een beetje verdraaid. Ik zou een akkefietje hebben gehad met haar man en niet haar man met mij. Reden genoeg voor Kees om de hernieuwde vriendschap gelijk af te kappen.

Nu nam zijn vrouw haar man, mijn buurman in bescherming en natuurlijk daarmee ook haarzelf.

Haar huwelijk kwam in gevaar en dus moest zij nu wel ten strijde trekken.

En ja, soms kon zijn vrouw er ook echt even niets aan doen.

Dat was zeker die keer, kort na het afbreken van mijn hernieuwde vriendschap met Kees toen haar man ineens opdook bij de rij waar ik net wat boodschappen in mijn winkelwagentje wilde doen.

Hij keek mij afwachtend aan. Hè, wat doet hij hier reageerde ik ontzet in mezelf. Loop mij niet stiekem achterna om hier afspraakjes

te komen maken. Ik ben hier niet van gediend. En daarbij heb je mij pas verdomme aangerand. Zonder een woord gezegd te hebben liep ik gelijk weg.
Je lijkt wel gek!

Het einde van mijn rollercoaster rit kwam gelukkig in zicht. Tijdens het afrondingsgesprek op 14 mei 2021 over de Geheugentest door de neuroloog werd mij toch enigszins met klem geadviseerd een pilletje te laten voorschrijven om mijn soms nog heftige emoties meer onder controle te krijgen.
Ja, daar heb ik toch ook wel aan gedacht. Evan zat erbij en hij vond dit ook een goed idee. Oké, laat ik dat dan toch maar doen. Goed, een pilletje voor mijn emoties, herhaalde ik terwijl ik haar aankeek. Die BH-lade had een diepe wond bij mij achtergelaten. Een wond, die gepaard ging met een pijn die ik beslist niet meer wilde voelen. Een pijn die mijn rode ogen had teruggebracht.

Ik stapte uit bij de halte Psychiatrie voor Ouderen. De psychiater aldaar zou mij helpen.
Gelukkig ging het niet om een pilletje vanwege een psychiatrische ziekte of een psychische aandoening waar ik voor in behandeling zou zijn.
Het toeval wil dat eens tijdens een gesprek met deze psychiater Evan uit zichzelf begon te vertellen over juist die ene keer dat mijn buurman zo plotseling vlak bij mij opdook in de supermarkt jaren geleden. Hij herinnerde zich nog dat ik toen opgewonden thuis kwam en hem hierover had verteld en ook aangaf dat ik dat niet wilde. Daarvoor was ik hem nog nooit in de supermarkt tegen gekomen en tot mijn opluchting na die ene keer ook niet meer. Over de aanranding had ik toen nog niet met Evan gesproken omdat ik door schaamte dat niet kon, maar hij zag wel mijn heftige reactie. Hij voegde er ook gelijk aan toe dat de problemen rondom deze buurman en zijn moeder al jaren op en af spelen en hij het moeilijk vindt om hier steeds mee geconfronteerd te worden. Onbegrijpelijk, dat zo'n man niet een keer ophoudt. Alsof hij niets anders heeft te doen!

De aangeboden medicatie sloeg ik af omdat bij de olanzapine tablet als bijwerking er een kans bestaat op vochtafscheiding uit de borsten en zo'n vergelijkbaar probleem zich al spontaan had voorgedaan bij mijn geopereerde borst. Deze bijwerking gold ook voor de aripiprazol tablet.

De haloperidol tablet nam ik ook niet in omdat ik geen psychotische klachten heb.

Het zou toch gaan om een pilletje om mijn soms heftige emoties beter onder controle te krijgen...

Maar elke keer zie ik op het recept het woord stemmingsstoornissen staan.

Dat kan toch niet de bedoeling zijn want die heb ik niet. Wie heeft deze diagnose toch gesteld?

Het vitaminen doosje en die BH-lade zijn beslist geen wanen of verzinsels.

Waarom krijg ik die medicatie dan voorgeschoteld?

Wat is hier toch aan de hand....En wat voor gevolgen heeft dit allemaal wel niet voor mij...

Die agente stond dus in haar recht om die avond mijn zoon over mij in te lichten... Oh, mijn god!

Waarom moest ik helemaal bij de halte Psychiatrie voor Ouderen uitstappen er is toch ook wel een psychiater dichterbij? Ben ik zonder dat ik er erg in heb gehad nu toch een psychiatrische patiënt? Om welke ziekte zou het dan gaan? Ach, houd toch op Efiena, je ziet spoken die er gewoon niet zijn...De pijn van die diepe wond had mij aan het wankelen gebracht. Verdoofd door die keiharde klap van die BH-lade nog te bang om de realiteit ervan, mijn rode ogen onder ogen te komen.

Een pilletje werd het dus niet maar wel extra koffie tijdens het gesprek op 22 november van dat zelfde jaar met de klinisch-psycholoog. Deze eerste keer kwam ze bij mij thuis. We zouden het zeker hebben over die BH-lade, maar ik wilde haar ook uitleggen waarom ik niet zomaar naar haar toe kon komen. Ik wilde haar vertellen over mijn boodschappenwagentje dat tegenwoordig elke keer steeds voller gevuld samen met mij het huis verliet. Voor een buitenstaander was dit een vreemde aanblik. Voor mij was dit zeker ook een onaangename bezigheid, maar door het vitaminen doosje liet mijn buurman mij zien dat hij dus ook medicatie van mij ergens in stopte. En wie weet deed hij dat ook in etenswaar dat al open gemaakt in de ijskast stond. Eigenlijk wilde ik dit niet doen, maar mijn ongerustheid hierover nam steeds toe. Het veilig gevoel in mijn eigen huis leek ik wel kwijt te raken, helemaal na die BH-lade. Mijn schrijfgerei had ik nu ook steeds bij me.

Zo had ik toen ook mijn wagentje met mij meegenomen naar de Apollo middag van 14 november in de Catharinakapel, waar de schrijver Kader Abdolah zou worden geïnterviewd.

Niet ver van mij vandaan zat Michel Martinus. Ik liep naar hem toe om hem te vertellen dat ik zijn gedicht over Vriendschap in mijn verhaal heb opgenomen. Maar er kwam geen geluid uit mijn keel. Ik vond het vreselijk. Ik keek hem maar aan en kon niets zeggen. En hij keek mij niet begrijpend, maar toch afwachtend aan. Zonder in paniek te raken liep ik terug naar mijn stoel en sprak weer alsof er niets aan de hand was geweest, alsof ik niet net ineens was stilgevallen. Dit was mij ooit eerder overkomen ten tijde van die Brief met die diepe vernedering erin. Waarom gebeurde dit toch weer... Plotseling overspoeld door hevige emoties wist ik het even niet meer.

Ik durfde niet meer naar hem terug te gaan, bang dat het mij weer zou overkomen.

Later zou ik mij verontschuldigen en uitleggen waar mijn stilvallen vandaan kwam.

Helaas is hij onlangs van ons heen gegaan. Zo'n spijt dat ik het toen niet opnieuw heb geprobeerd.

"Voor elk geluk, ieder verdriet, wisten wij de vriend, met wie wij deelden, nabij."

Thuisgekomen wist ik dat ik iets heel drastisch moest doen. Ik stond op instorten. Ik kon er niet meer tegen. De ernst van mijn situatie was mij nu echt wel duidelijk geworden en dit mocht ik niet negeren. Ik hoorde weer een bewoonster op verontrustende toon in de garage tegen mij zeggen dat ik echt weg moet gaan want hij stopt niet. Ze doelde op zijn hier binnen komen. Dit fnuikend gedrag wat eigenlijk volgens mij door de rechter bestraft zou moeten worden. Dit gedrag, dat je toch op den duur ondermijnt. Dit gedrag, dat de samenleving zeker niet ten goede komt. Het functioneren als mens- zijn op den duur ernstig verstoort. En hier maakt deze psycholoog zich keer op keer schuldig aan, naast het feit dat hij mij eerder ook al bewust heeft aangerand. En dat woont dan vlak naast mijn deur!

Mijn besluit stond vast. Ik bleef voortaan thuis en vroeg Evan om op te passen als ik boodschappen moest doen.

Ze hoorde mij aan en kwam daarna terug op die BH-lade. Ze wilde er dieper op in gaan. Ik aarzelde bang dat zij toch ook over mij zou heen walsen. Maar ze bleef mij afwachtend aankijken en dus moest ik wel... Het was ineens net alsof ik weer voor al die lichtjes zat, die lichtjes die maar langs bleven komen op zoek naar die pijnlijke plek, waarbij mijn ogen vochtig werden en die dan door mijn begeleidster direct tot stilstand werden gebracht, gevolgd door haar stem die dan zei dat ik nu moest vertellen wat ik voel. SPEL, waarom ben ik eigenlijk daar niet weer terecht gekomen...

Waarom ben ik hier bij de Psychiatrie voor Ouderen beland? Moest ik dan toch kost wat kost een psychiatrisch pilletje slikken en zo het verwarde vrouwtje worden dat een hoop onzin uitkraamt. Zijn die spoken dan toch echt... Moet mijn verhaal dan toch echt van de aardbodem verdwijnen...

Weet je, begon ik ietwat aarzelend toen ik gelijk mijn borstkanker BH daar zag liggen wist ik meteen dat hij aan mijn BH's had gezeten en zo in zijn gedachten met mijn borsten bezig was geweest. En op deze manier had afgemaakt wat hem toen met die aanranding net niet gelukt was: het tongzoenen!

Je voelde je verkracht hoorde ik haar ineens uitroepen. Ze zag de pijn op mijn gezicht. Het was de pijn afkomstig van die diepe wond. Verrast keek ik haar aan. Het was eruit. Eindelijk kon mijn genezing beginnen. Ik vertelde haar in het kort over het badkamergebeuren en dat ik mij toen ook verkracht heb gevoeld. Dit uitte zich in mijn rode ogen. En opnieuw lieten mijn rode ogen zich zien bij het ontwaren van die BH-lade. Ze keek mij even strak aan. Zo te horen beschik jij over behoorlijk wat veerkracht. Mijn Chinese vriendin uit Delft noemt mij daarom ook wel Bamboe-Efiena. Ik vind dat een mooi compliment. De tijd was om. Ze moest weer verder gaan.

De volgende keer ging ik naar haar toe terwijl Evan hier op het huis paste. Terloops gaf ik aan dat ik het toch wel vreemd vind, dat ik nu onder het Centrum voor Ouderen Psychiatrie val. Want wat voor ziekte heb ik dan toch... En waarom kwam hun vaste arts hier langs terwijl ik toch mijn eigen huisarts heb. Een verhelderend antwoord kreeg ik toch nog niet. Ik drong ook niet verder aan.

Ik weet nog goed dat ik na de uitslag gebeld zou worden om een afspraak voor de psychiater te maken.

Na een paar dagen belde Evan mij 's ochtends op om te zeggen dat later op de dag iemand zou langs komen om kennis met mij te maken. Vreemd, want wat heeft dat allemaal te maken met een pilletje voor mijn emoties... Ik zou toch opgebeld worden om een afspraak te maken...

Ongewild bekroop mij de gedachte dat ik in iets verzeild was geraakt waar ik niet in thuis hoor en waar ik niet zomaar uit kan stappen. Gelijk drukte ik dit weer weg omdat alleen de gedachte hieraan op zich al doodeng is want hoe kom ik er dan weer uit? Er klopt iets niet. Maar wat klopt er dan niet... Ik kom er maar niet uit. Straks even vragen. Dat wilde ik wel maar ik durfde toch niet echt want stel je voor dat ik toch echt vastzit...

Korte tijd later belde Adam aan. Een sympathieke man. Ik vertelde hem over mijn buurman en wat hij zoal doet als hij hier stiekem binnenkomt. Hij vormde zich een goed beeld over deze man en dat deed mij goed. Ik voelde mij door hem begrepen en vroeg niet verder, want ja, wat heb jij met mijn pilletje te maken. Hij vond mij niet heftig geëmotioneerd overkomen. Nee, natuurlijk niet dacht ik bij mezelf. Waarom zou ik dat nu zijn... Je hebt mij juist begrepen, je liet mij praten en dat doet mij goed. Voordat hij wegging herhaalde hij weer dat hij coördinator bij het Centrum voor Ouderen Psychiatrie was. Vanwege mijn leeftijd viel ik hieronder. Nou ja, als dat de regel is... Per slot van rekening was ik de 70 al gepasseerd. En het gesprek had mij toch echt goed gedaan. Maar toch is het allemaal zo dubbel... Ik wil even niet verder denken. Ik weet voor mezelf dat ik geen psychiatrische ziekte of een psychische aandoening heb. En toch sloeg de twijfel weer toe...

Heb vertrouwen, Efiena... Ze hebben het beste met jou voor... Ze bedoelen het echt goed...

Op 2 juni kon ik bij de psychiater die toen de vaste psychiater tijdelijk verving, terecht.

Het kennismakingsgesprek verliep ook goed. Maar waarom moest ik eigenlijk een formulier invullen waarbij ik de namen van naaste familieleden, in dit geval mijn zonen moest opgeven?

Om welke psychiatrische ziekte zou het dan toch gaan? Het ging toch alleen maar om emotie...

Emotie, die steeds aangewakkerd werd door mijn aanrander en mij zo steeds mijn rust ontnam.

In het verleden heb ik ook wel eens een pilletje geslikt na een heftige tijd met veel emoties, maar daar kwamen geen namen aan te pas en kwam de coördinator ook niet langs. Bovendien was er geen kans op vocht afscheiding uit de borsten. Zijn die spoken dan toch echt? Is het gerechtvaardigd dat er niet naar vingerafdrukken werd gekeken maar in plaats daarvan zonder dat ik er weet van had werd doorgestuurd naar het Centrum voor Ouderen Psychiatrie om mij dan door het voorschrijven van een psychiatrisch pilletje weg te zetten als dat verwarde vrouwtje terwijl ik nog een normaal wel denkend mens ben. Werd mij zo het zwijgen opgelegd om niet meer over zijn duister verleden te praten. De rotte appel gekoesterd en de eerlijke appel gedumpt. Mijn verwijsbrief hiernaar toe moet ik nog steeds inzien. Ik laat de drie recepten nog eens door mijn handen gaan. In het midden van het komend jaar zou ik zo te zien waarschijnlijk dan ineens weer pilletje-vrij en daardoor, neem ik aan, stemmingsstoornissen-af zijn maar tegelijkertijd ook een illusie armer door het verlies van mijn verhaal.

OF was dit pilletje juist het begin van een NEVER ENDING STORY en lag het herhaal-recept voor mijn in het leven geroepen stemmingsstoornissen alweer voor mij klaar...

Tijdens mijn laatste gesprek met de psychiater werd mij duidelijk gemaakt dat mijn soms heftig emotioneel reageren waarschijnlijk nog te maken had met de dag van mijn aanranding. Een psychiatrisch pilletje zou juist uitkomst bieden aan het overgevoelige deel van mijn hersenen wat hierdoor zou zijn ontstaan.

Maar het zijn juist de gebeurtenissen rondom het vitaminen doosje en die BH-lade, zijn mensonterend gedrag waar ik nu over klaag. Gedrag wat zelfs voor mij soms niet eens te bevatten valt. Zijn geile afronding op zijn aanranding van toen. Gedrag dat moet worden doodgezwegen omdat het te ongehoord, te kwaadaardig en voor mij te ondraaglijk zou zijn om erover te praten. Maar ik MOET juist praten. Dat ben ik aan mezelf verplicht om zo zijn schunnige praktijken bloot te leggen.

Mijn rode ogen lieten zich niet meer zien. Tijd om de halte Ouderen Psychiatrie achter mij te laten en zo een einde proberen te maken aan dat onbestemde gevoel plotseling te horen bij een grote club zonder te weten wie mij heeft aangemeld en ingeschreven. Een surrealistische situatie, die door een zekere ingehouden geheimhouding eng aanvoelt en mijn emotie juist weer aanwakkert.

En wat moet ik met het Persoonlijk Machtigingsformulier voor mijn ziektekostenverzekering van 7 juli? Dit heb ikzelf nooit aangevraagd maar wat mijn zoon mij ongevraagd aanreikte. Hij zag mijn verbazing en ging er verder niet op in. Ik vroeg hem er ook verder niet naar omdat vragen hierover voor mij gewoon doodeng is. Ben ik dan toch echt die verwarde vrouw...

Was het een speling van het lot of domweg toeval...

Voordat ik bij de halte was aangekomen, maakte ik nog een wandeling over het mooi gelegen parkachtig terrein van 's Heeren-Loo, een bijzondere plek waar inmiddels al weer jaren geleden mijn buren en ik zonder elkaar toen te hebben gekend, nog werkzaam zijn geweest.

Lift.

Een man die maar niet stoppen kan en maar doorgaat tot op het schunnigste af stapt in de lift en loopt daarna naar buiten als

De man waar de wereld niet zonder kan.

Dus toch...

Het was vrijdag 25 juni rond kwart voor tien in de ochtend van het jaar 2021.

De liftdeuren gingen open en met zijn krant in de hand stond mijn buurman klaar om in de lift te stappen toen ik eruit liep. Tijdens het passeren hoorde ik hem ineens het woord "SORRY" zeggen.

Ik draaide mijn hoofd even naar hem toe en liep daarna weer door zonder hierop te reageren.

Sorry, waarvoor? Is het nog voor die aanranding, wat ik niet denk, maar voor die BH-lade, jouw geile fantasie welke mij als een waanidee wordt aangerekend met als geheime uitkomst het CVO...

Hij, de psycholoog heeft dit dus dan toch eindelijk gezegd nadat er al zoveel kapot is gemaakt.

Maar waarom juist nu?

Binnenkort krijgen wij weer nieuwe buren.

Ben je soms bang dat ik tijdens de kennismaking onder het genot van een kopje koffie met hun een boekje open doe over jouw duistere kant waarbij het verhaal over die BH-lade zeker niet zal ontbreken...

Of heeft iemand jou ingefluisterd dat er zelfs voor de dader eens een dag komt waarop zijn venijn niet meer amusant is....

Maar weet je, ik ben dit kat-en-muisspel helemaal zat. Ga jij maar door met springen, ik als muis doe niet meer mee. Een doorgedraaide kat daar kan ikzelf ook als muis niets meer mee beginnen.

En trouwens is het inmiddels voor mij ook tijd om mijn "stenen" op te eten; opzoek te gaan naar een nieuwe plek. En tot dan laat ik mijn huis niet meer alleen!

Er viel heel wat op te ruimen. Er kwam maar geen einde aan. Toen ik bij mijn papieren was aangekomen trof ik er een paar uitgeprinte e-mails aan die bij elkaar leken te horen. Toch even kijken om welke e-mails het gaat. Zo te zien zou ik ze ooit eens aan mezelf hebben gestuurd. Wel vreemd, want zoiets heb ik nog nooit gedaan. Zelfs voor het uitprinten – geloof het of niet – heb ik nog steeds Evan nodig. Maar wacht even, dit kan toch niet waar zijn. Dit heeft hij toch niet getypt en uitgeprint... Lieve hemel, dat heeft hij dus wel gedaan. Ik liet Evan deze e-mails van 30 juni 2019 zien en voordat ik er erg in had zei hij: kijk mam, hier is de tekst. Ik raakte even van mijn à propos, want deze tekst had ik echt nog nooit eerder op mijn I-pad gezien. Hier staat mij echt niets van bij! En wat doen de woorden Markeer en Verberg hierbij. Ik heb niets te verbergen.

Ik weet niet eens hoe ik aan deze woorden kom.

En trouwens, waarom zou ik op mijn I-pad deze mails schrijven en ze dan op de koop toe ook nog naar mezelf opsturen om ze daarna ook nog eens uit te printen terwijl ik de tekst al HELEMAAL verwerkt heb in mijn verhaal...

!Boven aan de eerste bladzijde stond het volgende:
Van: Efiena, dik gedrukt, eewouters@gmail.com
Onderwerp: Re: n.a.v. Ons gesprek van gisteren
Datum: June 30, 2019 11.25PM
Aan: eewouters@gmail.com

Dit heb ik Evan nooit gevraagd om te doen. Gezien de inhoud van deze tekst zou ik hem dit ook nooit vragen. En bovendien zou Evan zich hier ook nooit voor hebben geleend. Waarom heeft hij deze vrouwonvriendelijke e-mails toch uitgeprint als ze al op mijn I-pad staan? En waarom heeft hij ze naast het uitprinten dan ook nog eens tussen mijn papieren verstopt? Ach ja, natuurlijk om dezelfde reden als toen met dat blauwe setje dat bij mijn voordeur was neergezet.

Eens zou ik ze dan ook zeker tegenkomen. Pestgedrag, alleen bleek dit veel erger te zijn.

Zo te zien heeft hij dus deze tekst, of wel zijn Relaas zoals ik het soms noem, voornamelijk ontleend aan "Gele Tulpen" wat aangeeft dat hij hier toen binnen is geweest om mijn verhaal te lezen. Met een pot vers gezette koffie begon ik hieraan. Zonder koffie had ik het niet gered.

In zijn tekst gaat het er soms nogal ruig aan toe! Daarom wilde ik het eerst verscheuren, maar bij de eerste knip bedacht ik mij opeens en begon alles toen toch te lezen. Het viel niet mee. Af en toe zette ik het aan de kant om het later met nog een kop koffie erbij weer op te pakken.

Ik ging het als een vorm van therapie zien om deze uitdaging, waar veel "geraas en getier" in voorkomt, aan te gaan zonder verlies van mijn eigenwaarde.

Zijn tekst geeft mij opnieuw een kijkje in zijn duistere kant. Zo kijk ik er tegen aan en zodoende kan ik het ook lezen. Maar het blijft moeilijk! Geregeld vervalt hij in herhaling over mijn emoties.

In zijn tekst refereert hij aan die mevrouw van Slachtofferhulp, die toen bij mij is thuis geweest.

Hij begint met: Een heel goedemorgen mevr. terwijl ik juist zou hebben geschreven:

Goedemorgen mevrouw. Dat viel me gelijk al op. Dit kwam niet van mij. Goeie genade, dit komt dus echt van hem... Ja, maar dat kan toch niet... Ik bleef er maar naar kijken, maar echt goed tot me doordringen deed het nog niet. Nog een oude truc, die lang geen "makkie" bleek te zijn.

Helemaal toen ik las wat hem zoal motiveert om te gaan aanranden. Als zijn slachtoffer is dit voor mij wel erg kwetsend om te lezen. Onmiskenbaar is hier mijn aanrander aan het woord.

!Wat ben ik blij dat u geweest bent. U heeft de vinger op de zere plek gelegd.

Het moment van die Herbeleving durfde ik niet aan. Steeds als ik dan maar even zijn gezicht met die blik van Dat moment weer voor me wilde halen, draaide ik mijn gezicht gelijk weg als toen, gelijk naar links en lopen de rillingen over mijn rug. Het was Dat moment dat zijn gezicht al heel dichtbij was, ik muurvast zat en ik wist niet eens dat het zijn ineengestrengelde vingers waren. Ik ervaarde een band om mijn nek, een band die muurvast om mijn nek lag en ik begreep helemaal niet hoe dat daar gekomen was. Die blik, die genoot van mijn ontzetting. Die blik, die mij maar bleef aankijken, aanstaren, me hypnotiseerde als bij "Mogli." Hij sloop net als die slang, bedachtzaam en vastberaden. IK KON GEEN KANT OP! Ik kon zijn gezicht niet ontwijken en ik kon ook mijn gezicht niet in veiligheid brengen. Ik wilde mijn gezicht optillen en veilig wegzetten in de verste hoek van de kamer op zo'n hoog tafeltje, waar je normaal een plant op zet. Zo kon hij in ieder geval niet bij mijn hoofd of liever gezegd bij mijn mond komen om er zijn tong in te steken.

MAAR ZO HAD IK IN IEDER GEVAL mijn HOOFD veiliggesteld en dus GERED!

Tegelijkertijd dringt het tot me door dat dat natuurlijk niet kan en ik En mijn hoofd NIET kunnen ONTSNAPPEN, maar hij genietend en bedachtzaam en zwijgend steeds dichterbij kwam.

HIJ HAD DE VOLLEDIGE CONTROLE over mij. HIJ HAD MIJ in zijn MACHT.

En ik voelde me hierbij ZO vernederd omdat hij me zag in mijn weerloosheid, in mijn kwetsbaarheid, in mijn paniek, in mijn angst, in mijn verwarring. Hij heeft het recht niet om mij in deze situatie te zien, te observeren en ervan te genieten en dan ook nog te bepalen wanneer dat stopt. Dat kan bijv. mijn man (die ik nu niet heb) of goede vriend, maar NIET hij!

((((HIER MAAK IK EEN KANTTEKENING, Geachte Lezer.

Herbeleving. Hij begint gelijk uitvoerig over die aanranding te praten.

Hij maakt haar een compliment: U heeft de vinger op de zere plek gelegd. Maar hij vergeet hier nog erbij te vermelden dat ze ook professioneel te werk is gegaan door eerst bij de zedenpolitie langs te gaan om te zien of zijn naam in de computer voorkwam. En zij zag inderdaad Zijn Naam daar staan.

Als ik deze tekst zou hebben geschreven dan had ik dit juist ZEKER vermeld!

Gelijk naar LINKS. Alleen hij wist als dader, dat ik mijn gezicht die kant omdraaide.)))

!Mijn privé emoties, die hij verdomme had veroorzaakt en er bewust van genoot! Vreselijk, wat was ik machteloos en ik begreep niet hoe dat kwam. Alles gebeurde in een razend snel tempo. Hij wist dat ik me zo zou voelen, hetgeen mijn vernedering alleen maar vergrootte.

Hij bleef er zo vreselijk rustig bij, ondertussen genieten van alle commotie en optrekken richting mijn mond. Oh, mijn god! En hij bleef mij maar aankijken. Tegelijkertijd wist ik niet wat er toch zo opeens was gebeurd. Het gebeurde gewoon en ik kon het alleen maar ondergaan. En dat op een voor mij zo'n mooie dag met de wetenschap dat ik weer met Kees ga optrekken. Mijn mooi cadeau uiteengereten door een GEK! Hij bleef zo rustig en hij bleef mij maar aankijken, hypnotiseren. Hij had verdomme die hele situatie in de hand. Verdomme. Hij was helemaal niet onzeker. Je kon zien dat dit beslist niet vreemd voor hem was. Hij wist precies wat hij moest doen. Hoe hij mij in de hand moest houden. Hij voelde zich Heer en Meester! En genoot ervan. Hij stuurde, hij dirigeerde, hij bepaalde de manier waarop hij van mij genoot. What a piece of shit.

Waar haalt hij de brutaliteit vandaan om mij zo te behandelen, om zo mijn leefwereld binnen te dringen terwijl ik geen moer, geen ene moer met deze man te maken heb.

Ik leef niet van hem. Hij doet alsof ik zonder hem de mist in ga, me niet kan redden.

Terwijl hij juist zijn leven niet aankan. Zijn vrouw zijn geile lusten niet kan bevredigen.

Zijn eigen verziekt en verrot huwelijk niet aankan maar erin blijft en mij gebruikt om zijn smerige gaten op te lossen. Ik zou graag eens een woordje willen spreken met zijn zonen. Hun verdomme ook laten weten wie hun vader ook is. Wat een piece of shit hij wel niet is die me lastig valt en doet alsof ik zonder zijn geile lusten niet kan leven. En ze een moeder hebben die alles maar pikt en verdonkeremaant. Wie weet wat hij met zijn eigen kinderen en kleinkinderen stiekem heeft uitgevreten op momenten dat zijn vrouw, hun moeder en hun oma de lusten niet meer aankon.

De mooie man uithangen naar hun toe en mijn zonen boosheid, onmacht voelen en verdriet om wat jullie zo geliefde piece of shit, mij hun moeder aandoet. Laat hij zelf voor hulp naar een psychiater gaan en bij zijn hoge nood een prostituee bezoeken en betalen voor haar diensten.

Maar verdomme, kom niet bij mij.

En dan zou ik hier niet hardop over mogen praten. Ik schreeuw het juist uit van de daken zodat een ieder kan horen wat of een gevaarlijk, smerig beest er tussen ons loopt i.p.v. een ieder te laten denken wat een beschaafde, nette man onder ons rondloopt.

(((HIER MAAK IK EEN KANTTEKENING, Geachte Lezer.

Als slachtoffer zal ik nooit zeggen: maar verdomme, kom niet bij mij maar WEL verdomme, RAND mij niet aan. Hij noemt zichzelf piece of shit. Dit komt alleen voor in deze mails.)))

!En dat deze piece of shit mij ook aanzag als een van zijn soort dat was voor mij alleen al op zich zo'n SCHOKKENDE ervaring, zo VERNEDEREND, heel erg vernederend voor mij.

Ik kon er niet over uit dat hij mij zag als een van zijn smerige soort. Hier alleen al sla ik zijn kop kapot. Vuile vieze gore geile klootzak!

Het is vreselijk dat al deze gedachten bij je naar boven springen. Het gaat wel om een man die samen met zijn vrouw bij je koffie kwam drinken en je genoot van zijn eigen gebakken koekjes en zelfs nog wat voor je achterlieten. Nou buurman, je koekjes smaakten goed. En dan dit.

Als het kon zou ik al die koekjes zo in zijn gezicht uitbraken. Zijn zogenaamd aardig gebaar en ik niet wetende welk doel dit eigenlijk moest dienen. Als ik maar steeds op de koffie kwam kreeg ineens een andere lading. Ik voel me zo vies verraden, beetgenomen! Ik word nog naar, onpasselijk van mezelf. Ik kan niet anders dan dit allemaal accepteren dat alles gebeurd is en alle naar mij uitgestoken handen om mij weer oprecht overeind te trekken dankbaar vast te grijpen. Wat een geluk dat ik zoveel mooie uitgestoken handen tegen kom en mij elk op hun manier dat duwtje geven om zelf weer te gaan staan.

Ik kon dus mijzelf en mijn mond NIET REDDEN, NIET BEVRIJDEN van een band waarvan ik niet begreep hoe het daar was gekomen en van een tong die straks, zo meteen in mijn mond gestoken wordt en ik werd DOODSBANG! Doodsangst stond ik uit! Terwijl ik NIET WIL!

Een sloerie van mij maken, een slet, een goedkope hoer die zo gemakkelijk naast hun deur woont, dus altijd bij de hand.

(((HIER MAAK IK EEN KANTTEKENING, Geachte Lezer.

Hij is woest om hetgeen hij heeft gelezen in Gele Tulpen en daarom smijt hij met "woeste" taal.

Hij laat ook zijn ONMACHT zien. Hij is nog steeds niet bij machte om mij het zwijgen op te leggen, terwijl de Groep waaronder ook hij, dit juist zo snel mogelijk van hem verwacht. Echter zijn Duister gebiedt hem om dit juist zo lang mogelijk uit te stellen om zodoende juist zo lang mogelijk te kunnen genieten van mijn " distress. ")))

!Stel je voor als hij en zijn vrouw uit de deur kwamen en ik toevallig ook.
Wat zou hij grijnzen, inwendig plezier hebben, wetende hoe ik mij van binnen zou voelen tegenover zijn vrouw. Mij opgewekt groeten, niks om mijn gevoelens geven terwijl ik kapot van schaamte ging. Deze man heeft geen scrupules. Ik zou er bijna nog van braken... En daarvoor wil ik hem nog steeds straffen, pijn doen. Omdat hij mij in deze gore situatie heeft gebracht. Wie denkt hij wel wie hij is... En ik voel me diep vernederd en beledigd dat hij mij voor een vrouw aanziet die ook van stiekeme geilheid houdt. Dat hij alleen maar denkt dat ik me hiervoor leen... Dat ik een van zijn soort ben. Is hij gek in zijn hoofd. Die idioot. En dan verwacht de groep ook nog van me dat ik hierover zwijg... In paniek begon ik naar mijn jongens te roepen om mij onmiddellijk te komen bevrijden van die band die muurvast om mijn nek lag, maar ze kwamen niet. Toe nou jongens kom toch mij, jullie moeder bevrijden, maar ze kwamen niet. Ze hoorden me niet want ik was VERSTIJFD van ANGST! Maar dat realiseerde ik me niet. Ik begreep niet waarom ze me niet kwamen bevrijden, ik begreep nog steeds niet wat er toch was gebeurd en reageerde alleen op de dingen die ik op dat moment ervaarde. En dat was niet goed!
(((HIER MAAK IK EEN KANTTEKENING, Geachte Lezer.
Hij weidt maar uit over die aanranding. Blijft dit constant bagatelliseren om zo mij keer op keer te kwetsen.)))
Dit laat goed zien hoe hij in elkaar zit.
Doorgaan tot in het onmogelijke. Een verlies incasseren en/of verantwoording afleggen voor zijn smerig gedrag, dat kent zijn Duister niet!)))

!IK KON MIJZELF NIET REDDEN en DAT was DOODENG. DOODENG. DOODENG.

Als een razende begon ik in paniek wanhopig mijn gezicht los te rukken, wat natuurlijk eerst niet lukte want ik zat met mijn hoofd muurvast en kon mijn hoofd niet bewegen. Ik bleef steeds opnieuw rukken. Steeds naar links, weg van zijn naderende gezicht. En plotseling gaf mijn hoofd mee. Langzaam viel die band van me af, verdween in het niets. Pas veel en veel later begreep ik dat hij met zijn vingers ineengestrengeld die band vormde. En ik bevrijd werd doordat hij zijn vingers langzaam, tegen zijn zin in, uit elkaar haalde. Ik was zo BLIJ dat ik mijn hoofd weer kon bewegen en mijn mond geen gevaar meer liep, dat ik hem daarvoor wilde bedanken met een zoen op zijn andere wang en tegelijk ook aan hem laten zien dat ik hem alleen maar voor de bloemen met 3 zoenen had willen bedanken. Net alsof ik iets verkeerds had gedaan. Hoe GEK kan je reageren.

Ik was zo DANKBAAR dat het tongzoenen niet door was gegaan. Ik had mijn mond waarschijnlijk uren en uren lopen wassen. Misselijk geweest van zijn smaak. Dat was mijn doodsteek geweest. Echt waar.

((((HIER MAAK IK EEN KANTTEKENING, Geachte Lezer.

Hij geeft hier aan dat hij naast het tongzoenen ook kickt bij de gedachte dat zijn slachtoffer, ik dus, daarna urenlang bezig zal zijn met het lopen wassen van haar mond om zo zijn smaak kwijt te raken.

" Maar de vrouw wist nog net op tijd het tij te keren en zo te ontsnappen aan de dans van haar dood.)))

!Hij had mij in een voor mij LEVENSBEDREIGENDE situatie gebracht. Een situatie die te maken had met mijn normen en waarden. Ik zou nooit de reden zijn dat een huwelijk uit elkaar ging.

Ik heb de pijn van mijn moeder gezien en de invloed wat dat had op het gezin.

Later als getrouwde vrouw heb ik het zelf meegemaakt en dat zou me nooit overkomen.

En hier zou nou een smeerlap, een goorling die zelf geen fatsoensnormen kent, leugenaar, liegt om zijn eigen smerig gedrag en verdomme nog vlak naast me woont in een woon omgeving waarbij je mag verwachten dat hier toch alleen maar nette en eerlijke mensen wonen en waaraan ik voldoe, juist mij omver hakken! Meeslepen in zijn goddeloze gedrag! Is hij besodemieterd.

Het was hem daarom om te doen. Mij kapot te maken, mij te breken en bovenal ZIJN STEMPEL op mij te drukken voordat Kees dat weer kon doen en hij dan, mijn buurman, mij weg zou gooien als oud vuil. Zijn doel had hij bereikt. Ik heb toch eerder aan jou gezeten. Zijn geur toch over me had gespreid voor een ander dat zou doen. Want weet wel ik ga niet LET WEL NOOIT met mijn aanrander naar bed. Lichamelijk contact zou ik nooit meer met hem hebben, nooit meer kunnen hebben. Neen, geen enkel contact. Deze man heeft geen moraal. Hij heeft zijn zinnen op mij gezet en krijgen zal hij mij, ook al is het maar voor een keer. Een goor spel wat hij speelt om zichzelf te behagen. Maar goed. Dus waarom doe je het? Dus waarom doe je het als je het maar eenmalig kan doen. Eenmalig, dus dan moet het jou het hoogste genot opleveren, het hoogste goed opleveren, want hierna is er een NOOIT MEER! En Dat Weet jij Donders goed!

((((HIER MAAK IK EEN KANTTEKENING, Geachte Lezer.

Hier geeft hij zichzelf helemaal bloot! En dat is beslist geen fraai beeld. Door "Dat Weet jij Donders goed" hieraan toe te voegen, wil hij zo de indruk wekken alsof ik deze tekst heb opgeschreven. Ik had er geen idee van, dat dit allemaal op mijn I-pad stond. De manipulator...)))

!Maar je had erop gerekend dat ik, Dat LIEVE MEISJE, niks zou durven zeggen. Maar dat lieve meisje is wel een vrouw met enig levenservaring.

En die misschien wel niet direct maar toch op zeker moment haar mond niet dichthoudt.

En zie daar, meneer de psycholoog die dan in zijn blootje of te wel in zijn blote kont wordt gezet.

Shame on you! Maar iemand als jij kent geen schaamte want anders zou je dit niet doen.

Je geweldig voelen door een ander op een smerige manier kapot te maken. En hierdoor later ook mijn sociaal leven hier op het Park.

Wat ook tot uiting kwam in die Brief op het moment waarop ik kreeg te horen dat ik borstkanker had en ook aan de medebewoners had laten weten dat ik me niet goed voelde en ineens benauwd werd van de luchtverfrissers, welke jij ongevraagd neerzette ook al had ik er weer eentje weggegooid. Pestgedrag ten voeten uit en dat voor een volwassen man.

(((HIER MAAK IK EEN KANTTEKENING, Geachte Lezer.

Pesten, een onderdeel van zijn duister. Iets waar hij trots op is en wat hij graag doet, zelfs op hoge leeftijd. Zijn pestgedrag is in een woord walgelijk! Pesten, daar doe ik niet aan mee.)))

!En dan vergeet ik nog die NS avond. Alsof er een bom in me ontplofte toen je de gore moed had om mij opnieuw aan te raken zodat een ieder kon zien dat er niets tussen ons was gebeurd of beter gezegd dat jij me niets had aangedaan. Dat we gewoon goede buren zijn. HOE DURF je.

En weet je ook wat bizar is om mee te maken? Dat jij dus, meneer de psycholoog, vader en grootvader, gepensioneerd man zo ontzettend LIEGT, LIEGT en nog eens LIEGT!

En dan heb ik het om wat mij is overkomen. Maar je liegt ook over dat de deuren hier vanaf het begin al open stonden. Dat kan jij niet weten, dat was niet zo. Je hebt hier toen nooit gewoond.

Je liegt gewoon en komt ermee weg doordat je de mensen om je heen goed kan manipuleren.

Maar eens val je toch door de mand! Wat ben je toch een KLEIN NIETIG ZIELIG MANNETJE, dat zo graag Groot wil zijn.

Hij zag z'n kans en dwong het af. Terwijl ik verdomme Niets, maar dan ook Niets iets met zijn leven te maken heb. Sleur me niet mee in jouw vuile, vieze gore, leugenachtig gedrag ondertussen de mooie meneer uithangen en dan ben je nog wel een PSYCHOLOOG. Je weet donders goed dat een aanranding een misdrijf is en wat het doet met het slachtoffer. Juist DAAROM moet je HARDER gestraft worden dan een ander. VUIL, VIES BEEST! Me daarna laten liggen in de goot. Want we wonen zo hier op elkaar, dat je kunt nooit alleen met elkaar zijn. Hij moet zijn vrouw overal naar toe brengen. Dus ook al zou ik wat aan zijn gegaan of aan willen gaan met deze man zou ik nooit met hem alleen kunnen zijn. Je woont daarvoor te dicht op elkaar en de groep van medebewoners is klein dus een ieder zou het gelijk weten. Maar dit gezegd hebbende is dit gewoon niet mijn ding maar wat ik wel duidelijk wil maken is dat een relatie (ook al zou het een stiekeme relatie zijn) geen schijn van kans had. Alleen steeds stiekem geilen in het halletje. Daar leen ik me gewoon niet voor. Dus zit er gewoon geen relatie in.

(((HIER MAAK IK EEN KANTTEKENING, Geachte Lezer.

Hij praat hier over een relatie, die voor mij nooit heeft bestaan. Waarom zal ik er dus en nog wel op zo'n manier over schrijven en over uitweiden? Ik had het dan liever over Kees gehad.)))

!Ik wil dus niets met hem dan zal hij me laten zien dat hij dat niet pikt en dat hij zijn geur over mij spreidt voordat een ander dat doet.

(((HIER MAAK IK EEN KANTTEKENING, Geachte Lezer.

Hij wil choqueren. Hij krijgt niet wat hij wil en dan neemt zijn duister het weer van hem over door zijn geur over mij te spreiden voordat een ander dat doet.

Dan behoor je toch wel tot het "Laagste van het Laagste." Hoe kun je daar nou trots op zijn...))

!Terwijl ik NOOIT wat met deze man heb gehad. Ook NOOIT alleen met hem ben geweest.

Hij dringt zich gewoon op in mijn leven.

Niet goedschiks (ik kom geen koffie meer bij hun drinken, terwijl hij dat wil) dan maar kwaadschiks. En laat hij mij dus zijn duistere kant zien.

Deze mensen kunnen alleen maar liegen om dit te verbloemen. En dat zijn ENGERDS.

Ik kom geen koffie meer daar bij ze drinken omdat hij me toen had gevraagd hem (hun) te laten weten waar en wanneer ik werk, zodat ze me altijd konden bereiken als er iets gebeurde.

Het gaat hun niet aan waar ik ben. Toch zo controle over mij krijgen.

Net alsof ik het derde been aan hun huwelijk werd. Maar let wel op het derde been voor het geile werk. De standjes waarvan zijn vrouw niet houdt.

Dat houdt niet in dat ik tegen tongzoenen ben; maar dan wel met de man waarom je geeft, waarvan je houdt.

En daar boven op kwam nog kijken dat door die aan

(((HIER MAAK IK EEN KANTTEKENING, Geachte Lezer.

Hij maakt zijn zin niet af. Ik vraag me af of hij wel tot een zinnig gesprek in staat is. Het woord aanranding wil hij niet typen want dan typt hij zijn eigen daad in. Ja, en dan wordt het een soort van bekennen met als gevolg een "loontje" waar "Boontje" absoluut niet om komt!)))

!En zoals ik verder in mijn verhaal schrijf, dat ik weigerde om stil te staan bij hetgeen er net was gebeurd en/of liever gezegd ik kon het ook niet bevatten. Ik was jarig (notabene 65 jaar) en wilde met mijn jongens naar de film gaan. Niets maar dan ook niets zou roet in mijn eten gooien.

Alleen door zo op te treden kon ik verder gaan. Tot het maandagmiddag werd en ik aan mezelf moest toegeven dat er juist iets heel smerigs met mij was gebeurd. Ik toen aanbelde en bij het woord politie hij hun deur in mijn gezicht dichtgooide. Dat was voor mij het moment van de WAARHEID. Gele Tulpen werd mijn verhaal, waarmee ik vooral ouderen ook wil stimuleren om ALTIJD GELIJK naar de POLITIE te gaan. Iets wat ik niet heb gedaan en veel spijt hierover heb gehad.

Maar minister Grapperhaus heeft mij toch dan geholpen. Want door hem ben ik met u in contact gekomen en met uw voorstel over Herbeleving had u de vinger op de plek gezet, die nog goed moest worden aangepakt zodat ik helemaal goed kan herstellen van deze aanranding, 4 jaar geleden voor mijn deur. Bedankt dat u op de valreep toch nog bij mij langs gekomen bent.

(((HIER MAAK IK EEN KANTTEKENING, Geachte Lezer.

Het is duidelijk dat hij het weer over die aanranding heeft. Hij noemt het zelfs iets smerigs.

4 Jaar, hij houdt de duur van mijn herstel goed in de gaten. Dat is opmerkelijk! En dan neemt hij dat tongzoenen weer onder de loep. Zou zijn tong misschien al last hebben van slijtage...)))

!Gisterenochtend heb ik het mijn huisarts verteld. Hij heeft mij altijd gesteund en zal me ook hierin steunen. Maar ik denk dat het me lukt dit HEEL BELANGRIJKE stuk ook onder controle te krijgen. Zo niet dan doe ik zeker de therapie: Herbeleving om mij weer helemaal goed te krijgen.

Het is fijn dat zoveel mooie mensen mij hebben gesteund.

Zonder deze steun had ik het niet gered. De ontwrichting die bij je ontstaat, is echt vreselijk.

Zo'n kort moment, maar wat heeft het mijn leven op een vreselijke manier geraakt. Ook u bedankt.

(((HIER MAAK IK EEN KANTTEKENING, Geachte Lezer.

Hij toont een ziekelijke belangstelling voor die aanranding en de ontwrichting die daarna bij mij ontstaat. De aanranding, een moment nog korter dan een kussengevecht, maar waar jaren overheen gaan alvorens ik erover heen ben. Herbeleving, een woord dat steeds voor hem het herbeleven van die aanranding aangeeft. Een woord dat tevens automatisch ook steeds zijn zinnen prikkelt. Een woord dat hij, zo te zien, graag gebruikt.)))

!Terwijl ik dit tegen u vertel, vertel ik het ook aan mezelf.

(((Waarom zou ik het WEER aan die mevrouw vertellen en ook WEER aan mezelf vertellen... Verbluffend om WEER geconfronteerd te worden met "zijn WEER vertellen" over zijn daad.)))

!En ontrafel ik beter en beter, duidelijker en duidelijker DAT MOMENT, waarop toen alles nog niet tot me doordrong en ik eerlijk gezegd - gek genoeg - toch niet bevroedde dat hij dit zou doen.

Ook al zag ik zijn opgewonden hoofd en glinsterende ogen. Hij was duidelijk in een staat van opwinding... en toch stuurde ik hem niet weg terwijl hij dus zijn duivelse plan ten uitvoer wilde brengen. Hoe stom kun je als volwassene toch zijn... Het heeft even geduurd voordat ik mijzelf kon vergeven dat ik hem niet heb weggestuurd terwijl hij daar zo opgewonden voor me stond. Maar ja, die gele tulpen. Hij wilde mij duidelijk feliciteren met een bloemetje. Toch aardig van hem... maar ondertussen... En dat doet ook zo pijn. Hij is uren van te voren ook bezig geweest met mijn aanranding. Hij ging nog naar de supermarkt om net als Kees ook twee bosjes gele tulpen te kopen.

Hoe geraffineerd zit deze man wel niet in elkaar. En dan dit alles gewoon ontkennen of zo zeggen dat alles in mijn hoofd zit. Natuurlijk zit het in mijn hoofd, het zou juist gek zijn als het er niet in zat omdat jij "piece of shit" me dit heb laten meemaken.

(((HIER MAAK IK EEN KANTTEKENING, Geachte Lezer.

Hoe geraffineerd zit deze man wel niet in elkaar. Hij BEJUBELD zichzelf! Hij is euforisch! Ik lees: aanranding. Door zichzelf een "piece of shit" te noemen, verkapt hij zijn trots naar buiten toe.)))

!Ik hoor u nog zeggen, dat u graag zag dat ik weer rust in mij zou krijgen en zo nog mooie jaren hier op het Park had. Ik voelde dat u me heel graag echt hierbij wil helpen, alleen kon ik het woordje rust nog niet goed zien. Maar nu wel. U zag het goed. De aanranding moest ik nog goed onder ogen zien. Niet meer wegkijken als ik het allereerste moment weer beleef toen ik zijn blik en zijn gezicht zag nadat ik dus mijn eerste bedank-zoen niet had kunnen afmaken, het was dus nog niet op zijn wang beland omdat hij mij ineens muurvast beet had en ik ineens tegen een gezicht aankeek met ogen die me strak aankeken, ik geen kant op kon en mij dus al heel dicht benaderd had.

Dus ik verwachtte zijn wang nog steeds te zien toen ik geconfronteerd werd met die strakke en dwingende blik, die me wel leek te hypnotiseren zat ik plots dus gevangen in een greep waar ik niet van kon ontsnappen. Dit alles was razend snel gebeurd. Ik zat vast en kon niet weg.

Het was natuurlijk belangrijk dat ik van de schrik niet hardop begon te schreeuwen, vandaar dat ik op dat moment zijn blik als zijnde onder hypnose ervaarde.

(((HIER MAAK IK EEN KANTTEKENING, Geachte Lezer.

Gevangen in een greep. Hij is trots dat hij op oudere leeftijd nog zo sterk is. Hij vervalt ook in herhaling. Het bovenstaande komt ook al in het begin van zijn tekst voor.)))

!Die o zo strakke blik op mij gericht moest mij dus stil houden en tegelijk onder controle.

Hij wist, dat was gewoon onvermijdelijk, dat ik in paniek zou raken. Hij wist welke emoties er nu door me heen zouden gaan razen en wachtte ondertussen mij goed in de tang houden, rustig af.

Hij genoot van mijn angst, genoot van de totale verwarring die me overspoelde en maakte er ondertussen tegelijkertijd ook gebruik van om zichzelf langzaam omhoog te duwen richting mijn mond. Het gebeurde allemaal zo razend snel en het enige wat ik kon doen was het te ondergaan totdat ik uit mijn verdoving kwam, niet begreep waarom mijn jongens me niet kwamen redden en hij mij dus heel dicht benaderd was. Ongelooflijk dat dit hier voor mijn voordeur heeft plaatsgehad in zo'n kort moment. Een kussen gevecht duurt langer...Toch had ik ruim 4 jaar nodig om dit alles een plaats te geven. Zo'n impact heeft deze aanranding op mijn leven gehad door een man, voor mij a piece of shit, die vlak naast mij woont.

U zag het goed. Die aanranding moest nog meer aandacht krijgen. Een persoonlijke herbeleving raad ik u aan. Praat er met uw huisarts over. Dat heb ik gedaan. Ik moet eerlijk zeggen dat ik even schrok toen u me hier telefonisch over sprak, maar gaande weg richte ik mijn blik hier meer op en voelde het eigenlijk wel goed aan. Terwijl ik u schreef om u te laten weten dat ik er achter sta, begon ik het moment van de aanranding te ontrafelen. Steeds kwam er weer iets bij.

(((HIER MAAK IK EEN KANTTEKENING, Geachte Lezer.

U zag het goed. Die aanranding moest nog meer aandacht krijgen. Hij geeft nu zelfs aan haar kijk op de zaak zijn interpretatie. Het ging nu echter even niet meer om die aanranding, maar om mijn steeds terugkomende heftigheid als ik over die aanranding sprak. Dit kwam omdat ik eerder IETS had meegemaakt wat ik verdrongen had. En ook al dacht ik toen van niet, zij was er absoluut zeker van dat daarin de oorzaak lag. En zij wilde mij helpen om dat IETS naar boven te halen.

"Hier valt hij duidelijk helemaal door de mand."

In zijn tekst begint hij gelijk over Herbeleving en daarmee doelt hij op Herbeleving van de aanranding. En nogmaals, zij had het juist over dat IETS! Gelijk de volgende dag belde zij mij op en gaf mij het advies om via mijn huisarts EMDR-therapie hiervoor aan te vragen.

Het toeval wil dat kort voor het begin van de EMDR-therapie, tijdens mijn korte vakantie, geheel onverwacht dat IETS al bij mij naar boven kwam waardoor tijdens de therapie dat IETS, het badkamergebeuren en de aanranding gelijk konden worden aangepakt.)))

!En gaande weg voelde ik inderdaad rust in me komen. Dat voelt zo heel aangenaam aan.
Zo heeft minister Grapperhaus toch iets goeds bij mij los gemaakt.
Ja, jammer dat een rechtszaak er niet in zit. Tegen beter weten in kwam de hoop daarop weer terug en ik kreeg een heftige terugval.

Mijn oud collega vriend belde mij in die tijd op en adviseerde me om toch ook via juridische bijstand met slachtofferhulp in contact te komen en zo kwam ik met u in contact en u me weer terug liet gaan naar het moment van het gebeuren. Dat heeft mij goed gedaan.

(((HIER MAAK IK EEN KANTTEKENING, Geachte Lezer.
De dame van het Juridisch Loket adviseerde mij om contact op te nemen met Slachtofferhulp, want zo te horen maakte ik weinig kans op een rechtszaak. Maar bel met Slachtofferhulp. Ik geloof u wel en gelijk schreef ze het telefoonnummer voor me op. Neemt u alstublieft contact met ze op! Ze had mijn teleurstelling gezien. En weer geef ik aan dat het gesprek meer over dat IETS ging en niet zoals hij schrijft "het teruggaan naar het moment van het gebeuren." De Herbeleving van die aanranding.)))

!Ik voel eindelijk van binnen rust. Ik had het denk ik ook niet eerder aangekund omdat ik nog veel zaken hierom heen een plek moest geven.
(((HIER MAAK IK EEN KANTTEKENING, Geachte Lezer.
"Ik voel eindelijk van binnen rust "schrijft de man, die mij later "verrast" met die BH-lade.)))

!Dank dat ook u mij oprecht heeft willen helpen en mij ook geholpen heeft.
Dank aan een ieder die me na stonden.
En - dit schiet me net te binnen - een liedje uit mijn jeugd:
"De politie is mijn beste kameraad, want hij staat mij altijd bij met raad en daad. Daarom groet ik de politie als ik hem tegenkom op straat. De politie is mijn beste kameraad."

En dat is waar. Ik kan ervan meepraten.

Een kinderliedje wat ik met volle borst trots luidop meezong met het radioprogramma voor dat ik naar school ging in Suriname.

Nooit gedacht dat ik dit zelfde liedje maar nu zachtjes en met tranen in mijn ogen meezong terwijl ik de woorden opschreef maar nu in Nederland.

Een ieder die mij op wat voor een manier dan ook heeft bijgestaan, zeg ik dan ook vanuit heel mijn hart: BEDANKT!

Deze ommezwaai had ik helemaal niet verwacht en ook helemaal niet zien gebeuren.

Het was als een donderslag bij heldere hemel.

(((HIER MAAK IK EEN KANTTEKENING, Geachte Lezer.

Was het "lezen" van zijn tekst voor mij al een zeer schokkende ervaring, het lezen over het kinderliedje, "mijn kinderliedje," brak mijn klomp.

Hij geeft hier duidelijk aan dat hij ook mijn aantekeningen die ik ooit had geschreven voor een verhaal over "Jeugd en Daarna" hier in mijn huis heeft gelezen en deze aantekening over dit kinderliedje schaamteloos in zijn tekst heeft overgenomen.

Echt, ik heb hier even geen woorden voor en dat mag u, Geachte Lezer best weten.)))

(((Mijn dag kon niet meer stuk als ik daarna het liedje van Dikkertje Dap en de Giraffe hoorde gevolgd door het liedje van de Gehaktbal, die plots door de lucht heen vloog. Ik geniet weer...)))

Voor mij eindigt zijn tekst dus met het schrijven over dit kinderliedje.

"Nooit gedacht dat ik dit zelfde liedje maar nu zachtjes en met tranen in mijn ogen meezong terwijl ik de woorden opschreef maar nu in Nederland."

Een BEWUST uitgekozen en WELDOORDACHTE zin. Een zin die ook zonder meer GELIJK een LINK legt tussen mijn nooit geschreven verhaal over "Jeugd en Daarna" en mijn geschreven verhaal over "Gele Tulpen."

Begrijpelijk voor hem, dat hij juist dit onschuldige kinderliedje uitkoos waar de politie in voorkomt.

Zijn grijns op zijn gezicht zal hierbij niet hebben ontbroken!

Mijn kindertijd, waarin ik echt kind heb kunnen zijn en daadwerkelijk de politie zag als kameraad.

Zijn kindertijd, waarin hij op een gegeven moment niet echt kind meer heeft kunnen zijn omdat hij toen koos voor het verkeerde pad waarbij de politie juist wordt gevreesd.

Hij ging dus door al mijn persoonlijke aantekeningen over:
"Jeugd en Daarna."
En dus ook van "Gele Tulpen."
En mijn e-mails op mijn I-pad.
En bracht daar ook veranderingen in naar zijn eigen believen en typte dat opnieuw in.

Dat hij zo ver in mijn leven ging is heel erg pijnlijk voor mij en moeilijk om onder ogen te komen.

En of ik het nu leuk vind of niet, ik moet het feit dat hij hier al jaren ongezien binnen komt aan mezelf toegeven. Ik schaam me dat ik dit nooit adequaat heb aangepakt en waarom... omdat ik het eigenlijk niet kon en wilde geloven dat mijn buurman, een psycholoog dit in zich heeft.

Er moet ergens toch enigszins sprake zijn van een heel klein beetje fatsoen...

Mijn voordeur altijd weer keurig op slot als ik thuiskom van de straat. Hij zal toch ooit eens verantwoording nemen voor zijn daad; geloven tegen beter weten in. Het is hier zo'n heerlijke plek.

Maar eerlijk gezegd voelde ik mij ook machteloos hoe zijn ziekelijke gedrag aan te pakken. Hij doet het gewoon, ook als ik dat niet wil. Voor hem juist reden te meer om dat weer te gaan doen.

Op zulke momenten voel ik het onrecht, dat ik de rechter nooit kan bereiken, des te meer.

Ik denk ineens weer aan die Brief waarin wordt gezegd dat mijn brief met beschuldigingen richting hem die ik naar alle buren en bestuur gestuurd heb, onwenselijk is omdat het daarmee een openbare aanklacht is geworden en als gemeenschappelijke buren hun dat niet kunnen accepteren.

Ongevraagd heb ik dat gedaan en voor een ieder voelt dat dan aan als een opzettelijke beschadiging.

Begrijp ik het goed... Hun kunnen een openbare aanklacht niet accepteren dus blokkeren ze die zogezegd voor zover dat in hun vermogen ligt... Werd ik daarom zo hard gestraft om te zwijgen...

En zag hij dit dan als een Vrijbrief om te doen wat hij maar wil om mij weg te krijgen, vraag ik me nu dan ook echt af. Schreef hij mij daarom in zijn eerste brief dat hij nooit, nooit en nooit zelfs de intentie heeft gehad om mij aan te randen... Of zie ik dit alles soms verkeerd? Ondanks dat het voor mij giswerk blijft, lopen de rillingen over mijn lijf... Oh, ik schaam mij zo heel diep dat ik mijn ogen hiervoor sloot.

En als klap op de vuurpijl ontdekte ik dat hij mijn HANDSCHRIFT ook had nagedaan.

Ik kon eerst niet geloven wat ik zag. Mijn handschrift en mijn geschrijf, dat is van mij. Daar blijf je zonder meer vanaf! Hoe haal jij het in jouw hoofd om dat na te doen. Vol ongeloof maar tegelijkertijd ook verbaasd over de vraag of datgene wat ik nu vasthoud juist wel of juist niet door mezelf is geschreven, keek ik naar de achterkant van een van zijn uitgeprinte e-mails.

Daar stond onder meer een kort zinnetje dat, zo leek het, in mijn handschrift met een blauwe ballpoint geschreven was en wat ik toch wel even gauw wilde lezen.

Maar ik schrok enorm van hetgeen ik las. Zoiets zou ik nooit schrijven. Schaamteloos gedrag!

Er stond: "Hij moest zijn geur over me heen smeren voordat Kees me had."

Het was net alsof ik plotseling in ijle lucht was beland en een beklemmend gevoel op mijn borst mij het ademen benam. Goede god, wat een vernedering om hier over te praten.

Ik voelde me verslagen op een onwezenlijke manier. Ik was ten einde raad!

Naast heel eng is het ook heel erg gevaarlijk omdat ik niets vermoedend iets denk te lezen wat ik zelf heb opgeschreven en waar ik dus zo maar ineens aan onderdoor kan gaan. Gewetenloos mij totaal willen beheersen; tot vlak onder mijn huid willen gaan zitten; mij onverwacht vernietigen. Een man zonder eigen inhoud en die niet opgewassen is tegen zijn verlies.

Een man die "het zich ingraven in mijn leven en in mijn verhaal" beschouwt als een triomf over mij. Hoe vaak heeft hij dit in zijn leven al gedaan? Een beangstigend antwoord dat ik eigenlijk niet eens wil weten.

Ineens schiet de gedachte aan die schunnige tekst mij weer te binnen. Een tijd geleden liep ik eens beneden in onze grote hal de bergruimte binnen. Met zwarte verf was deze tekst duidelijk leesbaar op de muur aangebracht. Ik stond perplex. Wie van ons doet nu zoiets... Ik weet nog goed dat ik gelijk terug liep naar mijn beneden buren, die ik net nog had gesproken en die de zaak toen hebben afgehandeld. Ik had pas een paar schilders over de vloer gehad. Achteraf gezien zal het me niet verwonderen als hij dit zou hebben gedaan om zodoende mij, maar ook mijn schilders in een kwaad daglicht te zetten. Zekerheid heb ik natuurlijk niet, maar het zet me nu wel ineens aan het denken.

> Buurland...Buurman
> Zij aan Zij, Schouder aan Schouder vecht de Wereld
> En samen met mijn Pen vecht Ik tegen Jou

En toen was er nog meer.

Ja, Geachte Lezer, u leest het goed: en toen was er nog meer...

Op een meer rustige manier neem ik u nu mee naar de geheimzinnige diepte van de "Poel van Verdorvenheid" waarin verborgen in het duister het "Monster van het Kwaad" zich schuilhoudt. Een sterk bakkie troost is hierbij zeker op zijn plaats.

!Sorry, dat ik nu pas antwoord. Als ik uiteindelijk voor de Herbeleving kies, staat mijn huisarts erachter. Die mevrouw van Slachtofferhulp zag het goed. Er moest in het verleden iets gebeurd zijn wat mij ook onderuit had gehaald. In die twee weken dat ik op mezelf was, kwam het naar boven.

Ineens stroomden de tranen uit mijn ogen en was ik terug in dat moment, toen de man van mijn heel goede vriendin op een ochtend zo ineens de badkamer van hun bij mij binnen liep terwijl ik naakt voor de wastafel stond. Hij liep echt in de badkamer en stopte een beetje achter me –opzij.

((((HIER MAAK IK NOG EEN KANTTEKENING BIJ omdat ik hierover ook al geschreven heb en hij dit WEER herhaalt. Opvallend is, dat hij nu niet meer praat over de Herbeleving van die aanranding, want daar ging volgens hem het gesprek tussen haar en mij toen over, maar nu ineens praat over dat IETS. Dan was het geen beetje achter me -opzij, maar juist een heel stuk achter mij -opzij. Hij wil overduidelijk over mijn naakt-zijn bij die wastafel praten.)))

!Via de spiegel had hij me helemaal in beeld en vanaf de plek waar hij stond ook mijn achterkant.

Ik stond naakt gevangen in zijn blik en wenste dat de grond op dat moment zou open splijten en ik hierin kon verdwijnen. Ontzet, overrompeld, diep vernederd en vol schaamte omdat mijn vriendin vlakbij lag te slapen en hun mij en mijn zoon en onze hond gastvrij hadden opgevangen.

Ik zat nog in mijn echtscheiding verwikkeld, was pas een paar weken terug uit Amerika waar we twee jaar hadden gewoond. Ik had dus nog geen huis en was op dat moment echt afhankelijk van hun, ook omdat mijn zoon net voor het eerst op een Nederlandse school vlak bij hun in de buurt op school ging. En daarnaast waren we al jaren goede vriendinnen van elkaar. Hem kende ik ook al jaren. Ik waardeerde het zo dat ze me zonder meer opvingen en dan gebeurde er dit.

!Dit was me nog nooit overkomen, wilde mijn vriendin niet in verlegenheid brengen, was heel erg kwetsbaar, wist niet zo gauw waar ik hiermee naar toe moest, een huisarts was nog zo nieuw (het was ook hun huisarts), schaamde me rot, wie zou mij geloven dus zweeg ik maar, maar de pijn had zich diep in mij verankerd. Een pijn die nu naar boven is gekomen en die vreselijk pijn doet als hij opspeelt. Daarom kreeg ik die deksel niet meer terug geduwd op de pot (doofpot).

En daarom was mijn terugval ook zo heftig. Deze drek moest er nog uit. Drek wat ik zogezegd was vergeten.

Ik heb mijn buurman gehad. Ik weet dat ik door deze pijn heen moet gaan, wil ik hem een plek kunnen geven. Deze pijn is echt heftig, Eigenlijk wil ik deze pijn niet meer voelen.

Net vanochtend schoot hij weer door me heen en nu heb ik geprobeerd om deze pijn te omschrijven.

Gek genoeg geeft dat toch een soort van verlichting. Ik zet nu door wetende dat deze pijn nog niet helemaal weg is. De pijn die nog vol zit van vernedering, onmacht en schaamte. Zijn macht over jou! Toen was ik niet bij machte om verhaal te halen, hem te rammen en nu is hij uitbehandeld als... patient.

((((HIER MAAK IK NOG EVEN EEN KANTTEKENING BIJ omdat hij de gezondheidstoestand van mijn voyeur aangeeft en ook zegt waaraan deze lijdt, iets wat ik niet zou hebben gedaan, lijkt het alsof mijn aanrander het voor mijn voyeur opneemt. Zijn daad verzacht. Zouden ze elkaar dan toch hebben gekend? Hij heeft het over de doofpot en de drek die er nog inzat. Dit klopt niet want ik sprak over een BEERPUT waarin zich nog drek bevond.)))

!Twintig jaar heeft deze pijn zich verstopt, geblokkeerd. Te heftig om te handelen omdat ik nog omringd was met andere zaken. Daarvoor heb ik heel goede gesprekken gehad met een Hulpverlener uit Hierden.

(((HIER MAAK IK OOK NOG EVEN EEN KANTTEKENING BIJ omdat ik mijn vriendin niet wilde verliezen, heb ik het badkamergebeuren geblokkeerd en niet omdat het te heftig zou zijn om te handelen. Natuurlijk is dat heftig. Het zou gek zijn als dat het niet was. Maar dat was niet de reden.)))

!Wat kun je je verkijken op mannen die Dit doen. Mannen, die door de buitenwereld gezien willen worden als zijnde belangrijk. De "wereld" kan niet zonder hen.

(((HIER MAAK IK OOK WEER EEN KANTTEKENING BIJ omdat ik denk, dat hij met bovenstaande zinnen eigenlijk probeert uit te lokken hoe zij als een professionele therapeut over "Deze Mannen" denkt en dus ook over hem en bovendien wat zij van hun gedrag vindt en dus ook over dat van hem.)))

!Maar voor mij zijn het wezens, een stofje welke je met het blote oog niet eens kunt zien.

Zo nietig, zo zonder betekenis. Deze smeerlappen die zelf een psychiater nodig hebben.

Natuurlijk moet je elk geval op zich bekijken (net zoals bij een echtscheiding). Maar toch...

(((HIER MAAK IK TOCH OOK WEER EVEN EEN KANTTEKENING BIJ omdat hij niet schroomt om aan te geven dat je natuurlijk "elk geval op zich moet bekijken net zoals bij een echtscheiding." Alsof er enig excuus bestaat om Dit te doen. NEEN, geen enkel excuus!

Verder zet je een echtscheiding en een aanranding niet samen in een zin.

Voor mij is dat HEEL kwetsend om te lezen (daarom doet hij dat juist) omdat ik een echtscheiding heb meegemaakt en daarna DOOR HEM GEPLAND en BEWUST BEN AANGERAND.

Ik hoor Evan nog zeggen: Mam, gaan we weer jaren van verdriet voor ons hebben. Ik kan er niet meer tegen. Laat die aanranding alstublieft los. We hebben rond de echtscheiding al een aantal jaren van verdriet meegemaakt...

Zeg buurman, bedoelde je dit toen je het had in jouw brief over het hebben van een goede buur is beter dan het hebben van een verre vriend, want dan kies ik toch maar liever voor die verre vriend.)))

!Ik vind het jammer dat ik met die mevrouw van Slachtofferhulp niet nog een keer over dit alles in gesprek kon gaan, maar zeker is dat zodra mijn huisarts terug is van vakantie ik me opgeef om het door u aanbevolen programma te gaan volgen.

Ik heb er alle vertrouwen in dat ik hierna de rust zal vinden om met mijn leven verder te gaan.

Ik dank u en uw voorgangster voor uw goede steun.

Met vriendelijke groeten,
Efiena Wouters.

Kort na de ontdekking van zijn e-mails van 30 juni 2019 op mijn I-pad door Evan, kwam ik nu zelf deze bovengenoemde e-mails van 2 augustus 2019 op mijn I-pad tegen. Ik zou ze weer zelf hebben geschreven, maar nu als een BEDANKBRIEF voor de opvolgster van die mevrouw van Slachtofferhulp. Vreemd, heel vreemd omdat ik reeds voor de mij aangeboden goede hulp al had bedankt! Natuurlijk ben ik erg blij dat in geval van nood er iemand van Slachtofferhulp is waar ik alsnog naar toe kan gaan, maar voor zover ik mij kan herinneren was ik inmiddels reeds in contact gekomen met de begeleidster van EMDR en had ik zodoende Slachtofferhulp al achter me gelaten.

Maar ik vond het ook enigszins wat laat, de maand juli was al voorbij, om "iemand die ik verder nog niet ken" plotseling een bedankbrief te mailen waarin ik bovendien ook nog uitgebreid praat over het badkamergebeuren. Een onderwerp waar ik liever persoonlijk met haar over praat.

Maar daarnaast is het ook opmerkelijk dat ik schrijf over het badkamergebeuren van 20 jaar geleden en als vrouw geen woord rep over mijn borstkanker, waar ik pas 1 jaar geleden aan ben geopereerd.

Maar wacht even, ik zou ook niet in een BEDANKBRIEF aan "iemand die ik verder nog niet ken" woorden als naakt gevangen, doofpot en drek gebruiken en zo uitweiden over mijn pijn en emoties.

En tot mijn stomme verbazing lees ik dat "ik mijn buurman heb gehad." Hij is er duidelijk en heimelijk trots op dat hij mij te grazen heeft genomen. Ik zou dit zelf nooit zo opschrijven. Als slachtoffer is dit voor mij een erg kwetsende zin. Mijn zin luidt: Hij heeft mij aangerand!

Sorry, dat ik nu pas antwoord. Hij kon niet eerder deze bedankbrief op mijn I-pad typen omdat ik het badkamergebeuren eerst nog moest opschrijven en hij het pas daarna stiekem kon lezen en typen. Maar los hiervan slaat deze zin echt nergens op.

Want waarom moet ik sorry zeggen als ik niet in contact sta met haar opvolgster...

Trouwens als ik haar deze Bedankbrief had willen sturen dan had ik dat al veel eerder gedaan om het simpele feit dat ik al sinds mijn korte vakantie wist wat dat IETS inhield.

Bovendien is een bedankbrief juist kort omdat hetgeen waarvoor je bedankt al besproken is.

Mijn Bedankbrief zou er dus heel anders hebben uitgezien.

Naar mijn weten geef je antwoord op een vraag. Laten we kijken naar het volgende voorbeeld.

Vraag: Wat mag erbij RATSCH zeker niet ontbreken?

...Antwoord: de grote HAMER.

Dat is duidelijk.

Maar wat is hier dan de vraag...

Dat is niet duidelijk.

En wat is hier dan het antwoord...

Ook niet duidelijk.

Gelet op de inhoud van die brief kan deze niet doorgaan voor een antwoord. Een antwoord op wat...

Haar kort, neutraal en niet onvriendelijk antwoord via een e-mail van 5 augustus 2019 op deze brief zag ik nu ook. Vreselijk, dat ik haar dan toch deze Bedankbrief zou hebben gestuurd...

Het is echt onwerkelijk. Maar de "goden" waren mij gunstig gestemd.

Los van het feit of ik deze brief wel of niet zelf heb geschreven en wel of niet zelf heb opgestuurd, heb ik via een mail alsnog mijn excuses kunnen maken. GELUKKIG dat ik DAT heb kunnen doen! Ik wilde haar persoonlijk bedanken voor haar positieve reactie. Helaas mocht dat niet. Waarom, dat weet ik niet. Het kon alleen per telefoon en juist dat durfde ik vanwege mijn emotie nog niet aan.

Let op!

We dalen nog steeds af naar die duistere diepte. Zo juist kwam ik deze onderstaande aantekening tegen, die ik u zeker niet onthouden wil omdat het ons verder leidt naar zijn Duister Geheim...

!Zoals in het leven horen de woorden geven en nemen ook in een huwelijk thuis. Soms geef je iets meer dan dat je neemt. Maar een belangrijk gegeven is hierbij wel dat een ieder duidelijk zijn eigen grenzen aangeeft en elkaar respecteert. Zowel in mijn huwelijk als in mijn "Tot Slot" fase was dit laatste duidelijk niet het geval echter met dit verschil.

In mijn huwelijk gebeurde het door de man die ik uitgekozen had terwijl dat in mijn "Tot Slot" fase gebeurde door een man welke ik niet uitgekozen had. Een man waar ik geen relatie mee had maar die zich onverwacht op een misleidende manier aan me opdrong en dit heb omgezet in het verhaal van Roosje.

Om in mijn geval zo gezond mogelijk weer verder te kunnen gaan was tijdelijk in therapie gaan onvermijdelijk. "Professionele Gesprekstherapie" waardoor mijn hernieuwd contact met Kees niet van de grond kwam.

En ja hoor, ik was er toch weer bijna ingelopen. Maar terwijl ik begon te lezen over "zoals in het leven," wist ik dat wat ik las niet van mij afkomstig was. Hij had het dus met een rode ballpoint in mijn handschrift geschreven. Ik weet dat ik verder moet schrijven maar af en toe stop ik even en kijk in opperste verbazing naar het papier waar dit allemaal opstaat. Net zoals ik soms ook doe, ziet het er ook wat rommelig geschreven uit. Met een dikke streep door een woord dat ik er dan boven weer opnieuw schrijf. Langzaam maar zeker kan ik er toch ook steeds iets langer naar kijken en dan zie ik toch wel verschil. Maar eerlijk gezegd, hij heeft er echt zijn best op gedaan.

Daar wen je niet aan. Ik althans niet. Deze in rood geschreven tekst heeft hij zelf in elkaar gezet als zijnde een aantekening in "Jeugd en Daarna." Ik word onpasselijk als ik dit opschrijf. Niet te bevatten... En weer praat hij over een man waar ik geen relatie mee heb maar die onverwacht op een misleidende manier zich aan mij opdrong. Hij schrijft duidelijk over zichzelf en ook hier durft hij het werkwoord aanranden niet op te schrijven. En dat is juist iets wat ik WEL zou hebben gedaan.

Laat dat duidelijk zijn!

Ik heb hem NOOIT over "Roosje" verteld. Dat heeft hij dus hier in mijn huis gevonden en gelezen. Mijn eerste stap om de aanranding te verwerken was inderdaad het schrijven van dit kinderboekje om ouders op weg te helpen hun kind hierin te begrijpen en te ondersteunen.

En dat vanwege de therapie mijn hernieuwde vriendschap met Kees niet doorging, klopt dus ook niet. Als hij mij niet had aangerand, ofwel zoals hijzelf zegt "zijn geur over mij spreiden voordat Kees dat kan doen," dan had ik uitgekeken naar nog mooie jaren samen met Kees zonder therapie.

Reeds ontdaan van zijn masker, wordt nu zijn verborgen geheim uiteengezet.

GELAND

De diepte van zijn duisternis bereikt. Geuren van MACHT en EXTASE komen je tegemoet.

De aanrander in hem maakt zich op om mij met zijn ijzeren greep plotseling te overmeesteren.

Zijn ogen glinsteren van opwinding in zijn verhitte gezicht.

De psycholoog in hem weet dat de onvermijdelijke pijn eraan komt.

Zijn extase neemt toe, hij kan niet praten.

De aanranding, net niet helemaal gelukt maar de pijn is er niet minder om. Pijn die hij bewust heeft veroorzaakt en waarbij hij vooraf en tijdens dit veroorzaken volop GENOT ondervond.

Genot wat hij geregeld nog zal ervaren als ik door zijn toedoen therapie moet volgen en hij weet dat hij indirect dan ook "besproken" wordt. Aandacht krijgt waarnaar hij snakt en dat mag Kees hem zeker niet ontnemen.

Zijn verzameling van "Gelukkige Momenten" wordt uitgebreid met het binnenhalen van het kinderliedje. Een onschuldig gelukkig moment moet echter eerst besmeurd worden met zijn "Geur van Ver-

derf." Daarvoor wordt het uit "Jeugd en Daarna" gehaald en overgeplaatst naar "Gele Tulpen," het verhaal dat over de aanranding gaat. Een verhaal waarover je zwijgt.
En zo valt dit onschuldig kinderliedje vele, vele jaren later alsnog in zijn duister.

> "Nooit gedacht dat ik dit zelfde liedje maar nu zachtjes en met tranen in mijn ogen
> Meezong terwijl ik de woorden opschreef maar nu in Nederland."
> Tranen van het lachen van toen zijn nu tranen van verdriet voor mij.
> Tranen van verdriet voor mij zijn nu tranen van het lachen voor hem.
> ... niet zichtbaar en niet voelbaar voor een ander alleen zichtbaar en voelbaar voor mij...
> ..... Dan op een dag is de therapie afgelopen en zijn genot voorbij. Ergens in de verte klinkt alweer opnieuw geschrei wat leidt tot nieuw geschrijf over "Mannen die Dit doen," waaronder ook hij.....

Vandaag ben ik 72 jaar geworden.

Ik zit achter mijn bureau en kijk naar de gele tulpen in de vaas welke mijn ouders nog als huwelijkscadeau hadden gekregen. Mijn moeder was er altijd zuinig op. Hij mocht vooral niet stuk gaan! Voorzichtig, voorzichtig ik hoor het haar nog zeggen. Dus ga ik er nog altijd voorzichtig, misschien wel te voorzichtig mee om met deze glazen vaas uit het verleden.

Ik kijk ook naar mijn computer die zonder te mopperen elke keer weer voor mij klaarstond en ook naar de toetsen waar ik volgens Evan veel te hard op sloeg. Voor hem te pijnlijk om aan te zien!

"Ma, je leert het ook nooit" gelijk onherroepelijk gevolgd met een computer-preek waar mijn hoofd, zoals gewoonlijk, helemaal niet naar staat en dit dan altijd weer eindigt met de vraag wanneer ik nu toch eindelijk serieus ga beginnen... Ach jongen, dat komt heus later nog wel een keer; maar nu nog even niet.

Ja, ja dat hoor ik al zo vaak. Steeds heb je weer een andere smoes!

Wacht maar totdat ik het echt niet meer doe. Gelijk volgt er dan een nederig stilzwijgen mijnerzijds terwijl ik ondertussen zijn misnoegen, uitgedrukt in wat gemopper en gekuch, moet aanhoren.
Zo, dat is weer even gezegd en gaan we nu dan weer verder als vanouds!

In gedachten verzonken schieten mij ineens twee belangrijke vragen te binnen. Wanneer en waar is dit verhaal voor mij nu echt begonnen. De antwoorden hierop openbaarden zich eigenlijk al vlak na hun verhuizing.
Vrij snel liet hij mij al een klein stukje van zijn duister zien. Ik had toen gelijk al afstand moeten nemen. Had ik toen maar heel even in de toekomst kunnen kijken!
De narigheid hield maar niet op...
Efiena, Efiena, Efiena, stop nu en luister goed naar mij. Ook jij hebt niet kunnen bevroeden welke kant het contact met jouw nieuwe buren op zou gaan. Weet je nog, verwijt jezelf niets!
Haar stem, die mij nog steeds niet heeft verlaten en die ik soms nog hoor.

Achteraf gezien was dat tijdens het allereerste weekend dat onze buren over waren.
Mijn goede buurtje had nog een hoekstoeltje in het halletje gezet met de boodschap erbij dat als na het weekend het er nog stond ik het kon meenemen. Ze had mij al wat spullen gegeven.
Het stoeltje stond aan de kant van de buren en toen ik onze buurman zag vertelde ik hem hierover.
Daarop begreep ik van hem dat er niemand zou komen en dus nam ik het mee naar binnen.
Een familielid van haar kwam echter toch voor het stoeltje en het stond er dus niet meer.
Enigszins beschamend zette ik het weer terug in ons halletje en zei tegen mijn goede buurtje dat ik van hem had begrepen dat er niemand zou komen en zodoende had ik het mee naar binnen genomen.
Ik was nauwelijks uitgesproken of onze nieuwe buurman zei gelijk

dat hij nooit zoiets gezegd had. Maar dat had hij juist wel gedaan anders had het stoeltje er nog gestaan.

Hoe kan hij dit nou ontkennen...

Onthutst keek ik hem aan en tot mijn stomme verbazing leek hij mijn verwarring leuk te vinden. Hij had iets als van een ingehouden grijns op zijn gezicht. Ik vond hier niets grappigs aan. Hier ga ik met hem niet over lopen halen en trekken. Ik groette en liep mijn huis weer binnen.

Wat een rare situatie. Is hij nu onze nieuwe buurman, een oudere man die gewoon liegt...

Liet hij mij net voor schut staan tegenover mijn goede buurtje wiens partner zijn appartement pas aan mijn nieuwe buurman en zijn vrouw had verkocht. Als ik hier nu op terugkijk was dat toen helemaal geen goed begin. Hij toonde geen respect naar ons toe. Hij speelde mij juist tegen haar uit!

Dit "kleine" voorval zei eigenlijk al veel over hem, maar zijn zelf gebakken koekjes brachten mij later dan weer aan het twijfelen. Ach, zo erg was het toch ook weer niet. En ja, we zijn toch voor "altijd" buren van elkaar. Inmiddels weet ik wel beter...

Mijn besluit om tot mijn verhuizing binnen te blijven doet mij goed. Ik kom weer meer tot mezelf en daardoor kan ik ook beter stilstaan bij de gebeurtenissen rondom het pilletje voor mijn emotie.

Zonder dat ik er ook maar iets van afwist was ik plotseling ingeschreven bij het Centrum Psychiatrie voor Ouderen terwijl ik geen psychiatrische patiënt ben, ook geen klachten heb of enig symptoom in die richting vertoon en daar dus nu niet op mijn plaats zit. In de toekomst kan ik niet kijken. Degene, die hiervoor verantwoordelijk is, heeft nooit met mij hierover gesproken. Ik weet dus ook niet precies wie dat is. Naar het waarom moet ik nog steeds raden. Zelfs de juiste datum van inschrijving weet ik niet. Er is ook nooit sprake geweest van een intake-gesprek met daar aansluitend een behandelplan. Maar een psychiatrisch pilletje stond zogezegd al voor mij klaar.

Wel eerst nog nagaan welk pilletje ik zo goed mogelijk verdragen kan, daarna slikken en is de missie volbracht! Dat houdt in dat nu met dit pilletje in mijn maag het beoogde doel is bereikt en ik nu een echte

psychiatrische patiënt ben en ik daar nu juist wel op mijn plaats zit.
Was het eerst: "als ik maar steeds op de koffie kwam," werd het nu: "als ik maar steeds dat pilletje innam." Zo bleef ik steeds een brave meid!
Toen dit zich allemaal voordeed, zat ik niet goed in mijn vel. Die BH-lade had ik nog lang niet goed verwerkt. Veel ging er nog langs mij heen en daarom zit ik nu nog met veel onbeantwoorde vragen. Weten wie buiten mij om deze verregaande beslissing voor mij heeft genomen en waarom. Voor mijn gevoel is er gehandeld alsof ik handelingsonbekwaam en een gevaar voor de samenleving ben. Dat maakte die vrouwelijke agent mij toen ook goed duidelijk. Een stagiaire liep met haar mee. Ik vond het niet fijn om in haar bijzijn zo neergezet te worden. U loopt toch bij een psychiater en u slikt toch pilletjes.... Vanavond zal ik uw zoon opbellen.... Mijn zoon gaat dus over mij en ik niet over mezelf. Die agente was dus al volledig op de hoogte, alleen wist zij niet dat ik deze pilletjes niet slik. Vreemd, het lijkt wel alsof die betrokken agenten erop gebrand zijn om mij zo snel mogelijk neer te zetten als het verwarde vrouwtje, dat helemaal de weg is kwijt geraakt en nu veilig "weggezet" moet worden. Door Evan hierbij te betrekken werd het ook een familie aangelegenheid en werd zo dit optreden gerechtvaardigd of beter gezegd legitiem. Ik die nog nooit door de politie ben gearresteerd. Ik zal niet gauw vergeten hoe beduusd Evan nog was toen hij mij vertelde dat de wijkagent hem had benaderd en ik binnenkort een Geheugentest moest doen.

Steeds vertellen dat ik nu een psychiatrische patiënt ben is kwetsend omdat ik dat nu niet echt ben!
Is dit soms een manier om mijn aanranding met alle gebeurtenissen er omheen nu onder te brengen onder het hoofdstuk "Psychiatrie" waardoor deze niet meer valt onder het hoofdstuk "Me/Too" en er zo nu echt een "STOP" komt aan dit zich almaar voortslepende verhaal...
Iets wat niet kan omdat de dader maar blijft doorgaan om op de meest schunnige wijze mijn vaarwater steeds binnen te komen maar dit niet door een ieder wordt gezien of geloofd.

Een getraind oog is hier voor nodig! Als psycholoog met een duister beheerst hij het manipuleren nog goed. Hij lacht zich rot als hij verneemt dat ik door dat vitaminendoosje een Geheugentest moest doen. Zoals hij toen via die Brief de Groep bespeelde, gebeurt dat nu weer met die betrokken agenten en enkele zorgverleners. "Helaas" was mijn Geheugentest goed dus moest een plan-B mij alsnog als een psychiatrische patiënt wegzetten. Zo voelt dat voor mij aan. Ironisch hoe de betrokkenen zich ook weer tot zijn niveau verlagen en mij "stiekem" al of niet onder druk, uitschakelen. Ben ik weer in een complot terecht gekomen net zoals toen met die Brief, vroeg ik mij af. In mijn laatste gesprek met de vorige coördinator kwam die BH-lade nog even ter sprake. Mijn stem zakte toch nog even weg. Toen zei hij tegen mij dat het gevoel mij hierbij verkracht te hebben gevoeld mij nog dieper heeft aangegrepen dan de aanranding zelf. Dat had hij goed gezien!

De aanrander, die maar niet rust alvorens ik kapot ben.
De zedenpolitie die er niet meer voor mij is.
Het CVO waar ik maar doelloos bij rondloop omdat ik eigenlijk nog steeds met een zedenzaak te maken heb en daar niet thuishoor.
Mijn nieuwe situatie waar ik mezelf maar uit moet zien te redden.

Waarom werd ik niet doorverwezen naar de afdeling Medische Psychologie van het Ziekenhuis net zoals toen de internist had gedaan? Een vraag, waar ik toch geregeld aan moet denken.
Alhoewel ze toen niets voor mij konden betekenen, hadden ze dat nu misschien wel kunnen doen.

Ik ervaar dit hele gebeuren als een manier om al datgene wat ik vertel, hoe bizar ook, neer te zetten als een waanidee, een verzinsel. Iets dat niet bestaat en dat daardoor ook nooit een rechtszaak kan worden. Zodoende kan ik niet meer bij de politie langs gaan en mijn beklag doen.
Ik kan dus geen officiële aangifte doen over die schokkende BEDANKBRIEF van 2 augustus 2019, die hij namens mij op MIJN I-pad hier in MIJN huis STIEKEM heeft GETYPT en OPGE-

STUURD naar de opvolgster van die mevrouw van Slachtofferhulp, voor toen heel even mijn nieuwe therapeut en zij daarop via een e-mail, gedateerd op 5 augustus 2019, heeft gereageerd.

Ik voel nog de spanning door mij heengaan als ik terugdenk aan de mail die ik haar na een lange tijd op 21 maart 2022 stuurde om hoe dan ook toch mijn excuses te maken voor die Bedankbrief.
Deze brief, die ik net pas op 2 maart had ontdekt op mijn I-pad. Zou zij zich deze brief nog wel herinneren... Een brief, die je liever vergeet! Ik kreeg gelijk een melding.
Vanwege de vakantie moest ik nog even wachten; volgende week was ze er weer.
Nou ja, de mail was in ieder geval overgekomen. Dat op zich vond ik al fijn om te weten. Maar mijn nieuwsgierigheid kon ik niet bedwingen en de dag daarop moest ik toch mijn mail inkijken.
Oh, mijn hemel, ze heeft mij nu al geantwoord.
Ik moest even een dansje maken... Oh mijn god, wat deed dit mij goed!
Ik denk, dat zij gelijk al bedenkingen had of ik als slachtoffer deze brief wel had geschreven.
Ik denk, dat die Bedankbrief waarschijnlijk nooit echt uit haar gedachte is geweest...

Het Gesprek

Ik keek uit naar het gesprek dat hier bij mij thuis op 20 juni zou plaats vinden. Ik hoopte hierbij eindelijk een totaal beeld te krijgen over de gebeurtenissen van het afgelopen jaar.

Ik begreep nog steeds niet goed waarom ik "stemmingsstoornissen" op de recepten zag staan.

Daar heb ik nooit last van gehad. Ik ben er ook nooit voor behandeld. Een diagnose die voor mijn gevoel zomaar ineens uit de lucht is komen vallen.

Met z'n vieren zaten we om de tafel: de nieuwe coördinator, de klinisch-psycholoog, Evan en ik.

Bij het zien van zijn lege handen, wist ik al dat al mijn vragen niet of vaag beantwoord zouden worden. Tijdens het kennismakingsbezoek van hem hier bij mij thuis drong het pas tot hem door, althans zo kwam het bij mij over, dat ik nooit een intake-gesprek en nooit een behandelplan heb gehad. De dag van inschrijving en de naam van degene die mij had ingestuurd ook nog steeds voor mij onbekend waren. Telefonisch gaf hij dat later alsnog aan mij door.

De klinisch-psycholoog gaf aan dat ik ten alle tijde informatie over mijn medisch dossier kan inzien. Daarvoor moet ik eerst wel een schriftelijk verzoek bij de instelling, het CVO indienen. Ik BEN dus nu ECHT een psychiatrische patiënt ook al kan ik dit nog steeds niet geloven!

Maar waarom heb ik dan tot op de dag van vandaag nog nooit een brief ter bevestiging van mijn inschrijving bij het CVO ontvangen?

Het enige "bewijs" waar ik nu over beschik zijn de drie recepten die ik nooit heb ingewisseld.

Ik gaf aan dat ik geen psychiatrische patiënt ben en daarom niet thuishoor bij het CVO.

Begrijp mij goed, jullie zijn allemaal capabele mensen. Ik heb echt veel respect voor mijn klinisch- psycholoog, de nieuwe coördinator en zo ook voor zijn voorganger, maar toch wil ik er weg. Maar hoe doe ik dat? Als ik echt een psychiatrische ziekte heb, dan ben ik dankbaar dat ik DAN onder jullie zorg val. Ja, ik ben geëmotioneerd omdat het kenbaar maken van zijn daden de reden is waarom ik die test moest doen. Maar daarom lijd ik niet aan stemmingsstoornissen anders had ik het in mijn leven niet gered. Kijk, als ik nu een groot gat in onze scheidingsmuur maak dan zie je hem al grijnzend aan hun eettafel zitten want hij heeft me niet alleen aangerand maar door zijn toedoen ben ik nu ook een psychiatrische patiënt geworden. Hem moeten jullie hebben en niet mij... Waarom gebeurt dat niet?

Ik moet nu ook steeds aan de mensen vertellen dat ik bij het Centrum Psychiatrie voor Ouderen in Ermelo sta ingeschreven. Zonder dat ik het dus wist.
Ik wil niet dat er achter mijn rug om hierover geroddeld wordt. Als ik echt een psychiatrische patient ben dan is dat op zich al erg genoeg. Maar dan zeg ik het zodat men er rekening mee kan houden als ik vreemd doe.
Echter ben ik dat nu niet en dat is dan voor mij zeer pijnlijk om dit dan toch over mezelf steeds te moeten uit roepen en ook het waarom hiervan steeds uit te leggen. Jullie kunnen mij wel zeggen dat ik dat niet hoef te doen, maar zo werkt dat niet bij mij. Ik kom er vooruit, ook al is dat moeilijk!

Bang, dat ik weer erg emotioneel zou worden en het gesprek daardoor op niets zou uitlopen wilde Evan weggaan, maar de klinisch-psycholoog zei tegen hem dat het juist belangrijk is dat hij erbij blijft en dus ging hij weer zitten.
Met "mijn hoofd er even niet bij," had ik er geen erg in dat hij toch weer was opgestaan.
Ineens voelde ik zijn handen mijn schouders masseren. Toe mam, zo te horen is er ergens iets fout gegaan maar laten we verder kijken, laten we verder gaan. Een ontroerend moment.
Ik ben echt trots op hem en wil zeker ook samen weer verder gaan, alleen denk ik dat hij nog niet helemaal in de gaten heeft dat het om

een fout gaat die ik niet zomaar aan mij voorbij kan laten gaan. Maar zijn bezorgdheid deed mij goed!

Hij ging weer zitten en vertelde uit zichzelf dat toen alles wel SNEL achter elkaar aan gebeurde.

Die week was je ook een paar keer naar de politie gegaan. Dat is zo, gaf ik gelijk toe.

Maar wat is daar nu zo vreemd aan, vroeg ik mezelf in stilte af.

Trouwens, gezien de onderwerpen was het voor mij ook niet makkelijk om daar langs te gaan.

Alleen al uit dat feit konden ze toch wel opmaken dat ik niet voor een "wisse-wasje" kwam...

Ik deed er maar even het zwijgen toe. Maar "de aap was nog niet uit de mauw."

Ineens zei ik dat alles achter elkaar gebeurde omdat ik snel "monddood" moest worden gemaakt.

Einde zedenzaak. Maar, maar, monddood, herhaalde de nieuwe coördinator lichtelijk verschrikt terwijl hij mij aankeek. Dit had hij beslist niet zien aankomen.

Ja, monddood en ik knikte bevestigend. Hierna viel er even een stilte. Zonder erg was dit woord mij ontglipt. Ik keek er ook even van op toen ik dat mezelf hoorde zeggen. Maar geen moment twijfelde ik hieraan. Alleen wist ik nog niet precies hoe ik mij nader kon verklaren.

En toen, zomaar ineens schoot het woord "waan" me te binnen en gelijk vroeg ik aan de klinisch-psycholoog of dat niet gepaard ging met veel angst. Ze knikte bevestigend.

Hierna had ik eigenlijk geen vragen meer. Het gesprek liep ten einde en na de mededeling van de klinisch-psycholoog dat ik altijd nog welkom was om vragen te stellen, gingen zij en de nieuwe coördinator weg. Evan bleef nog even. Goed, dat hij bij het gesprek aanwezig was geweest.

Mijn gedachten gingen terug naar de middag van 14 mei, toen ik de goede uitslag van de Geheugentest van de neuroloog te horen kreeg.

Onverwacht vroeg ze mij of ik wel eens een waan heb gehad. Alhoewel ik niet begreep waarom ze mij dat ineens vroeg, antwoordde ik haar dat dat inderdaad eens was gebeurd. Je ziet dan grote zwarte spinnen voegde ik er zelf nog aan toe en zij knikte gelijk van ja. Een assistent van haar, die met haar meeliep, hoorde dit ook aan. Zo ook Evan.

Maar waarom haalde zij nu juist deze oude koe opeens uit de sloot?
Het is een feit dat tegenwoordig de koeien juist dagelijks het gesprek van de dag zijn.
Dapper komen de boeren op voor hun dames, die zich van geen kwaad bewust zijn, onverschrokken doorgaan met grazen en er verder niet om malen hoe dit straks hun lichaam weer verlaat.
De opluchting, die hierna ontstaat en ons allen wel bekend is, nodigt hun uit om ongestoord weer verder te gaan met grazen.
En neem ze dàt nou maar eens kwalijk...

Maar wat had deze oude koe nu toch met mijn goede uitslag van mijn test als ook met een pilletje voor mijn emotie te maken? Opvallend was wel dat, toen ze onverwacht voor mij maar NIET onverwacht voor haar het woord waan uitsprak, ik die angstige sfeer gelijk weer kon proeven.

Angst welke geen rol speelde bij het onverwacht zien van die BH-lade. Het was erg schokkend! Ik voelde me verkracht, vernederd tot op mijn bot, maar het boezemde mij niet echt angst in.

Als in een flits zag ik mezelf weer zitten in de hoek van onze vorige bank.
Ik zat kaarsrecht. Het kussen waarop ik zat hield ik krampachtig en tegelijk ook heel stevig vast. Geen moment mocht ik het los laten. Ik mocht mij ook niet bewegen, zelfs niet met mijn ogen knipperen.
Ik kon dus ook niet naar het toilet gaan want als ik dan terugkwam stond mijn bank er niet meer.
Het was ineens gewoon weg, net alsof het er nooit had gestaan.

Vanuit mijn ooghoeken zag ik ze onafgebroken naar mij kijken. Hun blik voelde ik constant op mij gericht. Ieder in een hoek van de kamer, hoog tegen de muur aan.

Met hun glanzende en pikzwarte ogen zo groot als schotels staarden zij mij doodstil aan. Klaar om te springen en om daarbij in een keer mijn bank waarop ik mij zo veilig voel bliksemsnel van mij af te pakken.

Twee in mens grote zwarte spinnen keken mij loerend aan.
Het was onmogelijk om te ontsnappen aan hun blik.
Ik wilde het uitschreeuwen van angst maar ook geluid maken kon en mocht niet.
Doodstil moest het zijn.
Elk geluid, hoe zacht ook, konden ze horen. Overgeleverd aan een intense angst kon ik niets doen.
Ze zaten daar maar... Het kon wel uren gaan duren... En weer was ik gedoemd om dit te ondergaan.

En dan zo plotseling als ze waren gekomen zo plotseling waren ze ineens weer weg. Over en Uit!
Nog in de ban van wat mij net was overkomen, bleef ik nog even roerloos zitten.
Daarna keek ik heel voorzichtig om me heen. Ze waren echt weg, ik kon nu gaan.
Maar die angst, die kon ik nog proeven.

In de eerste week van april, precies één dag na mijn verjaardag en nu alweer een tijd geleden, had ik een afspraak met mijn Hoofd van de afdeling Gehandicapte Zorg in de Thuissituatie van 's Heeren-Loo. Er moest bezuinigd worden op het personeel. De verhalen gingen rond en dat was mij ook ter ore gekomen.
Ze vertelde me dat de organisatie een moeilijke tijd doormaakte.
Ze vroeg me of ik bereid was om meerdere uren te gaan werken en daarnaast ook inzetbaar wilde zijn op andere werkplekken.
Zeker, dat wilde ik wel. Ze zou dan nagaan waar ik eventueel ook nog geplaatst zou kunnen worden.

Fijn, dank je wel. Gelijk liet ik haar weten dat ik zelf ook op zoek zal gaan naar extra werk.

Goed, dan komen we de laatste vrijdag van deze maand weer bij elkaar om het resultaat te bespreken. Prima, ik zal er zijn.

Thuis gekomen ging ik gelijk opzoek naar nog openstaande vacature's. Solliciteerde, maar werd niet aangenomen.

Gauw liep ik het kantoor binnen om het juiste tijdstip van mijn tweede afspraak nog even na te gaan.

Ik wilde deze afspraak zeker niet missen.

Maar daar was er niets van over bekend.

Op de computer stond er ook helemaal niets over ingepland.

Efiena, kijk zelf maar even mee.

Wel vreemd, er staat inderdaad niets hierover aangegeven.

Dan moet ik mij dan toch vergist hebben.

Klopt, zeiden ze op kantoor tegen mij. Je hebt helemaal geen afspraak staan want anders zouden wij het ook hebben geweten.

Op die laatste zaterdag keek ik in mijn brievenbus en zag daar een grote envelop liggen.

Dat kon niet anders dan alleen maar goed nieuws betekenen over mijn werk.

Enthousiast haalde ik het er gelijk uit.

Vol verwachting scheurde ik de envelop direct open om tot mijn grote ontsteltenis tot de ontdekking te komen dat ik een nul-uren contract in mijn handen had.

Vol ongeloof staarde ik naar het papier.

Dit kan toch niet waar zijn...

Hoe moet ik nu verder gaan...

Hoe moet ik het straks aan mijn kind vertellen dat we gauw weer naar een andere woonplek moeten gaan...

Ons pas verworven huis kwam in één keer op drijfzand te staan.

Mijn veiligheid verkeerde gelijk in "acuut" levensgevaar!

Ik kon mezelf niet eens meer beschermen.
Paniek gevolgd door een hevige angst sloegen gelijk toe.

Wat heb ik toch fout gedaan, wat heb ik in godsnaam toch gedaan was het enige zinnetje dat het hele weekend als een grammofoonplaat steeds maar keer op keer zich in mijn hoofd afspeelde.
Wist ik het maar. Ik kon echter helemaal niets bedenken.
Voor logica was er geen plaats.

Maandagmorgen was ik één van de eersten die het kantoor binnenliep.
Jeetje Efiena, hier klopt iets niet.
Jij hebt echt niets fouts gedaan.

Achteraf had ik wel degelijk een afspraak staan op die laatste vrijdagochtend.
Tijdens dit gesprek zou ik te horen hebben gekregen dat er voorlopig ook geen extra werk was.
Hierna zou het nul-uren contract aan mij overhandigd worden met de boodschap erbij dat ik zeker zou worden benaderd als de vraag naar personeel weer in de lift zat.

Omdat ik niet op dit gesprek was verschenen, had mijn "Hoofd" geen andere keuze dan direct per post dit contract naar mij toe te sturen.
Per 1mei ging dit contract in en dan moest het al reeds in mijn bezit zijn.

Alle lof voor de advocaat die mij bijstond waardoor ik mijn oude contract terug kreeg.

Ik heb het ook erg op prijs gesteld dat ik van het Bestuur op een gegeven moment een keurige brief ontving waarin zij zich verontschuldigden voor hetgeen er was gebeurd.
En daarnaast zouden ze de zaak tot op de bodem toe uitzoeken.

Begrijpen deed ik het toen nog niet zo goed.
Waarom had ik een waan gehad?
Alles was nu toch weer in kannen en kruiken...
Ik wilde juist weer gaan genieten van mijn bank in mijn veilige huis.

Het was de dag waarop ik die ochtend mijn oorspronkelijk contract door toedoen van mijn advocaat weer in mijn bezit had. Ons huis stond niet meer op drijfzand. Ik voelde me weer veilig.
Die avond zat ik net ontspannen op de bank toen het leek alsof ik plotseling met mijn hoofd in grijze mist terecht was gekomen. Ik schudde mijn hoofd maar het ging niet weg.
En ineens leek het ook alsof mijn hartslag een aantal slagen sneller was gaan lopen.
Wat is dit nou weer. Alles is nu toch achter de rug... En ik wil juist weer genieten van mijn bank...

De volgende dag stond de vrouw van mijn huisarts, die zelf ook huisarts is, mij te woord.
Terwijl ik sprak begreep ze dat ik geestelijke hulp nodig had.
Vindt u het goed als ik u gelijk door verwijs. Ik knikte bevestigend. Ja, dat was zeker goed.
Ik was opgelucht dat zij mij geloofde omdat ik mezelf eigenlijk niet goed begreep maar wel besefte dat er iets niet goed met mij was.

De psychiater hoorde mij aan. Tussendoor moest ik ineens ook zomaar huilen.
Het onverwacht ontvangen van het nul-uren contract had een grote impact op mij gehad.
Nu alles achter de rug was, kwam de reactie naar buiten.
De gesprekken deden mij goed en mijn citalopram tablet slikte ik trouw elke avond in.
Ik ging weer solliciteren en vond werk in de Verslavingszorg.

Ik was dus weer goed opgeknapt, maar mijn mankepoot en mijn rode ogen als ook mijn heftigheid vonden van niet. Het badkamergebeuren had ik nog steeds verdrongen en daarom nog niet verwerkt en hun wisten dat. Ze gingen dus niet weg.

Eerst gingen mijn mankepoot en rode ogen nog vaak schuil onder de verhalen van mijn echtscheiding. Vervolgens onder de verhalen over het nul-uren contract.
Maar ze lieten zich niet verjagen.
Dat gold ook voor mijn "angst," die na het zien van het nul-uren contract en met mijn huis nu op drijfzand plotseling in alle hevigheid was teruggekomen en die dat eens liet zien in die waan.
Mijn angst toen al te zien aan mijn hete tranen op de zondagmiddag tijdens de thee bij mijn moeder.
Het badkamergebeuren en het feit dat ik daarna niet gelijk weg kon gaan en ook niet wist hoe lang ik daar nog moest blijven vormden een schrikbeeld, dat levensgroot op mijn netvlies stond geschreven. Dit schrikbeeld wil ik nooit maar dan ook nooit meer meemaken.
Maar door het nul-uren contract kon dit schrikbeeld mogelijk weer werkelijkheid worden.
Mijn angst hiervoor kwam in alle hevigheid terug en liet dat die keer nu eens niet aan mijn hete tranen zien, maar erger nog in die waan.
Help... Waar kom ik nu terecht... Zelfs het huis van mijn goede vriendin bleek niet veilig te zijn...
Voor logica was er geen plaats.

Het WAS een angst, die mij omringde.
Een angst, die ik kon proeven.
Een angst waar ik in leek te verdrinken.
Een angst, die het beeld van die "spinnen" bij mij opriep.
Een angst, die zich liet zien in een waan.
En ik bij de gedachte hieraan gelijk weer schiet in die kaarsrechte houding.
Gelijk gespitst ben op dat loerend gevaar.

Een angst, die afgezwakt, zich nu laat omschrijven met het woord heftigheid.

Deze heftigheid, die volgens die mevrouw van Slachtofferhulp, bekend met zedenzaken, afkomstig was van nog een ervaring uit het verleden. Het bleek het badkamergebeuren van 20 jaar geleden te zijn. Heel begrijpelijk dat de psychiater van toen dit niet zag omdat het om een zedenzaak ging wat ik had verdrongen en er dus geen weet meer van had ondanks dat de angst voor mogelijk weer een badkamergebeuren levensgroot op mijn netvlies verscheen.

Het was de neuroloog die me ineens weer herinnerd had aan mijn waan en die, zoals ik het zie, deze waan van jaren geleden gekoppeld heeft aan mijn uitspraken over het vitaminen doosje en die BH-lade, die in haar ogen waanideeën zijn. Zo kan ze laten zien dat ik "waangevoelig" ben en kan zij op deze manier haar optreden naar mij toe rechtvaardigen.

Dit gaf haar de gelegenheid om mij op DEZELFDE DAG van mijn goede testuitslag op 14 mei schriftelijk aan te melden bij het Centrum voor Ouderen Psychiatrie.
    Zonder een document te hebben ondertekend stond ik gelijk te boek bij het CVO als
    "psychiatrische patiënt," en kon voortaan alleen nog maar van hun diensten gebruik maken.
    Als toegift werd ik "niet wilsonbekwaam" verklaard. Bof ik even! Niet te geloven dat dit mij als slachtoffer van twee zedenzaken is overkomen. Nadat ik deze neuroloog op 71-jarige leeftijd voor het eerst in mijn leven twee keer 45 minuten had gezien vanwege de Geheugentest, liet zij mij tegelijkertijd zonder pardon ook kennis maken met "Haar Macht Over Mij."

Dit alles bij elkaar opgeteld zette mij wel aan het denken:
JA, DIE SPOKEN ZIJN TOCH ECHT WAAR...

Het moest een onverwacht weerzien voorstellen op zijn favoriete ontmoetingsplek: de supermarkt.
    Met een verwachtingsvolle blik op haar gezicht keek zij mij vanaf een afstand glimlachend aan.

Wie is toch deze vrouw, die mij steunend op haar winkelwagen en met de wandelstok erin zo hoopvol blijft aankijken?

Ja, ik ken haar ergens van... Ach nee toch, het is toch niet mijn buurvrouw...

Wat doet zij ineens hier? Daar moet beslist een reden voor zijn... Iets wat hij zeker bedacht heeft.

De afgelopen negen maanden heeft hij niet bij mij binnen kunnen komen op zoek naar informatie over eventuele nieuwe bewoners voor mijn appartement. De verkoop zal zeker niet lang meer uitblijven en op de een of andere manier moet hij weer publiekelijk laten zien dat het contact tussen ons als buren weer goed is. Zo is hij op het laatst er alsnog van verzekerd dat ik nu niet anders kan dan hun positief neer te zetten tegenover de nieuwe bewoners, hun nieuwe buren. Zijn grootste zorg op dit moment. Per slot van rekening moet het weer gezellig worden. De goede sfeer weer herstelt.

Voor een rechtszaak hoefde hij niet te vrezen, dat had hij op het einde van zijn tekst al aangegeven.

"Ja, jammer dat een rechtszaak er niet in zit."

Iets wat ik als zijn slachtoffer nooit zou hebben opgeschreven, zelfs niet als alle hoop hierop al vervlogen zou zijn.

Het verzoenende praatje met zijn vrouw bleef uit omdat ik niet naar haar toeliep.

Hij moest dus gauw een nieuwe poging wagen voordat ik weer voor dagen in mijn huis verdween. Thuis aangekomen met mijn wagentje vol boodschappen drukte ik op de knop om de deur die naar de lift gaat open te maken terwijl ik ondertussen nog even naar opzij keek om te zien of de deuren van de voorste hal zich al hadden gesloten.

En tot mijn verbazing zag ik daar mijn buurman met zijn hoofd tegen het glas aangedrukt staan terwijl hij zijn boven armen met gespreide vingers aan weerszijden van zijn hoofd hield. Met zijn uitdrukking op zijn gezicht, zo leek het, wilde hij mij dringend iets kenbaar maken en wel NU!

Waar kom jij zo ineens vandaan en waarom kijk jij mij met zulke wijd open gesperde ogen aan?

Wil jij soms nu met mij een verzoenend praatje maken, iets wat jouw vrouw net niet is gelukt...

Op de valreep nog even "zoete koekjes bakken." Zonder hierop te reageren liep ik door naar de lift. Hij was zo verstandig genoeg om mij nu niet achterna te lopen. Hij wist dat Evan boven op mij wachtte. Zodra ik was aangekomen had ik al beneden in de hal op mijn bel gedrukt zodat Evan de deur boven alvast kon ontgrendelen en ik dan met mijn sleutel gelijk naar binnen kon gaan.

Als neuroloog nam ze een kijkje in mijn hoofd. Als patiënt gaf ik haar mijn vertrouwen.

Dit vertrouwen heeft zij "beloond" door mij schriftelijk aan te melden bij het CVO.

Zo kreeg ik het "stempel" van psychiatrische patiënt voor de rest van mijn leven in mijn schoot toegeworpen en daar heb ik haar, onwetend hiervan, zelfs nog voor bedankt op die 14 mei toen ik haar spreekkamer verliet en zij mij in de waan liet dat ik een pilletje voor mijn emotie zou krijgen.

Had zij mij even mooi tuk...

En ik had helemaal niks door toen zij mij vroeg of ik ooit wel eens een waan heb gehad.

Volmondig antwoordde ik met ja en zo groef ik mijn eigen graf.

Haar enigszins gespannen blik waarmee zij mij toen aankeek en haar afwachtende houding of ik wel zou toehappen, werden rijkelijk beloond.

Voor het zelfde geld had ik me dit niet meer herinnerd of had ik het doodleuk ontkend.

Gelukkig voor haar kwam ik er eerlijk vooruit. Zo'n ervaring vergeet je niet makkelijk ook al denk ik er beslist niet elke dag meer aan. "Mijn oude koe die lang geleden al in slaap was gevallen."

Had die Brief van toen mij niet klein gekregen, maar deze Inschrijving zal dat wel zeker doen...

En dan ineens kan ik worden uitgeschreven... Een mooi gebaar maar waarom ineens juist nu...

Geweldig, hoe al die vrouwen zich uitspreken in de Me/Too documentaire over Bill Cosby.

Met dank aan Tarana Burke, de zwarte activiste die de term "Me Too" in 2009 in het leven heeft geroepen.

Ik wil alleen zijn met de zee,
Ik wil alleen zijn met het strand,
Ik wil mijn ziel wat laten varen,
ZEE
niet mijn lijf en mijn verstand.
Ik wil gewoon een beetje dromen
rond de dingen die ik voel
en de zee, ik weet het zeker,
dat ze weet wat ik bedoel.
Toon Hermans
Ik wil alleen zijn met de golven,
'k wil alleen zijn met de lucht,
Ik wil luist'ren naar mijn adem,
Ik wil luisteren naar mijn zucht.
Ik wil luist'ren naar mijn zwijgen,
daarna zal ik verder gaan
en de zee, ik weet het zeker,
zal mijn zwijgen wel verstaan.

Samenvatting

"Gele Tulpen" vertelt een waargebeurd verhaal over een aanranding waarvan de hoofdpersoon, Efiena Wouters het slachtoffer werd. Ze vierde die dag haar 65ste verjaardag.

Het lukte haar niet om de dader, een psycholoog voor de rechter te brengen alhoewel door zijn eigen toedoen op de beschreven NS avond duidelijk zichtbaar werd dat er iets tussen hen was voorgevallen waarover niet gesproken mocht worden.

Schaamteloos bleef hij bij zijn eigen versie dat er toen niets bijzonders was gebeurd maar vreemd genoeg dit niet durfde te onderbouwen door officieel aangifte te doen tegen haar vanwege laster.

In plaats daarvan doorkruiste hij het pad van het slachtoffer te pas en te onpas om haar zo te dwingen hierover te zwijgen en hem weer te groeten, hetgeen ze niet deed.

Ze had zichzelf echter in een moeilijke positie geplaatst omdat ze toen niet gelijk officieel aangifte tegen hem had gedaan waardoor de aanranding verstrekkende gevolgen voor haar kreeg.

Een fout die haar heel erg duur kwam te staan. Een fout die ze nooit had mogen maken.

Roosje, haar verhaal schreef ik eens op een dag na de aanranding spontaan op.

Het was voor mij de eerste stap om een begin te maken met de verwerking van mijn aanranding.

Bij Roosje thuis staat een eethoek die warmte uitstraalt.

Vandaag vieren we een feestje omdat Roosje over is naar de volgende klas.

Het feestelijk kleed ligt al op tafel met daarop de door moeder zelfgebakken taart en een groot cadeau.

Broertje en Zusje willen al van de taart snoepen maar de opgeheven vinger van moeder houdt hen tegen.

Eerst moet het bezoek, waaronder de nieuwe kennis van vader en moeder, aanwezig zijn.

Roosje verwelkomt haar gasten door trots in de rondte te draaien zodat een ieder kan zien hoe wijd de rok van haar nieuwe jurk is.

Er wordt gezongen en geklapt voor Roosje.

Een ieder smult van de taart.

Roosje is heel blij met haar cadeau.

Ze moet steeds weer kijken naar haar nieuwe strandjurk met bijbehorende bikini, strandslippers en strandhoed.

Voor Roosje kan de vakantie morgen al beginnen!

Terwijl vader en moeder de eethoek opruimen, loopt de kennis samen met de kinderen mee de tuin in.

De kinderen denken na over wat ze zullen gaan doen.

Maar Broertje weet het eigenlijk al.

Verstoppertje, dat gaan we spelen!

Broertje en Zusje gaan schuilen en Roosje moet bij de boom met de dikke stam haar ogen dicht doen.

Als Roosje bijna bij de boom is, roept Broertje haar nog na dat ze echt niet mag kijken en langzaam tot 20 moet tellen.

Daar zal ik wel op toezien, antwoordt de kennis lachend en gelijk loopt hij ook naar de boom waar Roosje zich reeds bevindt.

Roosje leunt tegen de boomstam en legt haar handen met ineen gestrengelde vingers tegen haar ogen aan.

Gelijk gaat de kennis achter Roosje staan en plaatst zijn ene hand losjes over haar beide handen heen.

Zo, zegt hij op een nonchalante toon tegen Roosje, dan kun je niet onverwachts nog voordat je uitgeteld bent al wegrennen.

Niets vermoedend begint Roosje met tellen.

Bij tel 10 telt de kennis ineens mee.

Zijn stem klinkt boven haar stemgeluid uit.

Bij tel 19 aangekomen, drukt hij zich ineens stevig tegen Roosje aan, duwt tegelijkertijd zijn ene hand nog dichter op haar beide handen terwijl zijn andere hand heel snel in haar onderbroekje verdwijnt en hij met zijn vingers heel hard in haar schaamstreek knijpt.

AU

HELP

AU

...wil Roosje het uitschreeuwen maar er komt geen geluid over haar lippen.
 Voordat zij zich kan realiseren wat er is gebeurd, hoort ze de kennis zeggen: wie niet weg is wordt gezien.
 Gelijk wordt ze weggetrokken van achter de boom naar het hoge struikgewas waar Broertje en Zusje vermoedelijk schuilen.
 Willoos laat Roosje zich meesleuren.
 Plotseling laat de kennis haar los.
 Roosje valt en bezeerd haar knie.
 Dat is het moment waarop Roosje onophoudelijk en luid begint te huilen.
 Van schrik komen Broertje en Zusje gelijk van achter het struikgewas vandaan.
 Ze begrijpen helemaal niet waarom Roosje zo huilt.
 Ontdaan komen vader en moeder ook aanrennen.
 Roosje, de schaafwond op jouw knie valt toch wel mee...
 Daar hoef je toch echt niet zo onbedaarlijk om te huilen....

Terwijl vader en moeder de schaafwond ontsmetten, haalt de kennis een groot glas ijskoude limonade voor Roosje uit de keuken.
 Alsjeblieft Roosje, dat zal je goed smaken.
 Je bent flink geschrokken van jouw val maar als je dit op hebt is de schrik ook zo goed als verdwenen en is er niets meer aan de hand.
 Terwijl hij dit zegt, kijkt hij Roosje met een donkere indringende blik in zijn ogen langdurig aan.
 Roosje durft niets te zeggen; die blik maakt haar bang.

Broertje en Zusje mogen ieder een mooie pleister voor Roosje haar knie uitzoeken.

Als de pleisters op haar knie zijn geplakt, loopt vader naar de keuken en komt terug met in elke hand een groot glas koud bier.

Proost kennis, dat zal ons goed smaken.

Ondertussen is moeder ook naar de keuken gegaan en komt terug met een blad waarop een kan met limonade, bekers en de koektrommel staat.

Broertje en Zusje laten zich de koekjes goed smaken.

Alleen Roosje lust er geen een.

Toch zijn het ook haar lievelingskoekjes.

Die nacht wordt Roosje huilend wakker.

Tot haar grote schrik heeft ze ook nog in haar broek geplast.

Ze heeft een nare droom gehad, een nachtmerrie, waarbij ze steeds een hand tussen haar dijen voelde gaan.

Vader en moeder begrijpen er niets van.

Kindje toch, je bent in de war.

Dat is niet gebeurd.

Je bent gevallen en je hebt jouw knie geschaafd.

Maar Roosje bleef ze angstig aankijken.

Ze wilde niet meer alleen in haar bed slapen maar in het grote bed veilig tussen vader en moeder in.

Dat was goed.

Na enige tijd is iedereen weer in diepe rust.

Vreemd, de volgende ochtend krijgt Roosje de lamp niet aan en lukt het haar niet om aan de eettafel te gaan zitten.

Het is net alsof iets haar tegenhoudt.

Er verschijnt ook een zwarte vlek op het tafellaken op de plaats waar de kennis had gezeten.

Een rilling gaat ineens door haar heen.

In gedachten voelt ze weer die donkere indringende blik van zijn ogen waarmee de kennis haar langdurig had aangekeken.

Ineens begint Roosje weer te huilen.

Nee moeder, ik kan niet aan de eettafel zitten voor het ontbijt.

Echt niet!

Die dag wil ze alleen maar op de bank in de huiskamer liggen en filmpjes kijken op de tv.

Zo ook de dag daarop.

Vader en moeder kijken elkaar aan.

Dit is vreemd voor hun Roosje.

Normaal gesproken is ze zo'n vrolijk kind, dat veel buiten speelt en bovendien ook altijd aan de eettafel eet.

's Avonds als Broertje en Zusje al naar bed zijn, gaan vader en moeder bij Roosje op de bank zitten.

Lieve Roosje van ons, wat is er toch aan de hand?

Je wilt niet lopen en ligt het liefst alleen maar op de bank.

Heb je soms ook ergens anders pijn dan alleen maar aan jouw knie?

Ineens begint Roosje hardop te snikken.

Papa en mama het doet tussen mijn dijen zo'n pijn.

Daarom wil ik niet lopen.

Ik begrijp het zelf niet, maar toen ik tijdens het verstoppertje spelen bijna klaar was met aftellen, voelde ik ineens heel even een korte heftige pijn net alsof iets me daar stak helemaal onderaan van mijn buik tussen de bovenkant van mijn dijen.

Als je pijn hebt dan gaan we morgen met jou naar de dokter, hoor kind.

We willen zeker weten wat er met jou aan de hand is.

U gelooft mij pap, u gelooft mij mam fluistert Roosje al nasnikkend zachtjes.

Ik durfde niets te zeggen, bang dat u mij niet zou geloven.

De volgende ochtend wordt Roosje door de dokter onderzocht.

Ik zie duidelijk een blauwe plek bij haar schaamstreek en Roosje geeft daar ook duidelijk pijn aan.

Het duurde even voordat ik haar daar mocht onderzoeken.

Ze was bang dat ik haar pijn zou doen.

Heeft iemand misschien haar daar pijn gedaan?

Kunnen we samen even nagaan wanneer ze die pijn daar kreeg en

is er misschien een voor Roosje vreemd persoon in haar buurt geweest sinds ze klaagt over pijn tussen haar dijen?
Vader en moeder kijken elkaar ongelovig aan.
Om eerlijk te zijn is op de dag toen ze begon te klagen over pijn een kennis van ons thuis geweest.
Maar die zal toch niets hebben gedaan?
Ze kijken de dokter angstig aan.
Dat moeten we niet uitsluiten.
In mijn praktijk kom ik dit wel vaker tegen.
Gelukkig hebben jullie Roosje haar verhaal geloofd.
Moeder begint zachtjes te huilen.
Vader drukt haar stevig tegen zich aan.
Stil maar, we zullen onze Roosje liefdevol opvangen.
Samen komen we er wel uit.

Op enige afstand hoort de huisarts met een goedkeurende blik dit aan.
Ik zal jullie hier zeker bij steunen en advies geven hoe hier zo goed mogelijk mee om te gaan.
Er moet een officiele aanklacht ingediend worden bij de politie en daarnaast is professionele hulp nodig om de gedachten van Roosje weer in het reine te krijgen.
Van groot belang hierbij is, dat ze ervan doordrongen raakt dat het niet haar schuld is.
We blijven haar behandelen totdat ze haar zelfvertrouwen weer terug krijgt en ze zich weer veilig voelt om aan de eettafel te gaan eten.
Dank u wel dokter.
We zullen onze vakantie plannen wijzigen.
Maar we gaan nu eerst naar onze Roosje toe.

Thuis gekomen vertellen vader en moeder aan Broertje en Zusje dat Roosje voorlopig op de bank mag blijven liggen omdat haar knie toch nog pijnlijk is en nog rust nodig heeft.
Broertje en Zusje knikken begrijpend.
Dan komen we je voorlezen Roosje en gaan we samen filmpjes kijken.

Roosje laat alle liefdevolle aandacht maar over zich heen komen.

Tussendoor kan ze soms nog een hevige huilbui krijgen, waarbij Broertje dan heel beschermend zijn arm over Roosje haar schouder heen slaat en Zusje klaar staat met de doos papieren zakdoeken.

En als Roosje 's nachts niet kan slapen dan mag ze in het grote bed veilig tussen vader en moeder in liggen.

Tot haar grote opluchting plast ze 's nachts niet meer in bed.

Langzaam maar zeker begint Roosje haar zelfvertrouwen terug te komen en durft ze steeds vaker over hetgeen wat haar is overkomen te praten.

Maar het blijft voor haar toch nog moeilijk om te begrijpen waarom die gezamenlijke kennis van vader en moeder zijn hand in haar broekje gestoken had en haar bovendien ook pijn had gedaan.

Het ging zo razend snel.

Had hij het dan al vaker gedaan?

Hoogstwaarschijnlijk wel Roosje, antwoordt zuster Lien.

Roosje kan haar oren niet geloven.

Wat erg voor al die meisjes.

Maar waarom doet hij dat dan?

Zuster Lien kijkt verrast op.

Op deze vraag heeft ze de laatste dagen al zitten wachten.

Het geestelijk herstel van Roosje komt nu wel heel dichtbij.

Op een rustige toon antwoordt ze dat hoogstwaarschijnlijk toen de kennis een klein jongetje was hem dit ook is overkomen.

En misschien wel meerdere keren.

Er werd hierbij dan ook steeds in zijn piemeltje geknepen.

Met grote ogen kijkt Roosje zuster Lien aan.

Dit moet ze even verwerken.

Hij heeft dus ook pijn gehad net als ik.

Zuster Lien knikt van ja.

Maar zijn vader en zijn moeder hebben hem niet geloofd.

Zijn pijn en verdriet veranderden in boosheid.

En deze boosheid uit zich nu in dit te doen bij andere kinderen.

Roosje kijkt zuster Lien nadenkend aan.

Dan moet u hem ook maar helpen.

Zuster Lien glimlacht en geeft Roosje een aai over haar bol.
Dat wil ik wel kleine wijsneus, dat wil ik wel zeker doen.

En toen kwam de dag dat Roosje weer met een blij gevoel aan de eettafel ging zitten voor het ontbijt.
De zwarte plek op het tafellaken op de plaats waar de kennis had gezeten, is weg.
Zo ook die indringende, starende blik van hem.
Moeder verruilt het tafellaken gauw voor het feestelijk kleed.
En kijk, de schemerlamp doet het weer.
Haar warme gloed schijnt weer boven de eettafel.
Iedereen lacht en de eettafel lacht ook mee.

Milton Keynes UK
Ingram Content Group UK Ltd.
UKHW041832131124
451149UK00001B/297